코울리지의 시 연구

코울리지의 시 연구

윤 준 지음

도서출판 동인

책머리에

 이 책은 영국 낭만주의 시기의 대표적인 시인들 중의 한 사람인 새 뮤얼 테일러 코울리지(Samuel Taylor Coleridge, 1772-1834)의 주요 시편들과 시론에 관한 한 연구이다. 1798년 워즈워스와 함께『서정시집』(Lyrical Ballads)을 합작·발간함으로써 영국에서의 낭만주의 운동의 계기를 마련한 중요한 시인이었으면서도, 코울리지의 시는 세 편의 '초자연' 시편들을 제외하고는 워즈워스의 시에 비해 상대적으로 소홀하게 취급되어 온 것이 사실이다. 근래에 이루어진 코울리지의 저작에 대한 재편집 또한 그가 남긴 방대한 산문 저작에 주로 초점이 맞춰져 있어서 시인으로서의 코울리지의 면모는 사상가 및 비평가로서의 그것에 다소 가려지고 있는 듯한 인상을 준다. 이 책을 통해 탁월한 시인으로서의 코울리지의 폭과 깊이가 보다 선명하게 드러날 수 있기를 저자는 희망한다.

 제1부는 코울리지의 초기의 '대화시' 중 그 특성이 가장 두드러진 네 편을 다루고 있다. 그의 '대화시'가 이전의 종교적 명상시와 풍경시의 전통을 새롭게 발전시킨 한 성취라는 관점에서「풍명금」을 비롯한 네 편의 시를 상세하게 검토한다. 제2부는 독특한 방식으로 초자연적인 제재를 다룸으로써 그의 가장 뛰어난 성취로 평가되어 온 세 편의 '초자연' 시편들을 각 시편의 핵심적 주제와 그 주제가 전개되는 방식에 초점을 맞춰 검토한다. 코울리지가 강조해 마지않는 "균형 감각"을 갖고

이 세 편의 시를 자세히 읽음으로써 종종 모호하고 난해한 것으로 평가되어 온 이 시편들의 탁월성과 풍요로움이 밝혀지기를 기대한다. 제3부는 코울리지의 또 다른 중요한 작품인 「낙심: 송가」와 1804년 이후의 후기시에 속하는 작품인 「윌리엄 워즈워스에게」를 함께 검토한다. 코울리지의 시인으로서의 이력에서 한 중요한 전기가 된 「낙심: 송가」를 낙심의 시적 변용이라는 관점에서, 그리고 「윌리엄 워즈워스에게」를 워즈워스의 『서곡』에 대한 반응과 평가의 과정에서 촉발된 낙심과 그 극복의 드라마를 실연하는 작품이라는 관점에서 살펴본다. 제4부는 낭만주의 시관이 집약되어 있는 것으로 평가되는 『문학적 전기』를 중심으로 코울리지의 시론을 검토한다.

이 책에서 저자가 다루지 못한 상당수의 중요한 시편들이 있을 것이다. 코울리지의 독특한 종교적·정치적 비전을 담고 있는 초기의 몇몇 시편들, 그리고 자신의 비전의 쇠퇴를 절실하게 표현한 후기의 서정적·철학적 시편들에 대한 검토는 앞으로의 연구 과제로 삼고자 한다. 이 책을 펴내기 위해 자신이 쓴 글을 다시 읽고 정리하는 과정에서 새삼스럽게 확인하는 것은 생각의 짧음과 글의 무딤에서 드러나는 자신의 한계이다. 이 깨달음을 새로운 출발을 위한 반성의 계기로 삼으면서, 코울리지가 「쿠블라 칸」의 서문에서 인용한 바 있는 테오크리토스의 시구를 희망 섞인 다짐 속에 떠올려 본다—"다른 날 그대에게 좀더 아름다운 노래를 불러줄 수 있으리."

이 자그마한 책을 펴내면서 감사드려야 할 분들은 참으로 많다. 누구보다도 따뜻한 관심과 자상한 가르침으로 학문의 길로 인도해주신 이영걸 교수님과 한량없는 사랑으로 키워주신 어머니께, 그리고 삶과 공부라는 긴 여정의 동반자인 아내 이현숙에게 이 책이 작은 기쁨이 된다면 더 바랄 것이 없겠다. 많은 가르침을 베풀어주신 여러 은사님들과 큰 힘이 되어주시는 양가의 부모님께, 그리고 누나와 동생을 비롯한 사랑하는 가족들에게는 앞으로 더 나은 연구 결과로 보답해야겠다는 다짐을 한다. 가뜩이나 어려운 출판계 상황 속에서도 별 시장성이 없는 학술 서적인 이 책의 발간을 흔쾌히 맡아주신 이성모 사장님의 후의와 김영희 씨의 각별한 노고에도 깊이 감사드린다.

2001년 10월
윤 준

차 례

책머리에 • 5

코울리지와 워즈워스의 저작의 약어 • 10
코울리지 연보 • 11

제 1 부 ■ 초기의 '대화시'
'대화시'와 영시의 전통: 「풍명금」을 중심으로 • 19
공감적 상상의 힘: 「내 감옥, 이 보리수 그늘」 • 46
자아 탐색의 여정: 「한밤의 서리」 • 69
상징적 비전: 「나이팅게일」 • 85

제 2 부 ■ '초자연' 시편들
영혼의 여정: 「노수부의 노래」 • 111
악의 경험: 「크리스타벨」 • 159
시인과 창조적 상상력: 「쿠블라 칸」 • 191

제 3 부 ■ 「낙심: 송가」 및 후기시
낙심의 시적 변용: 「낙심: 송가」 • 215
두 정신의 교섭: 「윌리엄 워즈워스에게」 • 242

제 4 부 ■ 시론
코울리지의 시론: 『문학적 전기』를 중심으로 • 267

참고 문헌 • 299
찾아보기 • 312

코울리지와 워즈워스의 저작의 약어

BL	*Biographia Literaria*. 2 vols. Eds. James Engell and W. Jackson Bate. Princeton: Princeton UP, 1983.
CL	*Collected Letters of Samuel Taylor Coleridge*. 6 vols. Ed. Earl Leslie Griggs. Oxford: Oxford UP, 1956-71.
CN	*The Notebooks of Samuel Taylor Coleridge*. 6 vols. Ed. Kathleen Coburn. London: Routledge & Kegan Paul, 1957-73.
CPW	*The Complete Poetical Works of Samuel Taylor Coleridge*. 2 vols. Ed. Ernest Hartley Coleridge. Oxford: Oxford UP, 1912.
LS	*Lay Sermons*. Ed. R. J. White. Princeton: Princeton UP, 1972.
Prelude	*The Prelude: 1799, 1805, 1850*. Eds. Jonathan Wordsworth, M. H. Abrams, and Stephen Gill. New York: Norton, 1979.
ShC	*Shakespearean Criticism*. 2 vols. Ed. Thomas Middleton Raysor. London: J. M. Dent & Sons, Ltd., 1960.
WPW	*The Poetical Works of William Wordsworth*. 5 vols. Ed. Ernest de Selincourt. Oxford: Clarendon-Oxford UP, 1940.

코울리지 연보

-
-
-
-
-

1772   (10월 21일) 데번셔의 오터리 세인트 메어리에서 10남매의 막내로 태어남. (12월 13일) 세인트 메어리 교회에서 세례 받음.
1781   아버지인 존 코울리지 목사 사망함.
1782-91 가정 형편이 어려운 학생들을 위해 설립된 독립 자선학교인 런던의 크라이스트 호스피털에서 공부함. 찰즈 램을 만남. 에번즈 집안과 친밀하게 지냄.
1791   (9월) 캠브리지대학교의 지저스 칼리지에 입학함.
1793   (12월 2일) 대학 재학 중 많은 빚을 진 후 가명으로 경용기병대(輕龍騎兵隊)에 입대함.
1794   (4월) 형들의 주선으로 캠브리지로 돌아옴. 옥스포드에서 로버트 사우디를 만남. 이상적 만민평등사회(Pantisocracy)를 건설할 생각에서 미국의 서스쿼해너 강변으로 이주할 계획을 세움. (8-9월) 평생의 친구가 될 토머스 풀을 만남. 사우디의 약혼녀의 언니인 새러 프릭커와 약혼함. (10월) 사우디와 합작한 비극 작품인 『로베스피에르의 몰락』이 발간됨. (12월) 학위를 받지 못한 채 캠브리지를 떠남. (12월 24일) 「종교적 묵상」을 쓰기 시작함.
1795   (1-6월) 브리스톨에서 정치 및 계시 종교에 대해 강연함. 여름에 사우디와 몇 차례 언쟁을 벌임. 이상적 만민평등사회 계획을 포기함. (10월 4일) 새러 프릭커와 결혼함. 윌리엄 워즈워스를 만남.

1796	(3-5월) 10호까지 발간하고 종간된 정기 간행물인 『파수꾼』을 편집함. (4월) 첫시집인 『여러 주제에 관한 시편들』이 발간됨. (이미 이전 3년간 여러 정기 간행물에 시를 발표해 왔었음.) 신체적 고통을 잊기 위해 아편정제를 정기적으로 복용하기 시작함. (9월 19일) 장남인 하틀리가 태어남. 사우디와 화해함. (12월) 토머스 풀의 집과 가까운 네더 스토위로 이주함.
1797	비극 작품인 『오소리오』를 쓰고, 유니테어리언파 교인들 앞에서 설교함. (6월) 워즈워스를 방문하고 친밀한 교류가 시작됨. 코울리지의 '경이의 해'가 시작됨. 이듬해까지 「노수부의 노래」, 「쿠블라 칸」, 「크리스타벨」(1부), 「한밤의 서리」, 그리고 많은 뛰어난 시편들을 쓰게 됨. (7월) 워즈워스가 네더 스토위에서 채 3마일도 떨어져 있지 않은 곳으로 이주해 옴. (10월) 『여러 주제에 관한 시편들』재판이 발간되고, 『오소리오』를 완성함. (11월) 「노수부의 노래」를 쓰기 시작함.
1798	웨지우드 형제로부터 평생 150파운드의 연금을 받게 됨. (3월) 「프랑스: 송가」. (4월) 「고독 속의 근심」. 젊은 작가인 찰즈 로이드가 부분적으로 코울리지를 모델로 삼아 쓴 소설인 『에드먼드 올리버』가 발간되어 코울리지를 극심한 동요 속으로 몰아넣었을 뿐만 아니라 찰즈 램과 결별하게 하는 계기를 제공함. (5월 14일) 차남 버클리가 태어남(1799년 2월 10일에 사망함). 정신적 고통을 잊기 위해 아편을 복용함. (9월) 워즈워스와 합작한 『서정시집』이 발간됨. 워즈워스 남매와 독일로 감.
1799	(2월) 독일 괴팅겐대학교에 체류함. (7월) 네더 스토위의 가족에게로 돌아옴. (10월) 워즈워스와 호반 지방을 여행함. 워즈워스의 아내가 될 메어리 허친슨의 동생인 새러 허친슨을 만나, 오래

	지속된 절망적인 사랑에 빠짐. (12월) 워즈워스가는 호반 지방의 그래스미어에 있는 '도브 코티지'로 이주함. 찰즈 램과의 우정을 회복함.
1800	(1-4월) 『모닝 포스트』지에 기고 활동. (7월) 호반 지방의 케스윅으로 이주함. (9월 14일) 3남인 더원트가 태어남. 쉴러의 『발렌슈타인』을 번역함. 워즈워스가 쓴 유명한 「서문」이 포함된 『서정시집』 재판의 인쇄를 감독함.
1801	철학에 관한 진지한 연구를 시작함. 잦은 병으로 인해 아편에의 의존이 심화됨. 『모닝 포스트』지에 기고 활동.
1802	가정 불화가 심화됨. (4월) '서한시'(「낙심: 송가」 초고본). (9월) 「일출 전의 찬가」가 발표됨. (11월) 아편 중독에서 벗어나고자 시도했으나 실패함. (12월 23일) 장녀인 새러가 태어남.
1803	『여러 주제에 관한 시편들』 3판이 발간됨. 조지 보먼트 경 부부 만남. (8월) 워즈워스 남매와 스코틀랜드를 여행함. (9월) 당시 거의 일상사가 되어버린 섬뜩한 악몽들에 관한 설명인 「잠의 고통」을 씀.
1804	(4월) 건강을 회복할 수 있으리라는 희망을 갖고 말타로 항해해 감. 17개월 동안 말타 지사인 앨릭잰더 볼 경의 개인 비서로 일함.
1805	(9-12월) 시칠리아, 나폴리, 로마에 체류함.
1806	(1월) 로마, 플로렌스, 피사에 체류함. 로마에서 미국 화가인 워싱턴 올스턴을 만남. (8월) 영국으로 돌아옴. (11월) 케스윅에 도착한 직후, 아내와 별거하기로 결정함. (12월 21일 - 1807년) 콜리오튼에서 워즈워스 남매 및 새러 허친슨과 지냄. 워즈워스가 『서곡』을 낭송하는 것을 들음. 「윌리엄 워즈워스에게」.

1807	(8월) 토머스 드 퀸시를 만남.
1808	왕립 학회에서 시와 감식안의 원리에 대해 강연함. (1-6월) 런던에 체류하면서 『쿠리어』지에 기고 활동. (9월) 아내와 떨어져 그래스미어의 앨런 뱅크에서 워즈 워스 남매와 함께 생활함.
1809	(6월 1일) 『친구』가 발간되기 시작함. 그래스미어에 종종 체류함.
1810	(3월) 새러 허친슨이 웨일즈로 떠남. (3월 15일) 『친구』의 종간호가 발간됨. (10월) 워즈워스와 언쟁을 벌이고 결별함. 런던에 체류함.
1811	『쿠리어』지에 기고 활동. (11월 18일) 셰익스피어 및 밀튼 강연 시작.
1812	『친구』가 속간됨. 호반 지방을 마지막으로 방문함. 워즈워스와 화해했지만 예전의 깊은 유대는 더 이상 갖지 못함. (11월 - 1813년 1월) 셰익스피어 강연. 웨지우드 형제로부터의 연금이 절반으로 줄게 됨.
1813-14	『회한』(『오소리오』를 개작한 작품)이 공연되어 성공을 거둠. 문학 및 미학의 논제들에 대해 강연함. 「미술에 관한 천재적 비평의 원리들에 관하여」가 발표됨.
1816	(4월) 하이게이트로 이주하여 이후 18년간 의사이자 친구로서 그를 보살펴 주게될 제임스 길만과 함께 생활함. 「크리스타벨」, 「쿠블라 칸」, 「잠의 고통」, 그리고 『정치가의 편람』이 발간됨. 『생명 이론』을 저술함.
1817	『문학적 전기』와 『무녀의 엽편(葉片)들』, 두 번째 『평신도의 설교』, 『자폴리아』가 발간됨.
1818	시와 희곡에 대해 강연함. 『친구』가 재배열되어 재발간됨. (12

	월 - 1819년 3월) 문학과 철학사에 대해 강연함. 「방법론」이 발표됨.
1818-34	"하이게이트의 현자(賢者)"로 점차 명성을 얻고 많은 영향을 미침. 담화가로 유명해짐. '대작'을 쓰기 위한 준비를 함.
1823	길만 가족과 함께 하이게이트의 그로브로 이주함.
1825	『사색의 길잡이』가 발간됨. "아이스퀼로스의 『프로메테우스』에 관하여"라는 제목으로 강연함.
1828	워즈워스와 네덜란드 및 라인 지방을 여행함. 『시전집』이 발간됨(1828, 1829, 1834).
1829	『교회와 국가의 정체(政體)에 관하여』가 발간됨.
1830	사우디와의 합작인 『악마의 산책』이 발간됨.
1834	(7월 25일) 하이게이트에서 사망함.

COLERIDGE

제1부 초기의 '대화시'

- '대화시'와 영시의 전통: 「풍명금」을 중심으로
- 공감적 상상의 힘: 「내 감옥, 이 보리수 그늘」
- 자아 탐색의 여정: 「한밤의 서리」
- 상징적 비전: 「나이팅게일」

'대화시'와 영시의 전통: 「풍명금」을 중심으로

많은 사람들의 머릿속에 코울리지(S. T. Coleridge, 1772-1834)는 무엇보다도 초자연적인 소재를 다룬 세 편의 시―「노수부의 노래」("The Rime of the Ancient Mariner"), 「크리스타벨」("Christabel"), 그리고 「쿠블라 칸」("Kubla Khan")―의 저자로 각인되어 있다. 널리 알려진 이 시들은 오늘날까지 그의 대표작으로서 끊임없이 읽혀지고 또 찬미되어 왔다. 비평적 유행의 흐름에 거의 영향을 받지 않았던 이 시들로 인해 그의 다른 뛰어난 시들은 무척 오랫동안 비평적 관심의 대상으로 떠오르지 못했다. 또한 최근 들어 활발해진 코울리지에 대한 재평가 작업도 그의 저작 전체에 대한 재편집을 계기로 하여 주로 비평가, 또는 벤덤(Jeremy Bentham)과 더불어 "영국이 낳은 두 맹아적(萌芽的) 정신의 하나"(Mill 40)였던 사상가로서의 그의 면모에 초점을 맞춰 왔다.

이 두 극단적인 비평적 반응이 미치지 못하는 어느 지점에 코울리지의 '대화시'(Conversation Poems)―「풍명금(風鳴琴)」("The Eolian Harp"), 「은거지를 떠난 데 대한 명상」("Reflections on Having Left a Place of Retirement"), 「내 감옥, 이 보리수 그늘」("This Lime-Tree Bower My Prison"), 「한밤의 서리」("Frost at Midnight"), 「고독 속의 근심」

("Fears in Solitude"), 「나이팅게일」("The Nightingale")[1]—가 자리잡고 있다. 이들은 모두 외관상 시인이 사사로운 계기에 친밀한 대화적 어조와 리듬을 통해 그의 생각에 공감할 수 있는 가까운 주변 인물들에게 말을 건네는 형식을 취하고 있다는 점에서 그같은 명칭으로 포괄될 수 있는 시편들이다. 문학사적 측면에서 볼 때, 이 시편들은 이전의 영시 전통, 즉 17세기 종교적 명상시와 18세기에 널리 유행했던 풍경시의 전통을 심화·발전시킨 한 업적이라고 할 수 있다. 이 글은 코울리지의 '대화시'의 원형인 「풍명금」을 이전의 영시 전통과 관련시켜 살펴봄으로써 그의 '대화시'의 전반적인 특성과 의의를 밝히는 것을 그 목표로 하고 있다.

무엇보다도 코울리지의 '대화시'는 시인 자신의 생각과 느낌의 내적 움직임에 집요한 관심을 보여준 17세기 형이상학파 시, 특히 종교적 명상시를 세속적 차원에서 심화·발전시키고 있다. 물론 그의 시가 종교적 명상시처럼 강렬한 정신적 훈련을 통해 기독교적 삶을 추구하는 한 개인의 모습을 뚜렷하게 그리고 있지는 않다. 그러나 그것이 낙심과 고

---

[1] 코울리지의 '대화시'의 범위에 관해서는 학자들간에 의견이 일치되지 않고 있다. 실제로 코울리지 자신은 「나이팅게일」의 경우에만 유일하게 부제로 '대화시'라는 명칭을 사용한 바 있다. 독자들로 하여금 처음으로 '대화시'의 중요성에 눈뜨게 만든 하퍼(G. M. Harper)는 일찍이 1925년에 '대화시'의 특성을 "절실한 느낌, 친밀한 말건넴, 그리고 평이한 표현"으로 요약하면서 「낙심: 송가」("Dejection: An Ode")와 「윌리엄 워즈워스에게」("To William Wordsworth")까지 포함시켜 여덟 편으로 간주했다(191). 그러나 다수의 학자들은 「낙심: 송가」는 무운시(blank verse) 형태로 쓰어진 다른 '대화시'와는 달리 핀다로스풍 송가(Pindaric ode) 형식을 취하고 있다는 점, 그리고 「윌리엄 워즈워스에게」는 후기의 작품이라는 점을 들어 '대화시'의 범위를 초기에 쓰어진 여섯 편에 한정시킨다. 이 책에서도 논의의 편의상 '대화시'의 범위를 초기에 쓰어진 여섯 편으로 한정하고, 그 중에서도 '대화시'로서의 특성이 두드러진 네 편을 집중적으로 검토한다.

뇌의 여건 하에서 "17세기의 명상적 훈련과 어느 정도 유사한 사고 과정을 통해 내적 삶의 통일성을 배양"(Martz 324)하려는 노력을 보여주는 시의 전통 속에 자리잡고 있음은 분명하다. 17세기 종교 시인들의 명상시를 검토한 끝에 마츠(Louis L. Martz)가 명상시 전반에 대해 내린 포괄적인 정의는 코울리지의 '대화시'의 명상시로서의 특성을 잘 조명해준다.

명상시—그것이 정의될 수 있을까? . . . 명상시는 정신의 한 내적 드라마를 창조하는 작품이다. 그리고 이 극적 행위는 (비록 늘 그런 것은 아니지만) 통상적으로 어떤 형태의 자신에의 말건넴에 의해 창조되는데, 이 속에서 정신은 기억에 의해 의도적으로 환기된 한 문제 또는 상황을 확고하게 붙잡아, 그것을 의식의 완전한 빛을 향해 앞으로 데려가, 화자의 자아가 그것이 겪는 갈등들에 대한 한 해결책을 잠시 동안 얻게 되는 한 조명의 순간으로 끝맺는다. (330)

종교적 명상시에서 명상은 물론 의도적으로 신앙심을 자극하고 배양시키기 위한 일관된 생각의 흐름을 지칭한다. 반면에 코울리지의 '대화시'의 경우, 명상은 시인의 특정한 정서적·지적 문제를 둘러싼 생각의 극적 연쇄로 이루어져 있다. 현재의 구체적인 장경은 시인의 열정적 명상을 촉발시키는 계기가 되고, 시인은 과거·현재·미래를 수반하는 그 명상적 여정의 클라이맥스로서 어떤 통찰 또는 비전의 순간을 경험하는데, 그 경험이 가져다준 새로운 기분과 통찰을 갖고 현재의 장경으로 되돌아오는 것이다. 이와 함께 이 시들에 두드러지게 나타나는 구체적인 배경과 특정한 청자(聽者)의 존재는 명상적 독백에 입각한 이 시들의 극적 성격을 강화시키는 데 이바지한다.

더욱이 종교적 명상시에서는 코울리지의 '대화시'에서처럼 자연에 대한 면밀한 묘사가 두드러지게 나타나지 않는다. 전자의 경우 명상을 도입하는 계기가 되는 장경이 거의 구체성을 띠지 않는 데 비해, 후자는 대부분 독자가 그 위치를 확인할 수 있는 구체적인 장경 속에 있는 한 특정한 화자의 모습을 제시한다. 이것은 코울리지의 '대화시'에서는 자연이 종교적 명상시에서처럼 단순히 우의적(寓意的)인 것이 아니라 그 자체로서도 시인의 지속적인 관심의 대상이 되고 있음을 뜻한다. 사실상 코울리지의 경우 풍경 또는 자연은 시인의 명상의 계기일 뿐만 아니라 그 명상이 표현되는 이미저리의 원천이기도 한 것이다. 이러한 차이점은 코울리지의 '대화시'가 다른 한편으로 17 · 18세기 풍경시의 전통 속에 자리잡고 있음을 시사한다.

구체적인 장소가 명시된 자연 배경 속에서의 명상을 제시하는 코울리지의 '대화시'의 이같은 특성은 풍경시의 원형이라 할 수 있는 데넘(John Denham)의 「쿠퍼 언덕」("Cooper's Hill," 1642)에서 일찍이 구현된 바 있는 특성이다. 358행으로 이루어진 이 인상적인 시의 전반부는 시인이 쿠퍼 언덕 위에서 바라본 세 건물—성 바울 성당, 윈저 성, 첫지 수도원—에 대한 묘사와 그 상상적 해석에 바쳐져 있으며, 후반부는 '부조화스러운 조화'(*concordia discors*)의 표상으로서의 템즈 강과 사슴 사냥에 관한 묘사로 구성되어 있다. 그리고 묘사된 장경은 끊임없이 역사적 · 정치적 · 도덕적 명상과 결부된다.

널리 알려진 또다른 풍경시인 포프(Alexander Pope)의 「윈저 숲」("Windsor Forest," 1713) 역시 데넘의 시와 유사한 패턴을 따르고 있다. 데넘의 시와 마찬가지로 단정한 2행 연구(couplet) 속에서 묘사와 명상을 결부시키고 있는 이 시는 서두에서 '부조화스러운 조화'라는 우주적 원리를 진술하고 있으며, 이후의 부분은 윈저 숲에서의 세 가지 종류의 사냥을 묘사한다. 그리고 이 사냥에서 드러나는 인간 행태의 다양한 측면들은 그 우주적 원리에 비추어 평가되고 있다. 말하자면 윈저 숲은 인간 행위의 모든 양식이 전시되는 하나의 무대인 것이다.

　그러나 이들 풍경시는 코울리지의 '대화시'가 보여주는 묘사와 명상의 긴밀한 결합에는 이르지 못하고 있는 것이 사실이다. 코울리지의 시에서 어떤 장경에 의해 촉발된 명상이 일관성 있는 생각의 극적 연쇄로 이루어진 데 비해, 풍경시에서는 장경의 몇 가지 세목들과 도덕적 명상이 그저 단순하게 병치되어 있을 뿐이다. 「쿠퍼 언덕」과 「윈저 숲」의 자주 인용되는 시행들을 살펴보기로 하자.

　　오, 나도 너처럼 흐르고, 너의 흐름을
　　내 큰 본보기로 삼았으면! 그것이 바로 내 테마이니.
　　깊으나 맑고, 부드러우나 둔하지 않고,
　　강하나 격하지 않고, 가득 차 있지만 넘치지 않는구나.

　　O could I flow like thee, and make thy stream
　　My great example, as it is my theme!
　　Though deep, yet clear, though gentle, yet not dull,
　　Strong without rage, without o'er-flowing full.
　　　(Witherspoon and Warnke 941)

　　여기에서 언덕과 골짜기들, 삼림지와 평야,
　　여기에서 땅과 물은 다시 싸우는 듯하다
　　혼돈마냥 함께 으깨어져 상처입은 채로가 아니라
　　이 세상마냥 조화롭게 혼란된 채로.

이곳에서 우리는 다양성 속의 질서를 보고,
이곳에서 만물은 다르면서도 일치된다.

> Here Hills and Vales, the Woodland and the Plain,
> Here Earth and Water seem to strive again,
> Not *Chaos*-like together crush'd and bruis'd,
> But as the World, harmoniously confus'd:
> Where Order in Variety we see,
> And where, tho' all things differ, all agree. (Pope 37)

첫번째 인용문은 템즈 강의 흐름을 '부조화스러운 조화'의 표상으로 묘사하고 있는 부분으로서, 그 경구적 언어와 정교한 구문으로 인해 많은 사람들의 찬탄의 대상이 되어 왔다. 그렇지만 이 유명한 구절도 묘사와 명상을 헐겁게 결부시키는 풍경시의 상투적 결함을 떨쳐버리지 못하고 있다. 존슨(Samuel Johnson)의 말처럼, 이 시행들의 "교묘하게 대립된 대부분의 낱말들은 비교의 한편에서는 단순하게 이해되어지고, 다른 한편에서는 은유적으로 이해되어져야 하기"(1: 78) 때문이다. 마치 시인은 먼저 강의 흐름을 보고 나서, 다시 도덕적 관점에서 그 장경을 개관하는 것처럼 보인다.

두번째 인용문 역시 첫번째 인용문과 마찬가지로 자연의 이상적 질서를 구현하고 있는 장소로서의 윈저 숲을 제시한다. 윈저 숲은 템즈 강처럼 '다양성 속의 질서'라는 한 보편적 원리의 이상적인 물리적 표현으로서 제시될 뿐, 코울리지의 '대화시'에서처럼 그것을 주시하는 시인의 독특한 정신에 의해 지각되고 있지 않다. 요컨대 사고와 정서와 지각 대상은 "단순히 병치되어 있는 별개의 양(量)들"(Langbaum 40)에 지나지 않는 것이다. 자연이 관찰되는 순서에 따라 시인의 기억과 생각이 간헐적으로 도입되곤 하는 풍경시에서 언어는 사실상 자연 대상들의 감각적 특질보다는 그 도덕적 의의를 부각시키기 위해 사용된 듯한 인상을 준다. 이 경우 묘사는 "산문적 생각들이 시적 언어로 번역된 것"(*BL* 1: 21)에 다름 아니다. 반면에 코울리지의 '대화시'에서 풍경 묘사는 그 풍경을 주시하는 시인의 독특한 정신의 미묘한 상태에 대응되어 한결 더 정교하고 긴밀하게 짜여져 있다.

풍경시를 보다 서정적인 형태로 발전시켰다고 간주되는 보울즈(W. L. Bowles)의 일부 소네트에 대한 코울리지의 비판은 풍경시의 이러한 결함에 대한 그의 날카로운 인식을 입증하고 있다.

> 무운시로 씌어진 모든 시편들에는 모든 것을 **도덕적으로 바라보고자** 하는 그런 끊임없는 책략—때로는 무척 훌륭한—이 지배적입니다. 그러나 자연 속의 어떤 흥미로운 외관을 보거나 묘사할 때마다 흐릿한 유추들에 의해 그것을 도덕적 세계와 연관시키는 것은 인상의 어렴풋함을 입증하는 셈이지요. 자연은 그 나름의 고유한 흥미를 갖고 있고, 만물이 그 나름의 생명을 지니고 있으며 우리는 모두 **전일한 생명**이라는 것을 믿고 느끼는 사람은 그것이 무엇인지를 알 것입니다. 시인의 **가슴**과 **지성**은 자연 속의 커다란 외관들과 **결합되어야**, 친밀하게 결합되고 **통합되어야** 하는 것이지요—그저 형식적 직유의 형태로 용제(溶劑) 속에 묶여지고 헐겁게 섞여 있는 것이 아니구요. ... —보울즈는 실제로 시인의 **감수성**을 지니고 있지만, 위대한 시인의 **정열**은 지니고 있지 못합니다. ... —그러나 그는 타고난 정열이 없는데, 그것이 그가 사색가가 아니기 때문이지요. (*CL* 2: 864)

이 구절에서 우리는 코울리지의 평생 동안의 관심사였던 몇 가지 점에 주목하게 된다. 코울리지에 의하면, 무엇보다도 "자연은 그 나름의 고유한 흥미를 갖고 있"기 때문에, "흐릿한 유추들에 의해 그것을 도덕적 세계와 연관시키는 것"은 시인의 재능의 결핍을 증명할 뿐이다. 더욱이 자연을 비롯한 만물은 그 나름의 생명을 가질 뿐만 아니라 "전일한 생명"의 일부여서, "가슴과 지성"이 통합된 "사색가"로서의 시인만이 "형식적 직유"나 "흐릿한 유추들"에 의해 주체와 대상을 헐겁게 결부시키는 상투적 결함에서 벗어나 우주의 "전일한 생명"을 파악하고 그것을 표현할 수 있는 것이다. 앞에서 살펴본 두 편의 풍경시는 주체와 대상간의 관계를 맺어주는 것 같으면서도 사실은 그들을 범주상으로 떼어놓고 있으며, 그런 점에서 풍경 시인들은 대상들을 변형시키고 융합시키는 상상력의 소유자라기보다는 단순한 "집적적(集積的) 능력"(*CL* 2: 865)인 공상력의 소유자일 뿐이다. 코울리지의 '대화시'는 재창조하기 위해 용해시키고 확산시키고 흩뜨리는 시적 상상력에 의해 주체와 대상, 정신과 자연간의 뜻깊은 관련을 맺어주는 상징적 지각의 가능성을 제시함으로써 18세기 풍경시의 한계를 훌륭하게 극복하고 있다.

　코울리지의 '대화시'의 철학적 핵심을 이루고 있는 것은 바로 이 생명의 전일성에 대한 신념이다. 많은 학자들이 지적하듯이, 코울리지는 버클리(George Berkeley)와 뵈메(Jakob Boehme) 등의 철학자들로부터 자연의 모든 사물들은 신성한 힘의 외적 현현(顯現)이라는 관념을 받아들였고, 자연에 대한 그러한 영적 해석은 곧 모든 존재의 전일성에 대한 믿음으로 이어질 수 있었다(Appleyard 1965, 46-56). 생명체와 비생명체, 자연과 정신은 모두 신성한 창조력의 에너지인 "전일한 생명"의 표현이기 때문에 이들을 구별하는 것은 무의미한 일인 것이다. 코울리지의 '대화시'는 생명의 전일성에 대한 그의 신념을 단순히 시적으로 표현하는 것이 아니라, 다양한 요소들과 심리적 경험을 그 신념을 중심으로 조직화함으로써 통일성을 획득한다.

코울리지의 「풍명금(風鳴琴)」("The Eolian Harp," 1795)은 묘사와 명상의 긴밀한 결합을 통해 상상력에 의한 주체와 대상의 상호 융합의 과정을 선명하게 보여주는 일련의 '대화시' 중에서 가장 먼저 씌어진 작품이다. 자연스러운 리듬과 친근한 어조를 통해 "자연의 형상들 전체에 흩어져 있는 지성의 모든 광선들의 초점"(Coleridge, "On Poesy or Art" 257-58)인 정신의 미묘한 움직임 또는 유동적 행위를 보여주는 '대화시'의 특징적 면모를 우리는 이 시에서 처음으로 발견한다. 격식을 차리지 않는 리듬과 언뜻 보기에 산만한 구조 역시 직접적인 말건넴, 감각적 세부의 묘사, 고양된 형이상학적 사색, 회상 등으로 이루어진 이 시에 있어서의 정신의 유동적인 움직임을 효과적으로 포착하고 있다. 물론 이 시가 18세기 풍경시의 상투적인 어법을 완전히 떨쳐버리지 못한 것이 사실이긴 하지만, 생명의 전일성에 관한 코울리지의 형이상학적 비전과 '대화시'의 특성을 원형적 형태로 제시하고 있다는 점에서 그의 널리 알려진 세 편의 '초자연' 시편들에 못지 않게 많은 학자들의 관심을 끌어 왔다. 이 시가 "내가 일찍이 썼던 작품들 중에서 가장 완벽한 시"(Barth 1977, 80에서 재인용)라는 코울리지 자신의 말은 그런 문맥에서 이해될 수 있다.

이 시는 어느 시점에 특정한 장경 앞에 서 있는 시인의 명상적 독백을 통해 전체적인 상황과 배경을 구체적으로 제시하는 것으로 시작된다. 1부(1-12행)에서 시인은 자신의 오두막 곁에 앉아 친근한 구어적 어조로 새러(Sara)에게 조용히 말을 건넨다.

생각에 잠긴 나의 새러여! 정말 마음 푸근하게 감미롭소
그대의 부드러운 뺨을 내 팔에 이렇게 기대게 하고서,
우리 오두막, 흰 꽃 피는 재스민과
잎사귀 넓은 도금양(桃金孃)으로 무성한
(이들은 순결함과 사랑의 적절한 표상이 아니겠소!)
우리 오두막 곁에 앉아, 아까까지만 해도 빛으로 풍요로웠던
구름들이 천천히 주위를 슬프게 만드는 걸 지켜보고,
또 고요히 빛나는 금성(金星)이 (지혜는 그래야 하리)
맞은 편에서 빛나고 있음에 주목하는 것은! 저 콩밭에서 잡아채 온
절묘한 향내! 그리고 이토록 숨죽인 세계!
먼 바다의 고요한 중얼거림은
우리에게 침묵에 관해 얘기하고 있소. (1-12행)

My pensive Sara! thy soft cheek reclined
Thus on mine arm, most soothing sweet it is
To sit beside our Cot, our Cot o'ergrown
With white-flower'd Jasmin, and the broad-leav'd Myrtle,
(Meet emblems they of Innocence and Love!)
And watch the clouds, that late were rich with light,
Slow saddening round, and mark the star of eve
Serenely brilliant (such should Wisdom be)
Shine opposite! How exquisite the scents
Snatch'd from yon bean-field! and the world so hush'd!
The stilly murmur of the distant Sea
Tells us of silence. (*CPW* 1: 100)

일차적으로 이러한 말건넴은 시적 기원이라는 문학적 관습에 속한 것이지만, "외적 자극과 대면했을 때의 정신 그 자체의 드라마"라고 할

수 있는 이 시는 인칭적·시간적·공간적 직시(直示) 체계—1·2인칭 대명사, 현재 시제의 동사들, 그리고 시간과 장소를 지시하는 단어들—에 의해 그 맥락을 뒷받침하고 있다(Culler 1975, 167). 소박하고 단순한 이미지들 또한 『잃어버린 낙원』(*Paradise Lost*)에서의 아담과 이브의 정자를 상기시키면서 시인과 새러가 공유하는 낙원의 분위기를 조성한다.

처음 세 행에서 자신의 관찰의 거점을 밝힌 후, 시인은 오두막 주위에서 감각적으로 경험한 세계의 세목들을 열거해 간다. 2행의 "is"라는 본동사가 도입하는 부정사 구문은 비활동적 상태에 있는 자연 현상들을 구체적으로 기록하면서, 오두막에서의 시인의 삶의 평온함을 강조한다. 또한 사물들의 확고한 공간적 배열에서 우리는 시인의 자아가 물리적 공간뿐만 아니라 정신적 공간을 확보하면서 서서히 깨어나고 있음을 어렵지 않게 알아차릴 수 있다. 언뜻 수동적으로 오두막 주위에서 경험한 세목들과 인상들을 받아들이는 듯한 순간에도 시인의 의식은 움직이기 시작한다. 이 시에서 맨 처음 나타나는 자연 물상인 재스민과 도금양에 대한 묘사는 그 좋은 보기이다. 시인은 이들을 객관적으로 바라보는 것처럼 보이지만("흰 꽃 피는 재스민과 잎사귀 넓은 도금양"), 보다 주목되는 것은 그가 이들을 바람직한 인간적 상태의 표상으로 간주하고 있다는 점이다—"(이들은 순결함과 사랑의 적절한 표상이 아니겠소!)." 물론 이러한 표상화는 바로 다음에 나타나는 그것과 더불어 이미지들을 추상적 관념이나 특질의 표상으로 활용하는 이전 시의 상투적 습관에서 벗어나지 못했음을 보여주긴 하지만, 우리는 여기에서 단순한 감각적 경험의 차원을 넘어서서 정신의 유동적인 움직임 그 자체를 포착하려고 애쓰는 코울리지의 모습을 읽어낼 수 있다.

장경이 오두막으로부터 주위의 풍경으로 옮겨가는 6-12행은 그에 상응하는 시인의 의식의 확장을 보여준다. 이러한 의식의 움직임이 일어나는 시점이 낮과 밤 사이의 전이적 순간인 황혼 무렵이라는 것도 의미심장하다. 휠러(Kathleen M. Wheeler)가 지적하듯이, "의식적 정신과 무의식적 정신간의 완벽한 균형의 순간"에 대한 메타포로서의 황혼은 "상상적 반응의 . . . 생성 여건"(1981, 69)으로서 작용하고 있다. 이 상태에서 시인은 어두워지는 구름을 지켜보는데, 구름은 시인에게는 "천천히 주위를 슬프게 만드는" 것으로 보여진다. 여기에서 "슬프게 만드는"(saddening)이라는 분사 형태의 단어는 풍경을 인간적인 측면에서 해석하려는 시인의 의식의 편향을 시사함과 동시에, 빈번한 월행(越行, run-on line)들과 더불어 이 장경의 역동성을 부각시킨다.

미묘한 변화를 겪는 구름과는 달리, 별은 거의 정지된 상태에서 고요히 빛을 발한다. 별 또한 시인에게는 인간적 가치인 지혜의 표상으로 간주되는데, 이 두 번째 표상화는 첫 번째의 경우와는 달리 보다 강력하고 규범적인 동사에 의해 한정되고 있다—"(지혜는 그래야 하리)." 9행의 첫머리에 놓여 별의 상태를 묘사하는 어구인 "맞은 편에서 빛나고"는 1연의 역동적 분위기를 다시 한 번 강조하는 것처럼 보인다. 이 모든 것들은 서로 결합되어 미묘하게 얽혀 있는 활동과 정지의 감각을 환기시키면서 숨죽인 기대의 분위기를 조성하고 있다.

하늘로부터 땅으로 관심이 옮겨지는 9-10행에서 이전의 촉각적·시각적 이미지들은 후각에 자리를 넘겨준다. "저 콩밭에서 잡아채 온/ 절묘한 향내!"라는 감탄문은 "잡아채 온"(snatch'd)이라는 단어를 통해 근처의 콩밭에서 풍겨오는 향내의 강렬성뿐만 아니라, 예민한 상태에 있는 시인의 능동적 지각 행위까지 암시하고 있다. "그리고 이토록 숨죽인 세계!"라는 어구 또한 단순히 고요한 세상만을 지칭하는 것이 아니라 의식의 숨죽인 상태까지 포함하는 것처럼 보인다. 이 상태에서 시인은 소리가 침묵을 강화하는 역설적 현상을 깨닫는다. 그렇다면 "이토록 숨죽인 세계"는 그 속에 어떤 잠재력을 내포하고 있는 세계라고 할 수 있다. 이 세계에서 시인은 외적 자극에 예민하게 반응하면서 숨죽인 기대 속에서 무엇인가를 기다린다.

이제 우리는 1부의 끝부분에서 이미 "정신이 이 세계를 받아들이고 그에 반응하고자 하는 다양한 방식들을 관찰한"(Garber 126) 셈이다. 대상들을 자신의 관점에서 바라보려는 시인의 끊임없는 시도는 그가 새러와 공유하고 있는 세계를 떠나 그 자신만의 명상의 세계 속으로 들어가려 하고 있음을 시사한다.

2부(12-33행)에서 시인은 창틀에 놓여진 현금을 건드리고 지나가는 미풍에 의해 곧 자신이 당면한 상황으로 되돌아온다. 1부에서의 고요와 침묵은 흐트러져 음악으로 발전되고, 조화로운 멜로디를 만들어내는 바람과 현금의 상호 작용은 사랑하는 두 연인간의 관계에 비유되고 있다. 1부의 마지막 부분에서의 청각적 요소에 대한 언급은 현금의 이미지로의 전이를 손쉽게 해준다.

      그리고 저 아주 소박한 현금,
꼭 끌어안은 창틀에 길다랗게 놓인 저 현금에 귀기울여보라!
변덕스러운 미풍의 애무를 받아,
애인에게 몸을 반쯤은 허락하는 어느 수줍은 처녀처럼,
비행(非行)을 꼭 되풀이하도록 유혹하는 듯이
그처럼 감미로운 질책을 쏟아 붓는 것을! (12-17행)

> And that simplest Lute,
> Placed length-ways in the clasping casement, hark!
> How by the desultory breeze caress'd,
> Like some coy maid half yielding to her lover,
> It pours such sweet upbraiding, as must needs
> Tempt to repeat the wrong! (*CPW* 1: 100-01)

　주로 시각적·촉각적 이미지를 통해 이 구절에서 묘사된 상황은 다분히 장난기 섞인, 그리고 관능적인 것이다. 현금은 수줍은 처녀에, 변덕스러운 미풍은 그녀의 애인에, 그리고 미풍과 현금이 빚어내는 멜로디는 "감미로운 질책"에 비유된다. "길다랗게"(lengthways), "꼭 끌어안은"(clasping), "애무를 받아"(caress'd) 같은 단어들은 대상을 인간적인 측면에서 파악하려는 시인의 끊임없는 노력을 증거함과 동시에, 이 상황의 관능적인 분위기를 강화시키고 있다. 굳이 전기적인 증거에 의존하지 않더라도, 우리는 시인의 마음속에 사랑의 감정이 크게 자리잡고 있음을 알아차릴 수 있다.

　점점 더 거세지는 바람과 현금의 작용에 의해 생긴 음악은 바로 앞의 경우와는 달리 시인으로 하여금 그 자신의 즉각적인 상황으로부터 상상의 세계로의 비상을 시작하게 하는 연상 과정의 계기가 된다. 현금이 내는 감미로운 소리의 파도는 낭랑한 마법적 가락으로 변형되면서 시인을 현실 너머의 어떤 영역, 즉 "꿀을 떨어뜨리는 꽃들"과 배회하는 극락조들로 이루어진 "요정 나라"로 데려간다.

> 그리고 이제 그 현은
> 더욱 대담하게 탄주되어, 긴 연속적인 가락들이

감미로운 파도 위로 가라앉았다간 솟아오르오,
마치 황혼의 요정들이 저녁에 강풍을 타고
요정 나라를 떠나 항해할 적에 만들어내는 듯한
그 부드럽게 떠다니는 마법적인 가락들이.
거기에선 멜로디가 꿀을 떨어뜨리는 꽃들 주위에서
극락조들마냥, 발이 없이 거칠게,
길들여지지 않은 날개로 배회하며 멈추거나 횃대에 앉지도 못하오!
   (17-25행)

                   And now, its strings
Boldlier swept, the long sequacious notes
Over delicious surges sink and rise
Such a soft floating witchery of sound
As twilight Elfins make, when they at eve
Voyage on gentle gales from Fairy-Land,
Where Melodies round honey-dropping flowers,
Footless and wild, like birds of Paradise,
Nor pause, nor perch, hovering on untam'd wing! (*CPW* 1: 101)

　여기에서 현금의 음악이라는 청각적 현상은 선명한 시각적 이미지들을 통해 묘사되고 있다. 서두에서의 낙원의 분위기를 연상시키는 이 구절은 표층적인 차원에서는 "새러를 축어적 사실성으로부터 떼어내서 생명에 대한 보다 상상적인 반응으로 옮겨가게 하려는 설득적 시도"(Yarlott 92)로 간주될 수 있다. 그러나 보다 중요한 것은 이 구절을 통해 시인 자신이 심리적으로 해방된다는 점이다. 사실상 "요정 나라"는 일상 세계를 지배하는 상식과 이성으로부터 해방된 공간이다. 그런 점에서 이 공간은 「노수부의 노래」에서 노수부가 경험하는 초자연적 세계와 흡사한 심리적 공간이다. 인간적인 사랑에 관한 구절과 만물에 대한 사랑에 관한 구절 사이에 자리잡고 있는 이 부분에서 새러의 모습이 시인의 의식으로부터 거의 사라져버렸음도 주목할 만하다. 이 세계에서 시인은 어떤 시간적·공간적 질서에 묶이지 않은 채 극락조마냥 "길들여지지 않은 날개로" 배회한다.

이미 우리는 1부에서 지각 주체와 대상 사이의 엄격한 구분이 사라져감을 목격한 바 있다. 위의 시행들은 이에서 한층 더 나아가 전혀 어떤 객관적 대상을 지칭하지도 않고 또 객관적 질서를 구체화하지도 않는 이미지들로 이루어져 있다. 우리의 순수한 상상에 호소하는 이국적인 이미지들로 묘사된 "요정 나라"는 따라서 "우리로 하여금 객관적 세계의 개념적 구조로부터 해방된 감각 작용의 특질들과 패턴들을 의식할 수 있게 해준다"(Haven 62). 다채로우면서 신속한 템포는 과정을 함축하는 단어들—"floating," "honey-dropping," "hovering" 등—과 더불어 시인 자신이 "요정 나라"의 역동성을 실감하고 있음을 보여줄 뿐만 아니라, 우리가 그 세계를 함께 경험하게끔 도와준다.

1817년의 정오표(Errata)에 처음 덧붙여졌다가 1828년에 시의 본문으로 옮겨진 26-33행은 이 시의 철학적 핵심이라고 할 수 있다. "요정 나라"에 관한 앞의 시행들보다 훨씬 더 조용하고 명상적인 어조로 시인은 지금까지의 자신의 경험을 통해 얻게 된, 정신과 자연이 분유(分有)하는 "전일한 생명"에 관한 형이상학적 비전 또는 만물의 조화로운 전일성에 관한 직관적 통찰을 개념적 어휘들을 동원해서 제시한다.

    오! 모든 움직임을 만나 그 영혼이 되는
    우리 안팎의 전일한 생명이여,

소리 속의 빛, 빛 속의 소리 같은 힘,
모든 생각 속의 리듬, 그리고 도처의 환희—
이렇게 충만된 세계에서
만물을 사랑하지 않을 순 없소.
거기에선 미풍도 재잘거리고, 말없는 고요한 대기는
자기의 악기 위에서 선잠 들어 있는 음악이오. (26-33행)

O! the one Life within us and abroad,
Which meets all motion and becomes its soul,
A light in sound, a sound-like power in light,
Rhythm in all thought, and joyance every where—
Methinks, it should have been impossible
Not to love all things in a world so fill'd;
Where the breeze warbles, and the mute still air
Is Music slumbering on her instrument. (*CPW* 1: 101)

앞에서의 감각 작용을 넘어서서 비전으로 들어가는 이 지점에서 우리는 "자연에 대한 수동적 명상이나 그 자신의 열렬한 상상에 만족치 않"고 "자신의 경험의 형이상학적 함축들을 . . . 탐색하는"(Wendling 32) 한 독특한 정신과 만난다. 이전의 풍경시와는 대조적으로, 자연 경관에 대한 시인의 지각은 그것의 상상적 함축이나 그것이 인도하는 형이상학적 비전의 본질에 대한 정확한 지적 개괄로 시인을 이끄는 것이다.

여기에서 진술되고 있는 바는, 모든 존재의 궁극적 토대는 지각 주체의 정신과 지각 대상 속에 동시에 현현됨으로써 둘 사이의 조화를 확보해 주는 실재로서의 "전일한 생명"이라는 것이다. 감각적 현상의 배후에 그리고 그 안에 내재하는 이 "전일한 생명"은 만물의 모든 외적 움직임과 우리의 다양한 감각적 인상을 그 자체의 틀 안에 통합시키는데, 이 안에서 각각의 감각 작용을 구별하는 것은 무의미한 일일 터이다— "소리 속의 빛, 빛 속의 소리 같은 힘." 소리와 빛은 1부에서와는 달리 더이상 분리된 외적 현상이 아니라 이제 정신의 구도 안에 들어온다 (San Juan 96). 이러한 상태에서 시인은 현금의 음악을 통해 우주 속의 만물과 교감하는 생각 속의 리듬을 지각하고, 새러라는 특정한 인간과의 개인적 사랑으로부터 우주적 환희로 옮겨간다.

우리는 여기에서 "환희"("joy" 또는 "joyance")가 단순히 우리 자신의 주관적인 감정의 한 양태가 아니라, 자아와 비자아 또는 정신과 자연의 궁극적 전일성을 지각할 수 있는 인간의 의식의 정서적 지표로서 사용되고 있음을 깨닫게 된다. 에이브럼즈(M. H. Abrams)는 「풍명금」의 철학적 함축을 면밀하게 검토하는 한 논문에서 코울리지가 "죽음의 철학"이라고 불렀던 뉴튼(Newton)류의 과학적 세계관과 결부시켜 이 점을 잘 해명하고 있다.

인간 및 자연과의 모든 관계로부터 단절되는 것, 즉 그가 "분리와 한정성의 폐해"라고 불렀던 바를 겪는 것은, 다른 낭만주의 사상가와 시인의 경우처럼, 코울리지에게도 인간 조건의 근본적인 고통이었다. 이것이 낭만주의 철학자인 헤겔(Hegel)이 "소외"라고 이름 붙인 상태이고, 그것은 (코울리지가 보기에는) 뉴튼적 세계관, 즉 운동 중인 물질로 된 죽은 우주를 실존적 현실로서 받아들이는 사람의 피할 수 없는 상황이다. 반면에, "환희"는 모든 소외가 무화(無化)되는 정신 상태를 코울리지가 특정하게 지칭한 용어이다—그것은 상반되는 정신적 힘들의 평형 상태이고, 무척 풍성한 내적 생명 속에 현시되고 있어서 그것은 자아의 장벽을 뚫고 들어가, 다른 자아들 및 자연과 공유되고 있는 전일한 생명에 대한 인식을 낳는다. (1972, 471)

자아와 비자아 또는 정신과 자연의 궁극적 전일성을 깨닫게 된 시인이 이 충만된 세계 속의 만물을 사랑하지 않는 것은 불가능하다. 현금을 "애무하는" 미풍에 의해 시사된 관능적인 분위기는 이 지점에 이르면 만물에 대한 사랑 속에 포섭된다. 앞에 인용된 시행들에서의 "이렇게 충만된 세계"라는 어구는 1부에서의 "이토록 숨죽인 세계"를 대체하면서, 서두에서의 "숨죽인 세계"가 단순한 정적이 아니라 "전일한 생명"의 잠재력으로 가득찬 세계임을 시사한다. 이처럼 "전일한 생명"으로 충만된 세계에서는 현금뿐만 아니라 미풍 역시 "지저귀고," "말없는 고요한 대기"조차 잠재적인 음악 또는 조화이다―"거기에선 미풍도 재잘거리고, 말없는 고요한 대기는/ 자기의 악기 위에서 선잠 들어 있는 음악이오." 앞부분에서의 저녁의 고요와 현금에 대한 언급을 융합시키고 있는 이 시행들의 아름다운 이미지는 2부에 내재한 자연에 대한 성사적(聖事的) 비전의 결과를 간결하게 요약하고 있다. 2부 전체에 걸쳐 나타나는 직유로부터 은유로의 움직임이 "요정 나라"의 세계로부터 우주 속의 만물에 내재하는 "전일한 생명"으로의 움직임을 뒷받침하는 수사적 장치라는 점 또한 흥미롭다.

2부의 끝부분에서 자신이 얻게 된 형이상학적 비전과 그 비전의 계기인 현금의 음악간의 관계를 보다 확고히 한 후, 시인은 3부(34-43행)의 첫머리에서 "전일한 생명"에 관한 사색으로부터 자신이 한동안 잊고 있었던 새러와 당면한 현실로 되돌아온다. 그러나 그것은 한순간일 뿐이고, 곧 그는 자신이 언젠가 햇살이 내리쬐는 정오에 수동적인 자세로 언덕에 누워 바다를 바라보던 시절을 회상한다.

    그리하여, 내 사랑이여! 한낮에 저편 언덕의

비탈 한가운데에 내가 사지를 쭉 뻗고서
반쯤 감긴 눈꺼풀 사이로 햇살이 다이아몬드처럼
바다 위에서 춤추는 것을 바라보면서
고요히 고요에 대해 명상할 때면,
감금에서 풀린 까닭 없는 많은 생각들,
그리고 휙 스쳐 가는 한가한 공상들이
게으르고 수동적인 내 머릿속을 가로질러가오
마치 이 굴종적인 현금 위에 부풀어올라 펄렁거리는
질풍처럼 난폭하고 변화무쌍하게! (34-43행)

And thus, my Love! as on the midway slope
Of yonder hill I stretch my limbs at noon,
Whilst through my half-clos'd eye-lids I behold
The sunbeams dance, like diamonds, on the main,
And tranquil muse upon tranquility;
Full many a thought uncall'd and undetain'd,
And many idle flitting phantasies,
Traverse my indolent and passive brain,
As wild and various as the random gales
That swell and flutter on this subject Lute! (*CPW* 1: 101-02)

"반쯤 감긴 눈"이라는 어구에서 드러나듯이, 백일몽 같은 상태에서 시인은 머릿속을 스쳐 지나가는 연상들의 행렬에 스스로를 내맡긴다. 사실상 신체적인 이완 상태는 외적 영향력을 받아들이는 첫 단계이다. 이 구절의 전반부를 특징짓는 감각의 수동성은 후반부에서는 정신의 수동성으로 옮겨진다. "감금에서 풀린 까닭 없는"이라는 어구는 현재의 상태에서의 시인의 생각들이 의지의 의식적인 통제를 벗어난 것임을 시사한다. "한가한," "게으른" 같은 단어들 또한 그러한 수동적 연상 과정에 대한 시인의 불안감과 자의식을 짙게 반영하고 있다. 2부에서 스스로를 현금에 작용하는 미풍에 비유했던 시인은 자신을 수동적인 현금으로 생각함으로써 자신의 역할을 변화시킨다.

시인의 이러한 생각은 4부(44-48행)에서는 모든 살아 있는 것들을 포용하는 보다 대담한 형이상학적 사색으로 이어진다.

> 그런데 모든 살아 있는 자연이
> 각자의 영혼이면서 모두의 신인 한 지적 미풍이,
> 조형하면서 광대하게, 그 위를 휩쓸고 지나갈 때
> 떨리어 생각으로 되는
> 유기체 현금들이라면 어떨까? (44-48행)

> And what if all of animated nature
> Be but organic Harps diversely fram'd,
> That tremble into thought, as o'er them sweeps
> Plastic and vast, one intellectual breeze,
> At once the Soul of each, and God of all? (*CPW* 1: 102)

가설적 구문으로 이루어진 이 구절에서 자연은 현금에, 그리고 생기를 주는 영(靈)은 미풍에 비유되고 있다. 내재적이면서 동시에 초월적인("각자의 영혼이면서 모두의 신인") 신성한 창조력의 에너지인 이 영에 의해 자연은 떨려서 생각이 된다. 전반부에서의 "전일한 생명"에 관한 구절에 대응되는 이 구절은 다분히 신플라톤주의적 색채를 띠고 있다. 많은 학자들이 지적하듯이, "조형적인"(plastic), "지적 미풍"(intellectual breeze) 같은 용어들이 코울리지가 랠프 커드워스(Ralph Cudworth)를 비롯한 캠브리지 플라톤주의자들의 저작을 통해 알게 된 플로티노스(Plotinus)의 사상에 그 기원을 두고 있음은 분명하다. 이 우주를 운동 중인 물질로 이루어진 하나의 거대한 메커니즘으로 간주하는 뉴튼류의 과학적 세계관에 맞설 수 있는 철학을 확립하려고 애썼던 코울리지가 신플라톤주의의 일원론, 특히 "물질적 형태들을 조직화·형체화하고 그것들에 그 나름의 독자적이고 살아 있는 개별성을 부여하기 위해 스스로를 그것들과 동일화시키는 조형적 영으로서의 신의 관념"(Gérard 1961, 413)에 매력을 느꼈으리라는 것은 그리 놀라운 일이 못된다.

그러나 우주 전체에 관한 시인의 사색은 5부(49-64행)에서 그가 한동안 잊고 있었던 새러의 존재를 의식함과 동시에 중단되어 버린다. 새러의 "온화한 책망"은 시인으로 하여금 그의 형이상학적 사색의 정점으로부터 내려오도록 재촉한다.

> 그러나 그대의 한결 진지한 눈은 온화한 책망의 창을
> 던지고 있소, 오 사랑스런 여인이여! 또한 그대는
> 흐릿하고 성스럽지 못한 이런 생각들을 배척하고서,
> 내 하느님과 더불어 겸허하게 걸어가도록 명하고 있소.
> 그리스도의 가정의 온순한 딸이여!
> 그대는 잘 말했소, 그리고 경건하게
> 개심하지 않은 정신이 빚은 이런 생각들을 나무랐소
> 헛된 철학의 늘 졸졸거리는 샘에서
> 솟아올랐다간 부서지면서 반짝거리는 물거품들을.
> 왜냐하면 나는 죄의식 없이는 그분, 불가해자(不可解者)에 대해
> 말할 수 없기에! 경외심을 갖고서
> 그리고 마음속 깊이 느끼는 신앙으로 내가 그를 찬미할 때 이외엔.
> 그분은 구원의 자비로 나를,

미혹되고 어리석으며
죄 많고 가장 비참한 사람을 치유해주셨고, 내게 주셨소
평온과 이 오두막과 마음으로 기리는 여인 그대를! (49-64행)

But thy more serious eye a mild reproof
Darts, O beloved Woman! nor such thoughts
Dim and unhallow'd dost thou not reject,
And biddest me walk humbly with my God.
Meek Daughter in the family of Christ!
Well hast thou said and holily disprais'd
These shapings of the unregenerate mind;
Bubbles that glitter as they rise and break
On vain Philosophy's aye-babbling spring.
For never guiltless may I speak of him,
The Incomprehensible! save when with awe
I praise him, and with Faith that inly *feels*;
Who with his saving mercies healed me,
A sinful and most miserable man,
Wilder'd and dark, and gave me to possess
Peace, and this Cot, and thee, heart-honour'd Maid! (*CPW* 1: 102)

새러의 "한결 진지한 눈" 밑에서 시인은 그 자신이 상상적 비상을 통해 얻은 "전일한 생명"에 관한 형이상학적 통찰을 부인하는 것처럼 보인다. 여기에서 새러의 "한결 진지한 눈"은 정통적인 기독교 신앙을 대변하고 있다. 시인은 자신의 사색을 "흐릿하고 성스럽지 못한" 것으로 간주하면서, 인간은 신과 더불어 겸허하게 살아가야 된다는 새러의 생각에 동의한다. 시인의 정통 기독교의 신앙중심주의로의 귀환은 "그

리스도의 가정의 온순한 딸이여!"라는 시행에 의해 한층 더 뚜렷하게 다가온다. 다양한 외적 자극에 좌우되는 "게으르고 수동적인" 자아는 궁극적으로 "개심하지 않은"(unregenerate) 것으로 묘사되고 있다. 이성에 의해 통제되지 않은, 또 상상력의 소산이 아닌 단순한 연상들은 도덕적 악으로 이어질 수가 있는 것이다. 그의 사색은 "헛된 철학의 늘 졸졸거리는 샘에서/ 솟아올랐다간 부서지면서 반짝거리는 물거품들"로 묘사되는데, 아름답지만 실체가 없는 물거품의 반짝거림은 1부에서 이상적 지혜의 표상으로 나타났던 "저녁별"의 고요한 빛남과 대조되고 있다.

이어지는 결미부에서 시인은 자신의 죄많음을 반성하면서, 오두막에서의 새러와의 평온한 삶을 준 데 대해 신에게 감사드린다. 이제 시인은 자연과 언어를 초월한 신비인 "불가해자"를 위해 이전의 "개심하지 않은 정신이 빚은 생각들"을 떨쳐버린 후, 그의 애초의 출발지였던 오두막으로 되돌아온다. 마치 자신의 명상적 여정에 수반되는 불확실함 또는 불안정함을 감지한 양, 시인은 오두막과 새러에게서 정신적 휴식 또는 심적 평형을 회복하고자 애쓴다.

이 지점에서 우리는 시인이 결미에서 기각하는 것이 그가 명상의 여정을 통해 얻게 된 형이상학적 통찰이 아니라 그 통찰 속에 깃들어 있는 범신론적 경향이 아닌가라는 물음을 던져볼 수 있다. 코울리지가 48행에서 신의 내재성과 아울러 초월성을 강조하는 것은 자신의 형이상학적 사색이 빠질 수 있는 범신론적 경향의 위험성을 깨닫고 있기 때문인 것처럼 보인다. 더욱이 44-48행의 "what if . . ."로 시작되는 가설적 구문은 그의 사색이 잠정적인 추론에 불과하다는 점을 분명히 함으로써 그 점을 뒷받침하고 있다.

시인이 자신의 사색을 기각하는 또 다른, 그리고 어쩌면 보다 중요한 이유는 "그가 자신의 이성과 상상력의 활동—아무리 그것이 유효한 것이라 하더라도—에서 그가 소중하게 여기는 자신의 경험 속의 한 요소를 붙잡지 못하는 어떤 무미건조함 또는 공허함을 발견했기"(Wendling 29) 때문이다. 얄롯(Geoffrey Yarlott)은 신앙의 문제와 관련시켜 이 점을 보다 상세하게 해명하고 있다.

> 플로티노스의 철학은 너무 지적인 것으로, 즉 살아 있는 자연의 신비에 대한 진정한 통찰을 제공하기에는 너무 느낌이 메마른 것으로 배제되고 있다. 추론적인 형이상학은 궁극적으로 "졸졸거림"에 지나지 않는데, 왜냐하면 궁극적 실재는 (느낌의 도움을 받지 않는) 지성에게는 영원히 "불가해한" 것으로 남아 있기 때문이다. 진정한 영적 인식은 겸손과 "마음속 깊이 느끼는 신앙"을 요구하는데, 사실 이것은 「노수부의 노래」의 교훈인 것이다. (95)

실제로 "마음속 깊이 느끼는 신앙"의 뒷받침을 받지 못한 이성 또는 상상력의 활동은 공허한 것일 수 있다. 요컨대 5부에서의 기독교에 대한 언급은 시인이 앞에서 경험한 형이상학적 비전의 일면적 진실을 보강하는 신앙의 토대와 열정을 긍정하기 위한 배려인 것이다. 그렇다면 시인이 자신의 명상적 여정을 통해 얻은 형이상학적 통찰을 너무 급작스럽게, 그리고 상투적인 어구로 철회하고 있다는 점에서 많은 사람들에 의해 결정적인 오점으로 간주되고 있는 5부는 시인과 새러간의 대립보다는 시인 자신의 내적 갈등을 극적으로 표현하고 있는 셈이다. 사실상 코울리지의 대부분의 '대화시'에서 청자는 흔히 시인의 정신의 한 중요한 측면을 대표하는 대리적 자아의 역할을 수행하고 있다.

여기에서의 시인의 철회가 정신의 활동이 느낌과 유리되어 그 자체로서 목적이 되어버릴 수 있는 위험성 및 형이상학적 사색 속의 범신론적 경향에 대한 경고로서 유용하긴 하지만, 시인이 정신의 탐색적 활동을 통해 얻은 "전일한 생명"에 대한 비전 또는 통찰 역시 유효한 것으로 남아 있다. 그 명상의 여정을 통해 시인은 잠정적이긴 하지만 이전과는 다른 새로운 자아로 거듭날 수 있었다. 명상에 의한 이 "낯익은 환경에서의 자아 창조의 신선한 행위"에 의해 그는 "잠시 새로운 전체"(Garber 128)일 수 있는 것이다.

지금까지의 논의에서 드러났듯이, 「풍명금」은 '대화시'의 특성인 정신의 미묘한 움직임의 원초적 형태를 보여준다. 자기 주위의 구체적인 풍경의 어떤 요소를 환기시키는 시인과 더불어 시작된 이 시는 명상에 의한 원심적 움직임을 통해 보다 큰 장면 또는 상황으로 이어진다. 이 과정에서 시간적·공간적 질서로부터 해방된 시인의 정신은 형이상학적 비전 또는 통찰의 순간에 이르고는, 구심적 움직임에 의해 출발점인 애초의 장경으로 되돌아온다. 「한밤의 서리」의 결미에 대한 개작 과정에서 알 수 있듯이, 정신의 드라마가 뿌리박고 있는 이 순환적 패턴은 코울리지의 시적 신념의 한 중요한 뼈대를 이루고 있다(Evans 255). 전통적으로 완전성의 표상이었던 원(圓, circle)은 코울리지에게 있어서 그의 단편적이고 이질적인 경험들을 심미적 전체로 변형시키는 자족적이고 완전한 예술 작품의 통일성을 표현하는 한 방식이었던 셈이다 (Abrams 1970, 205-06).

물론 우리가 주목했듯이, 상투적인 어법과 공상력의 산물로 여겨지는 서투른 표상화 또는 유추가 이 독특한 유형의 시의 결함으로 작용하는 것이 사실이다. 이같은 결함은 이 시가, 자연 묘사와 시인의 도덕적 명상을 너무 단순하게 결부시킴으로써 시인의 사고와 정서와 지각 대상이 단순히 병치된 채로 남아 있게 되는 17·18세기 풍경시의 결함을 완전히 떨쳐버리지 못했음을 보여주는 증거들이다. 더욱이 결미부는 시인이 명상적 여정을 통해 얻은 통찰과 다소 상충되는 듯한 느낌을 줌으로써 우리에게 당혹감을 안겨주기도 한다. 그럼에도 불구하고 우리는 이 시에서 앞으로 자신이 발전시켜 나갈 한 중요한 시 전통에 적절한 형이상학적 비전과 언어적 구조를 모색하는 코울리지의 노력을 읽게 된다. 「풍명금」 이후에 씌어진 '대화시' 계열의 여러 시편들은 그러한 비전과 구조를 다양한 방식으로 구현하고 있는 보다 성공적인 사례들이다.

공감적 상상의 힘: 「내 감옥, 이 보리수 그늘」

「내 감옥, 이 보리수 그늘」("This Lime-Tree Bower My Prison," 1797)은 '대화시' 중에서 세 번째로 씌어진 작품으로서 이른바 "우정의 시"(Harper 189)로서의 '대화시'의 성격을 가장 뚜렷하게 보여주고 있는 작품이다. 그러나 '대화시' 계열의 다른 시편들과 마찬가지로, 이 시가 씌어지게 된 개인적인 계기와 친밀한 어조, 그리고 자연스러운 리듬으로 인해 그것이 다루고 있는 진지한 문제와 그 문제를 형상화하는 데 있어서의 형식적 탁월성이 가려져서는 안된다. 앞으로 드러나겠지만, 이 시는 언뜻 헐겁고 단순해 보이는 외관 뒤에 정신의 움직임에 입각한 '대화시'의 기본적 패턴을 뒷받침하는 정교하고 견실한 구조를 감추고 있는 것이다.

이 시는 뜻하지 않은 사고로 인해 친구들과 함께 산책을 나가지 못하고 낙심한 채 보리수 그늘에 혼자 남겨진 시인이 자신의 처지를 한탄하는 장면으로 시작된다. 이 시의 배경을 설정하는 서두의 시행들은 시인의 고립된 상태를 강조하고 있다.

이런, 그들은 가버리고, 난 이곳에 남아 있어야 하는구나,
내 감옥인 이 보리수 그늘에! (1-2행)

Well, they are gone, and here must I remain,
This lime-tree bower my prison! (*CPW* 1: 178)

　　구어체를 활용하면서 극적으로 시작된 첫 행은 외관상의 자연스러움 뒤에 몇 가지 대립항들을 감추고 있다. "they"/"I," "are"/"must," "gone"/"remain"간의 대조는 중간 휴지(caesura)에 의해 눈에 두드러지고, 중간 휴지 양쪽에서의 주어의 위치 변화에 의해 한층 강화된다. 월시(William Walsh)가 주목하듯이, 여기에서 "'they are'는 트여 있고 방해받지 않지만, 'must I'는 강제의 짐을 운반하고 있다"(103). 이러한 대조는 시인 자신의 지각 세계와 그의 친구들의 그것간의 단절을 강하게 시사한다. 일상적 차원에서는 신선하고 향기로운 장소일 수 있는 보리수 그늘이 "감옥"이 되는 것은 바로 그런 이유에서이다. 그렇다면 시인은 단순히 물리적으로만 고립된 것이 아니라 정신적으로도 고립되어 있으며, 보리수 그늘은 「한밤의 서리」의 서두에서의 오두막과 마찬가지로 자아의 폐쇄된 세계의 표상인 셈이다.

　　　　　　　　　　　　　　　　나는 잃어버렸다
나이가 내 눈을 흐리게 해 눈멀게 될 때조차
내 기억에 가장 감미로운 것이었을
아름다운 것들과 느낌들을! (2-5행)

　　　　　　　　　　　　　　I have lost
Beauties and feelings, such as would have been
Most sweet to my remembrance even when age
Had dimm'd mine eyes to blindness! (*CPW* 1: 178-79)

여기에서 코울리지는 워즈워스의 이른바 '시간의 반점들'(spots of time)을 언급하고 있는 것처럼 보인다. 시인은 외적 대상에 더 이상 예민하게 감응할 수 없을 때조차도 감미로운 느낌을 가져다줄 수 있는 원천으로서의 자연과의 접촉 기회를 상실한 채 고립된 상태에서 낙담에 젖어 있다. 코울리지에게 있어서 고립은 워즈워스의 몇몇 시편들에서처럼 낭만적으로 이상화된 여건이 아니라 감정이입적 사랑 또는 상상을 통해 극복되어야 할 상태이다. 한 학자가 적절하게 비유하듯이, 시인과 그의 친구들은 라이프니츠(Leibnitz)의 '단자(單子)'(monad)처럼 공존하지만 어떤 공통의 지각 대상을 공유하지는 못하고 있다(Rzepka 126). 이 상태에서 시인은 그가 공유할 수 없는 친구들의 산책 경로를 상상 속에서 뒤쫓아간다.

그러는 사이에 그들은,
내가 다시는 결코 만나지 못할지도 모르는 친구들은
언덕 꼭대기 가장자리를 따라, 유연한 히드 숲에서
기쁘게 헤매면서 아마도 내가 말했던
여전히 고함치는 그 작은 골짜기로 꼬불꼬불 내려가는구나. (5-9행)

                         They, meanwhile,
Friends, whom I never more may meet again,
On springy heath, along the hill-top edge,
Wander in gladness, and wind down, perchance,
To that still roaring dell, of which I told; . . . (*CPW* 1: 179)

"내가 다시는 결코 만나지 못할지도 모르는 친구들"이라는 어구는 그 애상적 제스처로 인해 서두에서의 시인의 자기 연민의 음조를 한층 더 강화시킴으로써, 그의 낙심과 친구들이 산책에서 얻게 될 기쁨을 뚜렷하게 대조시키고 있다. 그러나 그 자신의 고립된 상황과 낙심에 관한 진술로부터 친구들의 산책 경로 및 그들의 기쁨에 찬 반응에 관한 추측적 묘사로 옮겨가면서, 시인은 조금씩 자기 연민과 낙심에서 벗어나기 시작한다. "내가 말했던/ 여전히 고함치는 그 작은 골짜기로"라는 시행은 시인이 "친구들의 정신 속에서 . . . 인도하는 힘으로 현존하는 안내자로서의 자신을 주조(鑄造)"(Mellor 1979, 255)하는 일에 착수했음을 보여준다. 우리 독자들 또한 시간과 공간의 물리적 장벽을 뛰어넘어 시인의 정신이 기억의 뒷받침을 받아 빚어낸 어떤 영역으로 인도된다.

  이 시의 초고본들에서 시인의 친구들이 골짜기를 내려다보는("look down") 것으로 묘사되었던 데 비해, 최종본에서는 골짜기를 돌아 내려가는("wind down") 것으로 표현됨으로써 골짜기의 내밀한 상태 또는 작용이 보다 구체적으로 드러나고 있음도 그런 점에서 주목된다. 9행에서 처음 언급된 "고함치는 골짜기"는 바로 이어지는 시행들에서 한층 더 면밀하게 재구성되고 있다.

    수목으로 뒤덮이고, 좁고, 깊고, 한낮의 태양으로
    얼룩져 있을 뿐인 그 고함치는 골짜기로.
    그곳에선 물푸레나무가 다리처럼 아치 모양으로
    바위에서 바위로 그 가느다란 줄기를 내던진다. 질풍 속에서는
    떨지 않지만 폭포의 부채질로는 고요히 떠는
    몇 안되는 불쌍한 누런 잎들이 달린, 햇빛을 못받아 축축한
    그 가지 하나 없는 물푸레나무! 그리고 그곳에서 내 친구들은
    길고 홀쭉한 수초들의 암록색 줄을 본다
    갑자기 (이 얼마나 환상적인 장면인가!)

푸른 점토암의 물이 뚝뚝 떨어지는 가장자리 아래에서
고요히 끄덕거리며 물을 떨어뜨리는 수초들을. (10-20행)

    The roaring dell, o'erwooded, narrow, deep,
    And only speckled by the mid-day sun;
    Where its slim trunk the ash from rock to rock
    Flings arching like a bridge;—that branchless ash,
    Unsunn'd and damp, whose few poor yellow leaves
    Ne'er tremble in the gale, yet tremble still,
    Fann'd by the water-fall! and there my friends
    Behold the dark green file of long lank weeds,
    That all at once (a most fantastic sight!)
    Still nod and drip beneath the dripping edge
    Of the blue clay-stone. (*CPW* 1: 179)

  골짜기는 어둡고 좁고 깊으며, 햇빛을 받지 못해 축축한 물푸레나무는 가지 하나 없이 누런 잎들 몇 개만 달려 있을 뿐이다. 잎들의 창백한 노란색과 수초들의 암녹색 또한 생명의 활동이 정지되어 있는 듯한 골짜기의 분위기를 강화시킨다. 자연의 유익한 영향으로부터 절연되어 있다는 점에서 시인과 골짜기, 그리고 물푸레나무는 긴밀하게 연결되어 있다.

  그러나 골짜기의 풍경이 전혀 생명이 없는 것으로만 묘사되지는 않는다. 물푸레나무는 가느다란 줄기를 이 바위 저 바위로 "던지고," 그것의 잎과 잡초들은 마치 폭포의 생명을 나누어 받기라도 한 것처럼 고요히 떨거나 물을 떨어뜨린다. 이 구절의 마지막에 나오는 돌의 이미지는 골짜기의 이같은 양면적 성격을 간결하게 요약하고 있다는 점에서 흥미롭다. 돌은 그 자체로서는 생명이 없고 비활성적이긴 하지만, 여전히 "희망과 정신적 통찰의 색깔"(Hill 35)인 푸른색을 띠고 있다. 18세기 풍경시의 경우와는 달리, 여기에서 생생하고 구체적으로 묘사된 자연 풍경은 외적 지형뿐만 아니라 시인의 내밀한 정신 상태까지 드러내는 데 이바지한다.

이제 1부(1-20행)의 끝부분에서 시인의 기분과 태도는 서두에서의 그것과는 상당히 달라져 있다. 시인의 점증되는 자신감은 구문의 수사적 활용에서 뚜렷하게 나타난다. ". . . and there my friends/ Behold the dark green file of long lanky weeds, . . ."에서 직설법 동사인 "Behold"는 4행에서의 "wind down, perchance"가 보여주는 가정적 태도와는 대조적으로 이 장경에서의 시인의 친구들의 현존을 자신 있게 단언하고 있다. 한층 더 흥미로운 것은 "Behold"를 시행의 첫머리에 배치함으로써 명령의 음조를 덧붙이고 있다는 점이다(Rzepka 127; Mellor 1979, 260). 이 지점에 이르면 골짜기는 시인의 친구들이 볼 지 모를 장소가 아니라, 보고 있고 또 보아야 하는 장소가 된다.

9-19행에 걸쳐 세 번이나 나오는 "still"이라는 단어 또한 이와 관련하여 시사하는 바 크다. 에버레스트(Kelvin Everest)가 적절하게 지적하듯이, 이 단어의 상반된 함축들—"fixed, unmoving"뿐만 아니라 "ever, continually"—은 정적이고 쓸쓸한 내성(內省)으로부터 상상 속의 경험의 묘사를 통한 의식의 역동적 성장으로의 시인의 기분의 발전을 뒷받침한다(250). 영시의 구문의 다양한 기능을 논의하는 자리에서 데이비(Donald Davie)가 이 시의 1부에서의 구문의 발전과 감정의 발전을 관련시킬 때, 그는 아마도 거의 눈에 띄지 않게 이루어지는 추론→긍정→무언의 명령으로의 이러한 진전에 주목했던 것처럼

보인다.

> 그러나 ... 외관상 완결된 이 주 진술문은 끝나기를 거부하고, 대신에 종속적 구문들 속에서 스스로를 연장하는데, 각각의 것은 바로 앞의 것으로부터 추진력을 빌어 온다 — 골짜기(dell)는 물푸레나무(ash-tree)로 이어지고, 이 나무는 그것의 떨리는 잎들(leaves)을 거쳐 폭포(water-falls)로 이어지고, 폭포는 수초들(water-weeds)을 거쳐 푸른 점토암(blue clay-stone)으로 이어진다. ... 더 이상 발견될 게 없다고 단언되어 온 지점에서 (일단 본동사가 소개된 후에는 문장은 끝날 준비가 된 것처럼 보인다) 새로운 에너지원을 끊임없이 발견하는 구문은, 그 자체의 발전해 가는 구조 속에서, 그것의 배후에 있는 감정의 발전을 흉내내고 실연한다. (72-73)

그렇다면 시인의 고립과 궁지의 표상이었던 골짜기는 이제 역설적이게도 해방과 상상적 자유의 매체가 된 셈이다. 시인과 그의 친구들이 상상 속에서 넓은 하늘 아래의 탁 트인 영역으로 떠오르는 것은 그들이 골짜기 속으로 돌아 내려간 결과이기 때문이다. 코울리지의 다른 시편들에서처럼, 이 시에서도 고립된 시인의 낙심으로부터 기쁨으로의 옮겨감은 1부의 폐쇄된 좁은 공간으로부터 2부(20-43행)의 개방된 넓은 영역으로의 이동에서 시각적으로 구체화되고 있다.

>   이제 내 친구들은
> 하늘 아래에서 떠올라온다 — 그리고는 다시금 본다
> 구릉 많은 들판과 목장으로 이루어진, 많은 뾰족탑이 있는
> 장려한 지대를, 그리고 아마도 자줏빛 그늘의
> 두 섬 사이의 매끈하고 맑은 푸른색 조각을 밝혀주는
> 돛들을 가진 몇 척의 아름다운 범선이 떠 있는
> 바다를! 그래! 그들은 무척 기뻐하며

헤맨다. (20-27행)

>   Now, my friends emerge
> Beneath the wide wide Heaven—and view again
> The many-steepled tract magnificent
> Of hilly fields and meadows, and the sea,
> With some fair bark, perhaps, whose sails light up
> The slip of smooth clear blue betwixt two Isles
> Of purple shadow! Yes! they wander on
> In gladness all; . . . (*CPW* 1: 179)

여기에서의 경쾌한 어조는 시인이 이 시의 서두에서의 자기 연민에 가까운 자아중심주의를 거의 떨쳐버렸음을 시사한다. 그는 친구들이 바라보는 경관과 그것에 대한 그들의 기쁨을 상상 속에서 대리적으로 공유한다. 1부가 시인의 자기 몰입이라는 구심적 움직임을 보여준다면, 2부는 시인이 사심 없이 다른 사람들의 경험에 참여하는 원심적 움직임을 제시한다. 시인의 상상 속의 여정에서의 지평의 확대는 그의 의식의 확장과 대응되고 있다. 시인과 그의 친구들이 공유하는 지각 세계는 부드럽게 굽이치는 커브, 선명한 색깔, 그리고 균형 잡힌 구성 등으로 특징지어진다. 자줏빛 그림자의 두 섬은 매끈하고 맑은 푸른 바다의 "조각"(slip)에 의해 연결되어 있고, 범선의 돛은 그 푸른 바다를 아름답게 수놓고 있다. 여기에서 어두운 골짜기와 "넓고 넓은 하늘"은 자연의 두 얼굴, 즉 위협적인 측면과 온화한 측면을 각각 대표하는 것처럼 보인다.

더욱이 이 장경은, 여러 학자들이 지적하듯이, 다분히 종교적인 색채를 띠고 있다. 시인의 친구들은 단순한 "sky"가 아니라 "heaven" 아래에서 떠올라오는 것으로 상상되고 있으며, 그들의 눈앞에 펼쳐지는 전망은 "구릉 많은 들판과 목장으로 이루어진, 많은 뾰족탑이 있는/ 장려한 지대"로 묘사되고 있다. 여기에 이르면 낙심한 자아의 "영적인 지옥"(Kirkham 126)으로서의 골짜기의 성격은 보다 뚜렷해진다. 영적인 지옥을 거쳐 나온 시인과 그의 친구들은 이제 자연의 신전 안에서 비전의 순간을 맞을 준비를 갖춘 셈이다. 이 장경 묘사의 끝에 덧붙여진 "그래! 그들은 무척 기뻐하며/ 헤맨다"라는 문장은 1부의 8행에서의 "[그들은] 기쁘게 헤매면서"를 반향하면서, 친구들의 기쁨에 찬 반응을 강조할 뿐만 아니라 연출자적 입장에 선 시인의 "어떤 소망 또는 의도의 성취"(Rzepka 128)에 대한 만족감까지도 시사한다.

이어지는 부분에서는 친구들 중에서 시인과 특별한 관계를 맺고 있는, 찰즈 램(Charles Lamb)으로 신원이 밝혀진 한 특정한 인물의 반응에 초점이 맞춰진다.

> . . . 그렇지만 고결한 마음을 지닌 찰즈여,
> 그대가 가장 기뻐하는 것 같구나! 왜냐하면 그대는
> 여러 해 동안 거대한 도시에 갇힌 채,
> 슬프지만 참을성 있는 영혼으로,
> 악과 고통과 기이한 재난을 헤쳐나가면서,
> 자연을 연모하고 갈망해 왔기 때문에! (27-32행)

> . . . but thou, methinks, most glad,
> My gentle-hearted Charles! for thou hast pined
> And hunger'd after Nature, many a year,
> In the great City pent, winning thy way
> With sad yet patient soul, through evil and pain

And strange calamity! (*CPW* 1: 179)

　찰즈는 물리적으로는 시인과 멀리 떨어져 있지만, 영적으로는 현존한다. 시인은 자연 경관에서 느끼는 찰즈의 기쁨이 그의 과거의 여러 고통들로 인해 한층 더 강렬한 것임을 시사한다. 「한밤의 서리」에서의 학동 코울리지와 마찬가지로, 찰즈는 도시에 갇힌 채 자연을 연모하고 갈망해 온 것으로 묘사되고 있다. 자연의 유익한 영향으로부터 찰즈를 절연시키는 도시는 그런 의미에서 또 다른 감옥이다. 이 갇힘의 모티프는 시인 자신의 어린시절에 대한 회상의 뒷받침을 받아 찰즈와 시인을 보다 확고하게 연결시킨다. 찰즈가 도시에 갇혀 "슬프지만 참을성 있는 영혼으로" "악과 고통과 기이한 재난"을 헤쳐 나온 것처럼, 시인 역시 상상 속에서 어둡고 좁은 골짜기를 거쳐 탁 트인 전망으로 떠올라오는 것이다. 그리고 이들은 각각 실제의 또는 상상된 자연을 통해 그들 자신의 궁지를 초월할 수 있는 계기를 얻는다.
　이런 관점에서 위에 인용된 구절을 다시 읽을 때, 우리는 "어둠-도시의 이미저리가 생명 없고 비공감적인 우주에 대한 시인의 잠재된 두려움을 표현하"고(Boulger 704) 있음을 깨닫게 된다. 이제 찰즈와의 동일시라는 토대 위에서 시인은 찰즈를 위해 그 자신의 경험으로부터 빛으로 가득찬 한 풍요로운 세계를 만들어낸다. 그것은 곧 찰즈와의 감정이입적 동일시가 시인의 비전의 영역을 확대시켰음을 뜻한다. 1부에서 서서히 발전되어 온 명령의 음조가 뚜렷해지는 것은 지금까지는 단순한 묘사의 대상이었던 자연이 시적 기원의 형식을 빈 말건넴의 대상으로 바뀌어지는 이 지점에서이다.

            아! 서쪽 산마루 뒤로
    천천히 가라앉아라, 너 장려한 태양은!
    가라앉는 구(球)의 비스듬한 들보에서 빛나거라,
    너희 자줏빛 히드 꽃들은! 보다 풍요롭게 불타거라, 너희 구름들은!
    노란 빛 속에서 살거라, 너희 멀리 있는 작은 숲들은!
    그리고 불붙어라, 너 푸른 대양은! (32-37행)

                Ah! slowly sink
        Behind the western ridge, thou glorious Sun!
        Shine in the slant beams of the sinking orb,
        Ye purple heath-flowers! richlier burn, ye clouds!
        Live in the yellow light, ye distant groves!
        And kindle, thou blue Ocean! (*CPW* 1: 179-80)

 태양, 히드 꽃, 구름, 작은 숲, 그리고 바다에의 돈호에서 암시된 시인의 정서적 반응의 강렬함은 태양으로부터 방출되고 반사되는 빛의 강렬함 속에 반영되어 있다. 히드 꽃들은 "빛나고," 구름들은 "불타오르고," 작은 숲들은 노란 빛 속에서 "살고," 푸른 대양은 "불붙는다." "시인의 영혼은 생명과 사랑의 열정 속에서 불타오르고, 그러자 그는 자연 또한 불타고 있음을 알게 된다"(Durr 527). 「내 감옥, 이 보리수 그늘」보다 몇 년 뒤에 씌어진 「낙심: 송가」("Dejection: An Ode")에서 우리는 자연의 광휘는 시인의 영혼에서 비롯된다는 이같은 생각의 보다 명시적인 표현을 본다.

        오 여인이여! 우리는 우리가 주는 것만을 되받고,
        우리의 생명 속에서만 자연은 생동하오.
        우리의 혼례복은 자연의 혼례복, 우리의 수의(壽衣)는 자연의 수의!

사랑 없고 늘 근심에 잠긴 가련한 무리에게 허용된
그 차가운 생명 없는 세계보다
가치 있는 어떤 것을 보려 한다면,
　　　아! 영혼 자체로부터 흘러나와야 하리
대지를 감싸는 빛과 영광과
　　　아름답게 빛나는 구름이—

O Lady! we receive but what we give,
And in our life alone does Nature live:
Ours is her wedding garment, ours her shroud!
　And would we aught behold, of higher worth,
Than that inanimate cold world allowed
To the poor loveless ever-anxious crowd,
　Ah! from the soul itself must issue forth
A light, a glory, a fair luminous cloud
　　Enveloping the Earth— (*CPW* 1: 365)

　자연이 생명 없는 것이기를 그치고 관찰자 또는 지각 주체와 창조적 교섭을 맺는 것은 관찰자 또는 지각 주체의 정신이 기쁨과 활기에 차 있을 때에야 가능한 일이다. 코울리지 자신의 말처럼, 어떤 대상은 단순한 하나의 대상으로서는 고정되고 죽은 것—"사소한 것들의 거대한 더미"(*CL* 1: 349)—이며, "지각한다는 것은 그 자체의 본질상 능동적 동사"(*BL* I: 264)이기 때문이다.
　여기에서 우리는 32-37행에서 눈에 두드러지게 나타나는 돈호의 또 다른 기능에 주목하게 된다. 생명이 없는 대상들에게 말을 건넴으로써 시인은 그들을 "잠재적으로 감응하는 힘들"로 만들고, 나아가 그들을 시적 주체인 시인이 조화로운 관계를 맺기를 바라는 또 하나의 주체로 만든다(Culler 1981, 135-54). 흔히 고도의 형식성이나 갑작스러운 정서적 충동의 효과를 가져오는 것으로 간주되는 돈호법이 주체와 대상의 화해의 지표가 될 수 있는 것은 바로 그런 이유에서이다. 더욱이 풍경이 일몰의 빛에 의해 불붙여질 때, 그것은 "별개의 대상 또는 대상들의 집합"이기를 그치고 "사색하는 의식의 생명과 하나인 것처럼 보인다"(Haven 70). 이 시와 비슷한 시기에 씌어진 워즈워스의 「틴턴 수도원」("Lines Composed a Few Miles above Tintern Abbey")의 핵심적 시행들에 관한 논평을 담고 있는 코울리지의 비망록의 한 구절은 그의 이같은 경험을 좀더 분석적으로 제시하고 있다.

   ─그리고 기쁨의 깊은 힘에 의해
   우리는 사물들의 **생명**을 꿰뚫어본다─
즉─깊은 느낌에 의해 우리는 우리의 관념들을 흐릿하게 만든다─그리고 우리의 생명─우리 자신이라는 말로 뜻하는 바이다. 나는 벽을 생각한다─그것은 내 앞에 있고, 하나의 별개의 이미지이다─여기에서는. 나는 필연적으로 그 관념과 사유하는 나를 두 개의 별개의 또 대립적인 것으로 생각한다. 이제 나 **자신을**─사유하는 존재를─생각(해보자)─관념은 그것이 무엇이건 간에 흐릿해진다─무척 흐릿해져서 나는 그것이 무엇인지 알지 못한다─그러나 느낌은 깊고 차분하다─그리고 이것을 나는 지각 주체와 지각 대상을 동일시하는 나라고 부른다─. (*CN* 1: 921)

지각 주체와 대상의 이러한 융합의 경험은 이어지는 시행들에서는 종교적 지각의 형태로 발전되어 나타난다. 이미 우리는 2부의 서두에서의 장경이 드러내는 종교적 색채에 주목한 바 있다. 다음의 구절은 이 시의 클라이맥스로서, 주체와 대상의 융합이 가능해지는 상징적 지각의 순간을 묘사하고 있다.

> 그래서 내 친구가
> 깊은 기쁨에 갑자기 사로잡혀, 내가 그러했듯이,
> 현기증으로 말없이 서 있도록, 정말이지 주위의
> 너른 풍경을 응시하면서 만물이 조야하다기보다는 오히려 전체로
> 보이고 또 그가 정령들로 하여금 그의 존재를 지각하게 만들 때
> 전능한 영(靈)에 베일을 씌우는 그런 색깔로 보일 때까지
> 응시하도록. (37-43행)

> So my friend
> Struck with deep joy may stand, as I have stood,
> Silent with swimming sense; yea, gazing round
> On the wide landscape, gaze till all doth seem
> Less gross than bodily; and of such hues
> As veil the Almighty Spirit, when yet he makes
> Spirits perceive his presence. (*CPW* 1: 180)

찰즈는 이전에 시인이 그러했던 것처럼, 외적 자연의 형상들을 통해 "전능한 영"과 영교(靈交)하는 것으로 그려지고 있다. 여기에서 찰즈와 시인의 의식은 거의 하나로 합체된 상태이다. 찰즈는 시인의 대리적 자아이고, 찰즈의 반응은 곧 시인의 반응이다. 「틴턴 수도원」에서의 워즈워스처럼, 찰즈와 시인의 감각의 빛은 꺼지고 그들은 "살아 있는 영혼"이 된다. 자연의 형상들이 그 일상적인 물리적 양태를 잃고 정신에 의해 옷입혀지고, 또 자연과 인간을 창조하고 생기를 주는 "전능한 영"이 그 가시적 세계의 배후에서 스스로의 현존을 드러낼 때, 찰즈와 시인은

자신들을 "전능한 영"의 전일한 생명을 분유(分有)하는 영적 힘으로 지각하는 것이다.

찰즈와 시인이 형이상학적 통찰을 얻는 이 비전의 순간은 언뜻 보기와는 달리 범신론으로 기울어지지 않는다. 찰즈는 자연과 "전능한 영"을 결코 동일시하지 않는다. 비전의 순간의 정점에서 자연이 "조야하다기보다는 오히려 전체로" 보이지만, 그것이 곧 "전능한 영"은 아니다. 자연은 "전능한 영"을 베일로 살짝 가릴 뿐이다. "전능한 영"은 "자연 속에서 또 자연을 통해 빛나고, 따라서 자연은 그것이 알기 쉽게 만들어주는 실재를 분유한다"(Durr 526). 자연이 상징적으로 지각되는 이러한 순간에 대한 찰즈와 시인의 경이에 찬 반응은 침묵 속에서 이루어지고 있다. 1부의 "고함치는 골짜기"의 소음은 고양된 수용적 순간의 침묵에 자리를 넘겨주는 것이다.

이 시의 헌사 ─ "런던의 인디아 하우스의 찰즈 램에게" ─ 에서 암시된 찰즈의 중요성은 이 지점에서 뚜렷해진다. 보리수 그늘에 갇힌 채 자연의 유익한 영향으로부터 단절되어 있는 시인으로서는 자신의 불행에서 벗어날 수 있는 계기를 찰즈의 과거의 불행을 공감하는 데에서 발견한 셈이다. 휠러(Kathleen M. Wheeler)가 지적하듯이, 일단 그 건너뜀이 이루어진 후 시인은 손쉽게 찰즈의 현재의 행복으로 옮겨와 그를 위해 그것을 기뻐하고, 그럼으로써 그 자신의 변형을 성취한다(1981, 138). 이 시의 서두에서의 시인의 자기 연민적 태도로부터 찰즈의 과거의 불행에 대한 연민과 그의 현재의 축복받은 순간에 대한 기쁨이라는 중간 단계를 거쳐 시인 자신의 기쁨으로 나아가는 과정에서 알 수 있듯이, 이 시에서의 찰즈의 기능은 갇힌 시인과 그의 비전의 순간의 두 세계간의 갭을 메워주는 것이다.

찰즈의 에피퍼니(epiphany)를 그 자신의 것으로 해석함으로써 모든 피조물의 전일성에 대한 신념을 확고히 한 후에야, 3부(43-76행)에서 시인은 자신이 갇혀 있던 보리수 그늘이 결코 감옥이 아님을 깨닫고 그것이 지닌 구체적 아름다움에 기쁘게 반응할 수 있게 된 것처럼 보인다.

한 기쁨이
갑자기 내 가슴에 찾아들고, 마치 나 자신이
그곳에 있는 양 기쁘구나! 또 이 그늘,
이 조그마한 보리수 그늘에서도 나를 달래주는
많은 것들을 눈여겨보았다. 땡볕 밑에서 창백하게
투명한 잎들은 매달려 있었다. 그리고 난
넓고 햇빛 비치는 어떤 잎사귀를 주시했고, 그 햇살을
얼룩지게 하는 잎사귀와 그 위의 줄기의 그림자를
보는 걸 즐겼다! 그리고 저 호두나무는
풍요롭게 물들어 있었고, 깊은 광휘가
해묵은 담쟁이 위에 가득 놓여 있었다 ―그 담쟁이는
마주한 저 느릅나무들을 침범해서, 이제는 시커먼 무리로
느릅나무의 어두운 가지들이 때늦은 석양빛을 통해
보다 밝은 색깔을 발하게 해준다. 그리고 비록 이제는 박쥐가
말없이 선회하며 지나가고 제비 한 마리 재잘거리지 않지만,
여전히 외로운 뒹벌은
콩꽃 속에서 노래하는구나! (43-59행)

　　　　　A delight
Comes sudden on my heart, and I am glad
As I myself were there! Nor in this bower,

> This little lime-tree bower, have I not mark'd
> Much that has sooth'd me. Pale beneath the blaze
> Hung the transparent foliage; and I watch'd
> Some broad and sunny leaf, and lov'd to see
> The shadow of the leaf and stem above
> Dappling its sunshine! And that walnut-tree
> Was richly ting'd, and a deep radiance lay
> Full on the ancient ivy, which usurps
> Those fronting elms, and now, with blackest mass
> Makes their dark branches gleam a lighter hue
> Through the late twilight: and though now the bat
> Wheels silent by, and not a swallow twitters,
> Yet still the solitary humble-bee
> Sings in the bean-flower! (*CPW* 1: 180-81)

이제 시인은 자신의 보리수 그늘로 눈을 돌려 공감적 상상에 의한 정신적 여정의 유익한 결과를 발견한 셈이다. 그가 기쁨에 찬 눈으로 앞에서 경험한 비전의 순간을 입증하는 공간이 된 보리수 그늘을 바라볼 때, 찰즈를 비롯한 그의 친구들은 배경으로 물러난다. 예민해진 감각뿐만 아니라 일깨워진 기억의 힘까지 동원해서 시인은 그가 경험한 비전의 순간을 입증해 주는 풍경의 세부를 상세하게 묘사하고 있다. "램의 (그리고 코울리지의) 감각을 아찔하게 만들었던 한 숭엄한 햇빛, 그리고 마침내 '전능한 영'의 현존을 드러낸 그 햇빛은 또한 보리수 그늘에서 빛을 발한다"(Mellor 1979, 266). 시인이 바라보는 사물들이 주로 명암의 모티프를 통해 묘사되고 있음은 그런 점에서 무척 시사적이다. 넓은 잎사귀가 태양의 불길을 얼룩지게 하면서 그 강렬함을 어느 정도 누그러뜨리는 가운데, 빛과 그림자의 유희는 시인에게 정묘한 아름다움을 느끼게 해준다. 호두나무는 풍요롭게 물들어 있고, 담쟁이 위에는 그윽한 광휘가 가득 놓여 있다. 느릅나무를 잠식해 들어가는 담쟁이의 시커먼 색깔조차 석양빛을 통해 역설적이게도 느릅나무 가지들을 보다 밝은 색깔로 돋보이게 만들어 준다.

여기에서는 자연과 인간 세계, 그리고 배타적일 수 있는 자연의 여러 요소들이 서로 친근한 관계 속에서 하나의 경이로운 전체를 구성하고 있다. 이 구절의 전반부에서의 과거 시제가 느릅나무에 대한 묘사와 더불어 나타나는 현재 시제 속에 합체되는 것도 이런 맥락에서 볼 때 뜻깊다. 밤의 도래와 함께 자연이 침묵하는 가운데 한 평범한 물상인 콩꽃 속에서 노래하는 뒝벌은 이제는 생명의 기쁨에 대한 찬가를 부를 수 있는 시인과 긴밀하게 대응되고 있다. 생명의 신비한 과정이 은밀하게 이루어지는 이 세계에서는 소리와 침묵 또한 자연스럽게 공존한다.

시인이 "전능한 영"의 현존으로 생기를 띠고 있는 풍경의 미세한 부분까지 놓치지 않고 그려내는 것은 곧 시인 자신의 경험에서 솟아오르는 창조력에 대한 암묵적 찬미일 수 있다. 시인이 자신의 정신적 여정을 통해 얻은 깨달음을 교훈적 진술로 표명하는 것은 바로 이 지점에서이다.

      이제부터는 내 알게 되리라
 자연은 결코 현명하고 순수한 이들을 저버리지 않음을,
 자연이 그곳에 있기만 하다면 어떤 소구역도 좁은 게 아님을,
 감각의 능력 하나 하나를 잘 활용하고
 가슴을 사랑과 아름다움에 눈떠 있게 할 수만 있다면
 어떤 황무지도 공허한 게 아님을! 그러니 때로는

우리가 영혼을 들어올려, 생생한 기쁨으로
우리가 공유할 수 없는 기쁨들을 관조할 수 있도록
약속된 좋은 일을 잃는 것도 좋으리. (59-67행)

         Henceforth I shall know
That Nature ne'er deserts the wise and pure;
No plot so narrow, be but Nature there,
No waste so vacant, but may well employ
Each faculty of sense, and keep the heart
Awake to Love and Beauty! and sometimes
'Tis well to be bereft of promis'd good,
That we may lift the soul, and contemplate
With lively joy the joys we cannot share. (*CPW* 1: 181)

 앞에서 현재가 과거를 흡수했다면, 이제 그것은 한걸음 더 나아가 미래까지 포섭하고 있다. 시인은 현재의 기쁨뿐만 아니라 미래의 행복에 대한 확신까지 얻은 것이다. 이 구절의 차분한 리듬과 어조는 시인이 자신의 상상적 경험을 통해 얻은 창조적 힘을 뚜렷하게 입증한다. 이 구절의 개괄적 진술은 이 시가 시인이 점차 깨달음에 이르는 과정을 극적으로 보여주고 있기 때문에 적절한 것이 된다.

 앞에서도 언급했듯이, 자연의 아름다움을 수동적으로 받아들이는 것만으로는 충분치 않다. "친숙함의 피막"이 걷어올려질 수 있는 창조적 지각 행위를 통해서만이, 그리고 사랑의 감정 속에서만이, 어떤 소구역도 좁지 않을 수 있고 어떤 황무지도 텅 빈 것이 아니게 된다. 그렇다면 진정으로 "현명하고 순수한 이들"은 자아 밖의 어떤 존재를 사심 없이 사랑하면서 자아를 넘어설 수 있는 상상적 능력을 가진 사람들일 것이다. 그런 사람들에게는 일시적인 불운 또는 결핍조차 오히려 영혼을 고양시키는 계기가 될 수 있다. 사실상 이 시에서 시인은 단순히 친구들의 기쁨을 공유하는 것을 넘어서서 그것을 새롭게 창조한다. 이 시행들은 시인이 거쳐 온 여정에서 입증된 공감적 상상의 가치를 단언함으로써 이 시가 도달한 철학적 입장을 간결하게 요약하고 있다.

  마치 이 새로 얻어진 통찰을 예증하기라도 하는 양, 이 시는 저무는 해의 빛 속에서 사라져 가는 평범한 까마귀를 축복할 수 있는 자신의 능력과 찰즈의 행복에 대한 기쁨을 표현하는 시인의 모습으로 끝난다.

> 고결한 마음을 지닌 찰즈여! 마지막 까마귀가
> 집을 향해 황혼의 대기를 따라 곧게 길을 내며 갈 때,
> 나는 그것을 축복했소! 그대가 서서 응시하는 동안
> (흐릿한 반점으로 보이다가는 빛 속에 사라지곤 하는)
> 그 검은 날개가 강력한 구의 넓혀진 광휘를
> 가로질렀거나, 아니면 만물이 고요할 때
> 그대의 머리 위로 소란스럽게 날아가면서, 고결한 마음을 지닌 찰즈여,
> 생명에 관해 얘기하는 어떤 소리도 귀에 거슬려하지 않는
> 그대를 매혹했으리라 생각하면서. (68-76행)

> My gentle-hearted Charles! when the last rook
> Beat its straight path along the dusky air
> Homewards, I blest it! deeming its black wing
> (Now a dim speck, now vanishing in light)
> Had cross'd the mighty Orb's dilated glory,
> While thou stood'st gazing; or, when all was still,
> Flew creeking o'er thy head, and had a charm
> For thee, my gentle-hearted Charles, to whom

No sound is dissonant which tells of Life. (*CPW* 1: 181)

　찰즈에게 다시금 말건네진 이 구절에서 까마귀의 둥지 쪽으로의 여정은 3부의 서두에서의 귀환의 모티프를 상기시키면서 이 시를 아름답게 끝맺는다. 시인은 까마귀가 빛 속에서 사라져 가는 것을 주시하면서, 찰즈 역시 그 순간에 그것을 보았으리라고 상상한다. 아마도 찰즈는 까마귀의 귀소(歸巢)를 보고는 밤이 되기 전에 서둘러 시인이 있는 집으로 돌아올 것이다. 또한 시인은 까마귀가 찰즈의 머리 위로 시끄러운 소리를 내며 날아갔을 테지만, 그 소음은 그 자신의 경우처럼 "생명에 관해 얘기하는 어떤 소리도 귀에 거슬려하지 않는" 찰즈를 매혹했으리라고 생각한다.

　이 시의 서두에서 그처럼 강조되었던, 시인의 지각 세계와 찰즈를 비롯한 친구들의 그것 사이의 단절은 일몰의 빛 속에서 날아가는 까마귀에 의해 완전히 메워진다. 왜냐하면 보리수 그늘에서의 시인의 세계와 산책길에서의 친구들의 세계, 즉 시인의 "실제적" 경험과 "상상적" 경험의 세계는 그것들 모두에 공통된 일몰의 빛과, 그들 사이의 경험의 갭을 메워주는 까마귀의 날아감 속에서 융합되고 섞여지기 때문이다 (Hill 38). 더욱이 흔히 악과 재난의 불길한 전조(前兆)로 여겨지는 검은 까마귀를 축복하는 시인의 행위는 이제 그가 폐쇄된 자아의 감옥을 벗어나 「풍명금」에서 강조된 바 있는 "우리 안팎의 전일한 생명"을 파악하고 그것에 참여할 만큼 성장했음을 증거한다. 「내 감옥, 이 보리수 그늘」과 비슷한 시기에 씌어진 「노수부의 노래」에서도, 노수부는 물뱀에 대한 축복을 통해 자아의 협소한 한계를 넘어서서 우주의 전일한 생명에 참여하게 된다.

오 행복한 생물들이여! 어떤 혀도
그들의 아름다움을 선언할 수는 없으리라.
사랑의 샘이 내 심장에서 분출했고,
나는 모르는 사이에 그들을 축복했소.
분명코 내 친절한 성인이 나를 불쌍히 여겨,
나는 모르는 사이에 그들을 축복했던 거요.

바로 그 순간 나는 기도할 수 있었소.
그리고 내 목에서 가뿐하게
앨버트로스가 떨어져 나가서는 가라앉았소
납덩이처럼 바다 속으로. (282-91행)

O happy living things! no tongue
Their beauty might declare:
A spring of love gushed from my heart,
And I blessed them unaware:
Sure my kind saint took pity on me,
And I blessed them unaware.

The self-same moment I could pray;
And from my neck so free
The Albatross fell off, and sank
Like lead into the sea. (*CPW* 1: 198)

  노수부가 물뱀의 아름다움을 보고, 그것을 사랑하고, 그리고 축복하는 과정은 「내 감옥, 이 보리수 그늘」의 59-67행에서의 "감각"→"가슴"→"영혼"으로의 발전 과정과 동일한 궤적을 밟고 있다(Durr 529).

이 두 편의 시에서 축복의 행위는 단순한 지적 충동이라기보다는 오히려 정서적 충동에 근거한 의지적 행위이다. 시인이 까마귀를 축복할 때, 자아의 폐쇄성 또는 고립이라는 앨버트로스는 그에게서 떨어진다. 자아의 폐쇄된 세계의 표상이었던 보리수 그늘은 이제 시인에게는 자아의 성장과 해방을 가능케 하는 창조적 공간이 된 것이다.

지금까지의 논의에서 드러났듯이, 이 시는 정신의 움직임에 입각한 '대화시'의 순환적 패턴을 선명하게 보여준다. 시인은 낙심한 채 보리수 그늘에 갇혀 있다가, 공감적 상상을 통해 친구들의 기쁨에 참여하면서 비전의 순간을 경험하고는, 다시금 출발점인 보리수 그늘로 되돌아와 자신의 정신적 여정의 유익한 효과를 확인한다. 이 정신의 내적 드라마의 과정에서 시인의 자아가 애초의 궁지에 대한 해결책을 발견한다는 점에서, 이 시는 시인의 간략한 정신적 성장사인 셈이다. 이전의 '대화시'들과 비교할 때, 이 시의 탁월성은 더욱 두드러진다. 「풍명금」에서는 시인이 상상적 여정을 통해 얻은 형이상학적 통찰은 새러의 기독교적 겸손과 어느 정도 상충되고, 「은거지를 떠난 데 대한 명상」("Reflections on Having Left a Place of Retirement")에서는 외딴 골짜기에서의 비전은 공동체적 진리에 바탕을 둔 윤리적 활동을 위해 포기된다. 그러나 「내 감옥, 이 보리수 그늘」에서는 그같은 상충 또는 분열이 나타나지 않는다. 이 시에서 코울리지는 그 자신의 "정서적·체험적 커브를 통합된 시적 구조 속에 합체시킴"(Hill 33)으로써 그가 자신의 비평관의 핵심 원리의 하나로 삼았던 유기적 형식의 이상을 거의 완벽하게 구현하고 있는 것이다.

자아 탐색의 여정: 「한밤의 서리」

「한밤의 서리」("Frost at Midnight," 1798)는 「내 감옥, 이 보리수 그늘」과 더불어 코울리지의 가장 성공적인 '대화시'로 간주되어 온 작품이다. 이 시는 「풍명금」이 원형적 형태로 보여준 바 있는 정신의 미묘한 움직임을 자연스러우면서도 뚜렷한 순환적 패턴 속에서 실연함으로써 어떤 문제의 제기와 해결의 과정의 제시라는 '대화적' 양식의 명상시의 특성을 거의 완벽하게 구현하고 있다. 그리고 그 과정에서 코울리지는 주체와 대상 또는 정신과 자연의 상호 관통 또는 융합을 가능케 하는 상상력의 힘을 훌륭하게 예증한다.

세 부분으로 이루어진 「내 감옥, 이 보리수 그늘」이 친구들의 산책 경로에 따른 계기적 순서로 진행되는 데 비해, 「한밤의 서리」는 시인이 주시하는 장경 속의 한 요소가 촉발시킨 명상과 회상의 병치를 통해 생명의 전일성의 주제를 발전시킨다. 조용한 분위기 속에서 전개되는 1부(1-23행)의 전반부는 한밤의 정적 가운데에서 진행되는 서리의 은밀한 활동과 그것을 주시하는 시인의 내성적 의식을 치밀하게 묘사한다.

> 서리가 은밀한 봉직(奉職)을 수행하고 있다
> 바람의 도움도 없이. 새끼 올빼미의 울음소리가

요란하게 들려왔다―그런데 다시 들어보라! 전처럼 요란한 소리를.
내 오두막집 동숙자들은 모두 잠들어
한층 더 심원한 묵상에 알맞은 저 고독에
나를 남겨놓았다. 내 곁에서
요람에 든 내 아기가 평온하게 선잠 들어 있는 것 빼고는.
정말 고요하구나! 너무 고요해서 그 기이한
극도의 정적으로 명상을 어지럽히고
괴롭히는구나. (1-10행)

The Frost performs its secret ministry,
Unhelped by any wind. The owlet's cry
Came loud—and hark, again! loud as before.
The inmates of my cottage, all at rest,
Have left me to that solitude, which suits
Abstruser musings: save that at my side
My cradled infant slumbers peacefully.
'Tis calm indeed! so calm, that it disturbs
And vexes meditation with its strange
And extreme silentness. (*CPW* 1: 240)

　언뜻 이 장경은 고요와 침묵만을 강조하는 것처럼 보이지만, 그 고요와 침묵은 그 속에 어떤 잠재력을 내포하고 있음이 서서히 밝혀진다. 첫 행에 빈번히 나오는 전동음(顫動音) /r/과 능동적 활동을 함축하는 동사 "performs"는 이후에 드러날 동면하고 있는 인간의 창조력과 대조되는 서리의 미세한 능동적 활동을 선명하게 부각시킨다. 그와 함께 처음 두 행은 서리의 활동이 그 너머에 있는 어떤 초월적 존재의 명령에 따른 혼자만의 은밀한 과업임을 암시한다.

두 번 연이어 들리는 새끼 올빼미의 울음소리 또한 정적의 효과를 한층 강렬한 것으로 만들고 있다. 겨울이라는 계절과 한밤이라는 시간에 자연의 생산적 에너지를 대표하는 서리의 활동은 시인에게는 쉽게 파악될 수 없는 신비로 남겨지면서 그만큼 더 그의 고립감을 심화시킨다. 아기를 포함해서 잠들어 있는 가족은 앞에서 확립된 정적의 분위기를 강조함과 동시에 잠시 동면하고 있는 생명력을 암시한다. 정적을 깨뜨릴 것 같던 외부의 소리들이 정적을 확인하는 데 이바지하는 반면에, 시인의 명상을 어지럽히는 것은 오히려 "극도의 정적"이다. 그런 점에서 시인이 남겨진 상태는 결코 그에게 위안을 가져다주지 못한다. "동숙자들"(inmates)이 18세기 말엽에는 "집에 거주하는 손님들"(strangers dwelling in one's house)을 지칭했었다는 매그너슨(Paul Magnuson)의 지적(29)은 1연에서 드러난 시인의 깊은 고립감을 상기해 볼 때 암시하는 바 크다.

인용된 구절에서 두드러진 소유격 "my"의 반복은 단순한 물리적 공간과 대상의 확보만을 나타내는 것이 아니라, 시인의 자아 또한 정신적 공간을 확보하면서 깨어나고 있음을 시사한다(Bygrave 116). 이 상태에서 시인의 의식은 오두막을 벗어나 주변의 물리적 환경, 마을, 그리고 그 너머의 세계로 단계적으로 옮겨가다가 마침내 벽난로의 받침쇠 위에서 퍼덕거리는 검댕에 초점이 맞춰진다.

바다, 언덕, 그리고 숲,
이 사람 많은 마을! 바다, 그리고 언덕, 그리고 숲,
꿈처럼 귀에 들리지 않는 무수한
세상사들! 가는 푸른색 불길이
나지막이 타버린 불 위에 놓여 있고, 꼼짝하지 않는다.

벽난로 받침쇠 위에서 퍼덕거렸던 저 검댕만이
여전히 거기에서 퍼덕거리는구나, 유일하게 조용하지 않은 것으로.
내 생각엔, 자연의 숨죽인 고요 속의 그 동작이
살아 있는 나와 어렴풋이 공감하면서
검댕을 벗할 수 있는 형체로 만들어준다.
그것의 미약한 펄럭임과 변덕을 빈둥대는 정신이
사방에서 스스로의 반향 또는 거울을 찾으며
스스로의 기분으로 해석하고,
생각의 노리개로 삼는다. (11-23행)

      Sea, hill and wood,
This populous village! Sea, and hill, and wood,
With all the numberless goings-on of life,
Inaudible as dreams! the thin blue flame
Lies on my low-burnt fire, and quivers not;
Only that film, which fluttered on the grate,
Still flutters there, the sole unquiet thing.
Methinks, its motion in this hush of nature
Gives it dim sympathies with me who live,
Making it a companionable form,
Whose puny flaps and freaks the idling Spirit
By its own moods interprets, every where
Echo or mirror seeking of itself,
And makes a toy of Thought. (*CPW* 1: 240-41)

 반복되는 단어들의 사소한 변화—"Sea, *and* hill, and wood"—는 자연과 인간 세계에서 찾아볼 수 있는 "생명의 끊임없는 변조(變調)"(Walsh 126) 또는 풍요로움을 우리에게 상기시킨다. 그러나 주문처럼 되풀이되는 이러한 구절에도 불구하고 생명의 활동은 시인에게는 명료하게 파악되지 않고, 따라서 그것은 무의미한 것으로서 꿈처럼 귀에 들리지 않는 것으로 간주되고 있다. 움직임을 그 생명으로 하는 불길 역시 꼼짝하지 않는다. 자신 및 주위 환경과 어울리지 못하는 시인의 불편한 심리 상태는 1연에서 지속적으로 나타나는 단속적 리듬에 의해 암시된다. 그렇다면 시인이 자리잡고 있는 오두막집의 방은 「내 감옥, 이 보리수 그늘」의 서두에서의 보리수 그늘과 마찬가지로 생명의 활동이 이루어지고 있는 보다 큰 세계와 단절되어 있는, 자아의 폐쇄된 세계의 표상이 된다(Hill 43).

그러나 이 상태에서도 시인의 정신은 서서히 내향적으로 움직이기 시작한다. 보다 큰 세계와 교섭할 수 없게 된 그는 자신이 관계를 맺을 수 있는 대상을 찾아 주위를 살펴보다가 벽난로의 받침쇠 위에서 퍼덕거리는 검댕의 움직임에서 자신의 정신이 만들어 가는 움직임을 발견한다. 그런 점에서 검댕은 시인의 정신의 이미지 또는 유사물인 셈이다.

불이 꺼진 상태의 검댕이 생명의 존재를 확신시킨다는 사실은 다분히 역설적이다. 물론 그것은 일차적으로는, 코울리지가 붙인 주(註)가 명시하듯이, 예기치 않은 방문객의 도착이라는 민속적 연상과 결부되어, 도시의 학교에 갇힌 채 친지의 예기치 않은 도착에 의한 해방을 기다리는 어린 코울리지의 갈망을 예견케 한다. 위의 인용문에서 검댕의 퍼덕거림은 그것을 주시하는 시인과 공감하는 것으로 묘사되고 있으며, 먼저 살아 있는 시인의 의식을 자극한다. 빈둥거리던 시인의 정신은 이제 검댕과의 공감을 통해 그 자체의 움직임을 확장시키고 또 탐색해 나가는데, 우리가 앞으로 보게 되듯이 그 확장과 탐색의 과정에서 시인은 자아를 새롭게 발견하고 재정의하게 되는 것이다.

1부에서의 현재는 2부(23-43행)에서 기억 속의 극적 상황으로 옮겨지는데, 이러한 전이는 "생각의 노리개"를 제공하는 퍼덕거리는 검댕의 민속적 연상에 의해 한결 손쉬워진다. "노리개"라는 단어 역시 시인의 어린 시절에 대한 회상을 예견케 한다. 마치 불확실한 현재에서 벗어나기 위한 것인 양 시인의 의식은 과거의 유사한 장면으로 되돌아가면서, 자기 바깥의 세계가 아니라 자신 안에서 "벗할 수 있는 형체"를 찾으려고 시도한다.

그러나 오! 얼마나 자주,
얼마나 자주, 학교에서 가장 믿는 마음으로,
예감하면서, 그 퍼덕거리는 손님을 주시하기 위해
받침쇠 살을 응시했던가! 또 그만큼 자주
열린 눈까풀로, 나는 이미 꿈꾸었다
내 그리운 고향을, 그리고 그 오래된 교회탑을ㅡ
그 종소리는 가난한 이의 유일한 음악이었는데,
무더운 장날 아침부터 저녁까지 무척 감미롭게
울려퍼져서 열광적인 즐거움으로 나를 설레게 하고
나를 사로잡았지, 그리고 다가올 일들을 예고하는
명료한 소리처럼 내 귀에 떨어졌지! (23-33행)

But O! how oft,
How oft, at school, with most believing mind,
Presageful, have I gazed upon the bars,
To watch that fluttering *stranger*! and as oft
With unclosed lids, already had I dreamt
Of my sweet birth-place, and the old church-tower,
Whose bells, the poor man's only music, rang

> From morn to evening, all the hot Fair-day,
> So sweetly, that they stirred and haunted me
> With a wild pleasure, falling on mine ear
> Most like articulate sounds of things to come! (*CPW* 1: 241)

학동으로서의 코울리지는 학교 생활에서 느끼는 고립감에서 벗어나기 위해 검댕이 불러일으키는 미신적인 기대에 전적으로 의존한다. 이 꿈꾸는 학동의 이미지는 고립감에서 벗어나기 위해 자기 주위에서 "벗할 수 있는 형체"를 발견하려고 애쓰던 1부에서의 시인의 모습을 상기시킨다. 과거와 현재의 경험 속에는 공통적으로 뿌리깊은 고립감이 자리잡고 있고, 그런 점에서 기억된 과거는 현재를 반영하고 있는 셈이다. 그러나 학동 코울리지는 성인 코울리지에게는 불가능한 순진성의 상태를 보존하고 있고, 그러한 상태는 "낙심을 누그러뜨리고 미지의 것을 길들이는 한 방법으로서의 . . . 미신에의 의존"(Parker 130)을 가능케 한다.

인용된 구절에서 되풀이되는 "얼마나 자주"라는 어구는 학동 시절의 응시 행위가 끊임없이 그를 괴롭히는 고립감을 벗어나기 위한 관습적 행위였음을 시사한다. 기억 속의 기억이라고 할 수 있는 출생지에 대한 꿈은 학동과 과거와의 유대를 회복시켜 줌으로써 학교 생활의 황량함과 그의 고립감을 누그러뜨린다. 시인이 어린 시절에 들렸던 무더운 여름 장날의 교회 종소리는 그가 현재 처한 겨울밤의 정적과 선명하게 대조되고 있다. 학동이 떠올린 출생지의 즐거운 기억들은 검댕에 대한 응시와 결부되어 그 기쁜 과거를 구현해 줄 사람들에 대한 기대로 이어진다.

이렇게 나는 응시했고, 마침내는 마음을 진정시켜 주는 것들이
  (나는 꿈꾸었다)
나를 얼러 잠들게 했고, 잠이 내 꿈을 연장시켰었지!
그래서 나는 다음날 아침 내내 곰곰이 생각에 잠겼었지
준엄한 선생님의 얼굴이 두려워, 내 눈은
공부하는 척하며 어른거리는 책을 응시하면서.
문이 반쯤 열리면 얼른 흘깃 훔쳐보는 걸 빼놓고는.
그런데 여전히 내 가슴은 뛰었지
왜냐하면 여전히 나는 방문객의 얼굴을 보고 싶었기 때문에.
읍내 사람, 또는 숙모, 또는 더욱 사랑스런 누이동생,
함께 똑같은 옷을 입었을 때의 내 놀이 친구를! (34-43행)

So gazed I, till the soothing things, I dreamt,
Lulled me to sleep, and sleep prolonged my dreams!
And so I brooded all the following morn,
Awed by the stern preceptor's face, mine eye
Fixed with mock study on my swimming book:
Save if the door half opened, and I snatched
A hasty glance, and still my heart leaped up,
For still I hoped to see the stranger's face.
Townsman, or aunt, or sister more beloved,
My play-mate when we both were clothed alike! (*CPW* 1: 241-42)

학동 코울리지가 고대하는 사람들은 학교라는 배경 속에서는 낯선 이들(strangers)로 보이겠지만 실제로는 낯익은 얼굴들로서 환경의 낯설음을 누그러뜨리는 역할을 하는 것으로 상상되고 있다. 앞에서의 교회 종소리는 공동체적 삶으로의 호출 신호일 수 있고, 학동이 고대하는

사람들은 그러한 공동체적 유대를 조금씩 강화시켜 주는 사람의 순서—"읍내 사람, 또는 숙모, 또는 더욱 사랑스런 누이동생"—로 제시되고 있다.

시인 자신의 어린시절에 대한 회상은 곧 자신의 아기에 대한 생각으로 이어진다. 3부(44-64행)에서 시인의 회상을 즉각적 현재로 옮겨주는 것은 아기의 온화한 숨소리이다. 아기의 호흡은 시인의 생각의 공백을 메워주면서 오두막집 바깥에서 진행되는 서리의 은밀한 작용과 흡사한 신비한 과정의 일부처럼 느껴지고 있다.

> 내 곁에서 요람 속에 잠들어 있는 귀여운 아기야,
> 이 깊은 고요 속에 들리는 너의 부드러운 숨소리가
> 산재한 공백과 이따금 순간적으로 멈춘 너의 생각을
> 온전히 메워주는구나!
> 이렇게도 사랑스런 내 아기! 이렇게 너를 보고 있노라면,
> 그리고 네가 아주 다른 지식을, 아주 다른 장경에서
> 배울 거라고 생각하노라면, 부드러운 기쁨으로
> 내 가슴이 설레는구나! 왜냐하면 나는
> 대도시에서 어둑한 수도원들 사이에 갇힌 채 자라서,
> 하늘과 별들 외엔 사랑스러운 거라곤 아무것도 보지 못했기에.
> 하지만 내 아가야! 너는 돌아다니리라
> 산들바람처럼, 호숫가와 모래 해변을, 유서 깊은 산의
> 바위 아래로, 그리고 큰 덩치로 호수와 해변과
> 산의 바위 모양을 본뜨는 구름들 아래로. 그리하여 너는
> 보고 들으리라, 영원으로부터 그 자신을 만물 안에서
> 또 만물을 그 자신 안에서 가르치시는 너의 하느님이
> 말씀하시는 그 영원한 언어의 사랑스러운 형체들과
> 이해 가능한 소리들을 보고 들으리라.

자아 탐색의 여정: 「한밤의 서리」

위대한 우주적 교사여! 그분은 네 영을
빚어주고 주심으로써 네 영으로 하여금 묻게 하시리라. (44-64행)

> Dear Babe, that sleepest cradled by my side,
> Whose gentle breathings, heard in this deep calm,
> Fill up the interspersed vacancies
> And momentary pauses of the thought!
> My babe so beautiful! it thrills my heart
> With tender gladness, thus to look at thee,
> And think that thou shalt learn far other lore,
> And in far other scenes! For I was reared
> In the great city, pent 'mid cloisters dim,
> And saw nought lovely but the sky and stars.
> But *thou*, my babe! shalt wander like a breeze
> By lakes and sandy shores, beneath the crags
> Of ancient mountain, and beneath the clouds,
> Which image in their bulk both lakes and shores
> And mountain crags: so shalt thou see and hear
> The lovely shapes and sounds intelligible
> Of that eternal language, which thy God
> Utters, who from eternity doth teach
> Himself in all, and all things in himself.
> Great universal Teacher! he shall mould
> Thy spirit, and by giving make it ask. (*CPW* 1: 242)

애초에 시인을 당혹시켰던 고요와 침묵은 이제 더 이상 그의 명상을 어지럽히지 않는다. 그의 생각이 자신으로부터 아기에게로 옮겨갈 때, 그는 "바깥 즉 자연에서, 그리고 오두막 안에서 일어나는 생명의 관대하면서 경이로운 과정들이 . . . 동일하다는 것을 깨닫는다"(Schulz 94). 이제 침묵의 의미를 읽을 줄 아는 시인에게는 오두막 안에서의 자신의 명상과 아기의 호흡, 그리고 바깥에서의 서리의 활동은 모두 생명의 동일한 과정의 부분들인 것이다.

시인은 아기가 자신과는 달리 자연 속의 축복받은 삶을 살게 될 것이라고 상상함으로써 자신 및 주위와의 완전한 화해에 이른다. 안내자로서의 시인은 말건넴의 대상인 아기와 어느 정도의 거리를 유지한 채 아기의 미래의 삶을 예언하고 있다. 「풍명금」에서와는 달리, 자신의 상상이 다른 존재에 의해 제지되지 않게 하면서 시인은 미래 시제를 활용한 명령법을 통해 일종의 강복(blessing)을 행하는 것처럼 보인다. 현대 언어학의 용어를 빌자면, 강복은 하나의 발화수반행위(illocutionary act)이다. 주어진 언어로 인지할 수 있는 문법적 발언을 낳는 단순한 발화행위(locutionary act)와는 달리, 강복은 그것이 지칭하는 상태를 초래하는 선언적 발화수반행위이다(Pratt 80-81). 이같은 행위를 통해 시인은 예언적인 창조력을 발휘하면서 자신의 아기에게 말을 건네고 있다. 시인이 자기 아들을 위해 그려 보이는 세계의 창조자가 되려 한다는 점은 미래 시제를 활용한 명령법에 의해 분명해진다—"But thou . . . shalt wander . . ./ . . . so shalt thou see and hear . . ."(Rzepka 122). 사실상 강복은 시인이 이미 고립된 상태에서 벗어나 "우리 안팎의 전일한 생명"에 참여하게 되었음을 시사한다. 시인과 그의 아기는 이제 단순한 "동숙자들"이 아니라 "벗할 수 있는 형체들"이 되는 것이다. 이 시에서도 강복의 행위는 시인이 명상의 여정을 통해 정신적으로 성장했음을 보여주는 하나의 지표인 셈이다.

강복의 행위를 통해 시인이 아들에게 만들어 주는 세계는 상호 공명하는 세계이다. 호수는 구름을 반영하고, 구름은 큰 덩치로 호수와 해변과 바위의 형상을 빚는다. 미풍처럼 자유로운 아기의 정신 역시 이러한 세계와 잘 어울릴 것이다. 더욱이 이 세계는 그 자체로서 신의 언어이기도 하다. 코울리지의 이같은 생각은 다분히 버클리(Berkeley)적인 것이다. 버클리에 의하면, 감각할 수 있는 존재들의 실존은 정신에 의해 지각되는 데에서 찾아지며, 자연 사물들은 신의 정신 속에 관념으로 존재한다. 자연 세계는 이러한 신의 관념의 한 표현이기 때문에, 우리가 자연 대상을 인지할 때 신의 창조적 현존과 접촉하는 것이 되는 것이다(Brett 1969, 36; Appleyard 1965, 49).[2] 1805년 4월 말타(Malta)에서 씌어진 코울리지의 비망록의 한 구절은 상상 속에서의 정신과 자연 또는 생각과 사물간의 상징적 융합이 궁극적으로 창조주에 대한 인식에 이르게 되는 과정을 인상적으로 기록하고 있다.

이슬 젖은 창유리를 통해 흐릿하게 가물거리는 저편의 달을 볼 때처럼, 생각에 잠겨 자연의 대상들을 바라볼 때, 나는 새로운 어떤 것을 관찰한다기보다는 오히려 내 안에 이미 또 영원히 존재하는 어떤 것에 대한 상징적 언어를 찾고 있는, 말하자면 **요청하고** 있는 것 같다. 실제로 새로운 어떤 것을 관찰하고 있을 때조차도, 여전히 나는 언제나 마치 그 새로운 현상이 나의 내적 본성의 잊혀지거나 숨겨진 진리를 흐릿하게 일깨우는 듯한 모호한 느낌을 갖게 된다/ 그것은 하나의 말씀, 하나의 상징으로서 여전히 흥미롭다! 그것은 로고스, 창조자! <그리고 진화시키는 자!>이다. (*CN* 2: 2546)

---

[2] 보울저(James D. Boulger)는 여기에서의 "버클리적 언어가 논리적으로 처음 두 연의 관념론적·투사적·상징적 경향과 연결되는 반면에, 풍경과 시골 장경에 부착된 도덕적·심미적 영향력이 하틀리(Hartley)와 워즈워스의 수동적 연상주의의 잔여물"이라는 점을 지적하면서, 이 구절에서의 통일성이 상반된 사변 체계에 토대를 둔 관념들을 화해시키는 상상력의 힘 혹은 화해된 상반물에서 비롯된다고 주장하고 있다(710).

어떤 의미에서 「한밤의 서리」는 이 진술의 시적 표현이라고 할 수 있다. "준엄한 선생님" 아래에서의 교육과 "위대한 우주적 교사"로서의 하느님 아래에서의 교육의 차이 또한 이 지점에 이르면 보다 깊은 의미를 부여받는다. 자연 속에서의 아기의 교육은 단순히 전원 속에서의 자유로움을 만끽하는 것으로 끝나지 않고, 아기와 자연의 관계가 성사적(聖事的)인 것임을 시사한다(Jones 111; Parker 135). 위대한 우주적 교사"로서의 하느님의 메타포는 아버지로서의 코울리지가 "준엄한 선생님" 아래에서 보낸 과거의 시간의 구속(救贖)을 암시함으로써 아버지와 아들의 관계를 한층 더 풍요롭게 만들어준다. 아버지로서의 코울리지는 그 자신의 구속의 구현물인 아들에게서, 그리고 아들을 통해 자아를 재발견함으로써 자아를 초월하는 것이다(Hill 45).

이 시의 서두에서 시인을 당혹케 하고 괴롭혔던 형체와 소리들도 4부(65-74행)에 이르면 신의 사랑스럽고 이해 가능한 언어로 변모된다.

그러니 모든 계절이 너에게는 아름다우리라
여름이 온 대지를 초록으로 옷입히건,
또는 붉은가슴울새가 이끼 낀 사과나무의
앙상한 가지의 눈 뭉치 사이에 앉아 노래하건 간에
(근처의 초가가 해동 시에 햇볕에 녹아
김을 내뿜는 동안). 처마 물방울 듣는 소리가
질풍이 잠시 정지한 사이에만 들리건,
또는 서리의 은밀한 봉직이
고요한 달에 고요히 비치는
고요한 고드름으로 처마 물방울을 매달아놓건 간에. (65-74행)

Therefore all seasons shall be sweet to thee,

>   Whether the summer clothe the general earth
>   With greenness, or the redbreast sit and sing
>   Betwixt the tufts of snow on the bare branch
>   Of mossy apple-tree, while the nigh thatch
>   Smokes in the sun-thaw; whether the eave-drops fall
>   Heard only in the trances of the blast,
>   Or if the secret ministry of frost
>   Shall hang them up in silent icicles,
>   Quietly shining to the quiet Moon. (*CPW* 1: 242)

이 마지막 구절은 「내 감옥, 이 보리수 그늘」의 3부만큼이나 무척 인상적인 자연 묘사로서, 비교적 자유로운 연상의 선을 따라 움직여 온 이 시의 상상적 구조의 순환적 패턴을 유기적으로 완성시킨다. 생명을 긍정하는 여름과 생명을 부정하는 듯이 보이던 겨울은 더 이상 배타적이지 않고 모두 생명에 관해 말하기 때문에 감미로운 것이고, 소리와 침묵 역시 자연스럽게 공존하고 있다. 떨어지거나 고드름으로 매달린 물방울, 불어대는 바람, 그리고 서리의 은밀한 작용은 모두 경이로운 전체를 이루고 있으며, 그 속에서는 서두와는 대조적으로 자연과 인간 세계가 서로 친근한 관계를 맺고 있는 것처럼 보인다. 근처의 초가 지붕은 태양의 온기에 감사하기라도 하는 양 김을 내뿜고, 질풍이 잠시 멈춘 사이에 떨어지는 소리가 들리는 처마의 물방울은 생명의 신비한 과정을 증거하며, 사과나무의 눈 덮인 가지 위에 앉아 노래하는 붉은가슴울새는 겨울 한밤중에 황량함과 정적 속에서도 노래하는 시인과 대응된다. 마지막 3행은 서리의 은밀한 작용에 의해 만들어진 고드름과 달빛의 상호 작용을 차분하게 묘사함으로써 이 시의 서두를 반향하면서 동시에 그것이 함축한 의미를 선명하게 부각시키고 있다.

바깥에서 서리가 "바람의 도움도 없이" 자체의 은밀한 작용에 의해 처마의 물방울을 고드름으로 만들어 달빛에 빛나게 하듯이, 시인의 정신은 거의 눈에 띄지 않는 혼자만의 방식으로 애초에는 그가 고립감을 느끼던 이 세계를 함께 벗할 수 있는 세계로 변형시킨 것이다. 물론 이 세계는 실제로 변모된 세계라기보다는 시인의 비전 속에서 변모된 세계이고, 서두에서의 서리의 활동에 깃들어 있는 신비보다 더 깊고 포괄적인 신비로 가득 찬 세계이다. 신비의 소재지의 이러한 이동은 이 시의 첫 행에서의 "Frost"의 "F"가 마지막 구절에서 "f"로 바뀌고, 최종적으로 "Moon"의 "M"에 자리를 넘겨주는 데에서도 확인될 수 있다 (Langbaum 46). 창조적 충동 또는 끊임없는 쇄신의 한 표상인 달이 이 시를 마무리짓고 있는 것도 이와 관련하여 시사하는 바 크다. 자아의 폐쇄된 세계의 표상이었던 오두막은 이제 시인에게는 명상을 통한 상상적 해방을 가능케 하는 창조적 공간이 된 것이다.

지금까지의 논의에서 밝혀졌듯이, 이 시는 정신의 움직임에 입각한 대화적 양식의 명상시의 순환적 패턴을 뚜렷하게 보여준다. 그리고 그 순환적 움직임을 통해 시인은 자신의 정서적 문제를 제기하고 전개시켜 마침내는 해결에 이르는 과정을 극적으로 제시한다. 이 시에서 묘사되고 있는 자기 계시적 체험은 물론 시인의 자아를 중심으로 이루어진다. 다른 '대화시'에서와 마찬가지로 이 시에서도 시인의 자아는 외부 세계와 관련시켜 자신의 위치를 이해하기 위한 시인의 상상적 탐색의 필수적인 출발점으로서, 그리고 그 탐색이 완결되면 돌아와야 할 궁극적 종착지로서 나타난다. 그런 점에서 이 시에 나타난 자아중심주의는 단순한 추상적 개념이 아니라 "살아 있는 영감의 원천"으로서 "인간의 사고와 경험의 근본 요소들—자연·인간·신—을 감싸는, 관계들의 복합적이고 광범위한 그물망 속의 한 요소"(Gérard 1967, 87)로서의 자아의 중요성을 극적으로 예증하고 있다. 자연스러운 무운시의 리듬과 친근한 어조, 그리고 그 자연스러운 외관 뒤에 감추어진 견실한 구조를 통해 주체와 대상, 정신과 자연의 상호 관통 또는 상상적 융합의 과정을 치밀하게 그림으로써 낭만주의 시학의 한 중요한 측면을 간명하게 보여주는 이 시는 「내 감옥, 이 보리수 그늘」과 더불어 코울리지의 '대화시'의 한 정점을 이루고 있다.

상징적 비전: 「나이팅게일」

「나이팅게일」("The Nightingale," 1798)은 코울리지의 대화적 양식의 명상시 중에서 '대화시'(A Conversation Poem)라는 부제가 붙은 유일한 시이다. 『서정시집』(*Lyrical Ballads*)에 처음 발표된 이 시는 그 관습적인 제재와 외견상 산만한 듯한 구조로 인해 그다지 높은 평가를 받아오지 못한 작품이다. 사실 코울리지는 이미 1795년에 나이팅게일에 관한 시―「나이팅게일에게」("To the Nightingale")―를 쓴 바 있고, 이 시는 그 당시 유행하던 나이팅게일 시편들의 정형화된 패턴에서 크게 벗어나지 못했었다. 26행으로 이루어진 이 감상적인 시의 대부분은 나이팅게일에 대한 상투적인 묘사에 바쳐져 있고, 결미 부분은 나이팅게일과 비교하여 새러(Sara)를 예찬하고 있다. 그러나 그보다 3년 후에 쓰어진 「나이팅게일」은 이전 시의 상투성과 인위성을 떨쳐버리고, 자연스러운 리듬과 어조로 나이팅게일을 중심으로 한 환시적(幻視的) 장면들과 명상을 극적으로 중첩시키고 있다. 따라서 전통적 모티프의 상징적 활용에 초점을 맞춰 이 시를 살펴보는 작업은 '대화시'로서의 이 시의 주제와 특성을 드러내는 일인 동시에, 코울리지의 시인으로서의 성장 과정을 확인하는 작업이기도 하다.

크게 다섯 부분으로 나뉘어지는 이 시의 1부(1-39행)의 전반부는 평온한 분위기를 강조하는 구체적인 장경을 제시하는데, 일몰 직후라는 시간적 배경은 선명한 시각적 이미지들을 통해 환기되고 있다.

어떤 구름도, 가라앉은 낮의 어떤 유물도
서쪽을 두드러지게 하지 못하는구나 음울한 빛의
길고 가는 어떤 조각도, 흐릿하게 떠는 어떤 색깔도. (1-3행)

No cloud, no relique of the sunken day
Distinguishes the West, no long thin slip
Of sullen light, no obscure trembling hues. (*CPW* 1: 264)

여기에서의 "유물"(relique), "가라앉은"(sunken), "음울한"(sullen), "흐릿한"(obscure) 등의 단어들은 일몰에 대한 종래의 관습적인 반응을 의도적으로 시사하고 있다. 그와 동시에 시인은 네 번이나 사용된 부정어("no")를 통해 흔히 감상적 우울로 젖어들기 쉬운 관습적인 반응을 미리 차단한다. 홉킨즈(R. H. Hopkins)가 지적하듯이, 1790년대의 잡지들에서 발견되는 무수한 나이팅게일 시편들은 거의 대부분 일몰에 대한 고도로 인위적인 묘사로 시작된 후, 보상받지 못한 사랑에 대한 시인의 우울과 슬픔을 감상적으로 그리는 것이 판에 박힌 패턴이었다 (Hopkins 438; Mayo 494, n. 12). 그러한 유형의 시의 서두를 장식하는 인위적 숭고함의 음조를 떨쳐버린 시인은 관습적 반응에 맞서 자신의 주위의 자연에서 찾아볼 수 있는 구체적 즐거움을 내세운다.

오라, 우리는 이 낡고 이끼 낀 다리 위에서 쉴 터이니!
그대는 아래쪽 개울이 가물거리는 걸 보지만

어떤 중얼거림도 듣지 못한다. 개울은 말없이 흐른다
신록의 부드러운 침상 위에서. 만물은 고요하다
향긋한 밤! 그리고 비록 별들이 흐릿하더라도
녹색의 대지를 기쁘게 하는 봄의 소나기를
곰곰 생각하자. 그러면 우리는 별의 흐릿함에서도
한 즐거움을 발견하리. (4-11행)

Come, we will rest on this old mossy bridge!
You see the glimmer of the stream beneath,
But hear no murmuring: it flows silently,
O'er its soft bed of verdure. All is still,
A balmy night! and though the stars be dim,
Yet let us think upon the vernal showers
That gladden the green earth, and we shall find
A pleasure in the dimness of the stars. (*CPW* 1: 264)

공간적 배경을 제시하는 이 구절은 시인과 즐거움을 함께 나눌 사람들을 언급함으로써 청자의 존재를 예고한다. 우리는 「내 감옥, 이 보리수 그늘」에 관한 앞에서의 논의에서도 친구들의 행로를 일정한 방향으로 지시하고 인도하는 시인의 역할에 주목한 바 있다. 「나이팅게일」에서도 시인은 명령문 형식을 통해 청자들의 관심을 통제해 간다.

 고요하고 향긋한 밤에 흐릿한 별들을 보면서도 시인은 그 별들이 예고하는 봄의 소나기를 생각하고, 그 소나기가 삼라만상의 생장을 촉진시킴으로써 녹색의 대지를 기쁘게 해줄 것이라고 추측한다. 이러한 연상은 시인으로 하여금 별들의 흐릿함이 가져다줄 통상적인 음울한 분위기에서 벗어나 즐거움을 느낄 수 있게 해준다. "자연 현상들간의, 또 인간과 자연간의 미묘한 상호적 관계"(Everest 283)는 인용된 구절에서 두드러지게 나타나는 자음운—"come," "mossy," "glimmer," "stream," "murmuring," "balmy," "dim," "dimness"—및 두운—"gladden," "green"—에서 생겨나는 의성적 효과에 의해 한층 강화되고 있다.

고요와 침묵 속에서 이루어지는 시인의 친구들에 대한 권고는 나이팅게일의 노래에 의해 갑작스럽게 중단된다. 다른 '대화시'에서처럼 여기에서도 침묵을 깨뜨리는 소리는 시인의 생각을 촉발시키는 계기가 되고 있다. 시인은 밀튼(Milton)의 「우울한 사람」("Il Penseroso")에 나오는 어구를 염두에 둔 채 거의 즉각적으로 새의 소리에 반응을 보인다.

> 그리고 들어보라! 나이팅게일이 노래를 시작하는구나
> "가장 음악적이고, 가장 우울한" 새가! (12-13행)
>
> And hark! the Nightingale begins its song,
> 'Most musical, most melancholy' bird! (*CPW* 1: 264)

여기에서 인용된 밀튼의 어구는 나이팅게일의 노래를 슬픔에 찬 것으로 묘사하는 문학적 관습을 대표하는 것으로 제시되고 있다. 앞에서 언급한 「나이팅게일에게」에서도 시인은 이와 동일한 문맥에서 이 어구를 인용한 바 있다.

> 그리하여 종종,
> 나는 그대의 이름을 찬미하노라. 그리고 자랑스러운 기쁨으로
> 종종 그대에게 말하리라, 달의 음유 시인이여!
> "가장 음악적이고, 가장 우울한" 새여!

>   Therefore oft,
> I hymn thy name: and with a proud delight
> Oft will I tell thee, Minstrel of the Moon!
> 'Most musical, most melancholy' Bird! (*CPW* 1: 93-94)

그러나 이전 시에서와는 달리, 「나이팅게일」의 시인은 주어진 문학적 경험을 자연 물상에 거의 반사적으로 투사시키려는 유혹을 물리친다. 그는 자연을 왜곡하려는 자신의 잘못된 태도를 즉각 교정한 후, 나이팅게일을 우울의 표상으로 보려는 낡은 문학적 관습의 기원을 가설적으로 검토해 간다.

> 우울한 새라고? 오! 부질없는 생각이리!
> 자연 속에는 우울한 것이라고는 없다.
> 하지만 어떤 쓰라린 부당 행위의 기억,
> 또는 서서히 다가오는 언짢은 기분, 또는 무시된 사랑으로
> 가슴이 쓰라린, 밤에 헤매는 어떤 사람
> (그래서 만물을 그 자신으로 가득 채우고, 모든 부드러운 소리들이
> 그 자신의 슬픔에 관한 이야기를 되려 얘기하게끔 만든
> 가련한 자!)—그, 그와 같은 이가
> 처음으로 이 선율에 우울한 가락의 이름을 붙였었다.
> 그리고 많은 시인들이 그 기이한 생각을 반향하는 것이리. (14-23행)
>
> A melancholy bird? Oh! idle thought!
> In Nature there is nothing melancholy.
> But some night-wandering man whose heart was pierced
> With the remembrance of a grievous wrong,

>   Or slow distemper, or neglected love,
>   (And so, poor wretch! filled all things with himself,
>   And made all gentle sounds tell back the tale
>   Of his own sorrow) he, and such as he,
>   First named those notes a melancholy strain.
>   And many a poet echoes the conceit; . . . (*CPW* 1: 264)

이 구절에서 자연과의 그릇된 유대 관계를 대표하는 것으로 그려진 "밤에 헤매는 어떤 사람"은 자신의 슬픔을 자기 밖의 대상에 투사시킴으로써 대상을 왜곡시킨다. 그에게는 자기 밖의 모든 대상은 주관적 느낌과 공상을 채워 넣을 수 있는 단순한 도구에 지나지 않는다. 파괴적 이기주의 또는 러스킨(John Ruskin)의 이른바 '감상적 오류'(pathetic fallacy)에 사로잡혀 있는 이런 부류의 사람은 모든 부드러운 소리들까지 "그 자신의 슬픔에 관한 이야기를" 반향하게끔 만듦으로써 스스로를 가능한 기쁨의 원천으로부터 절연시키는 것이다. 워즈워스의 「주목(朱木) 자리에 남겨진 시」("Lines Left upon a Seat in a Yew-Tree," 1795)에서도 우리는 이와 흡사한 한 자기중심적 인간의 초상을 발견한다.

>   그리고 양치와 히드, 향나무와 엉겅퀴가
>   산재해 있는 이 불모의 바위들 위에다
>   내리깐 눈을 고정시킨 채, 그는 여러 시간 동안
>   이곳에서 자신의 헛된 삶의 표상을 좇으며,
>   병적인 즐거움을 키웠다. (28-32행)
>
>   And on these barren rocks, with fern and heath,
>   And juniper and thistle, sprinkled o'er,

> Fixing his downcast eye, he many an hour
> A morbid pleasure nourished, tracing here
> An emblem of his own unfruitful life: . . . (*WPW* 1: 93)

자기 밖의 대상을 주관적 기분의 거울로만 보려는 사람이 맨 처음 나이팅게일의 노래를 우울한 것으로 규정지었고, 이후의 시인들은 그러한 생각을 무비판적으로 답습해 온 것이다. 이들은 공상력의 소유자들로서 기왕의 고정되고 한정된 생각만을 반향할 뿐이다. 기존의 세계를 새롭고도 살아 있는 것으로 재창조하기 위해 그것을 "용해시키고 확산시키고 흩뜨리는"(*BL* 1: 304) 이차적 상상력의 소유자와는 달리, 그들은 연상의 법칙에 의해 이미 만들어진 자료만을 받아들이는 것이다. 진정한 시인은 관습적인 생각을 떨쳐버리고 "자기 주위의 살아 있는 사물들과 가치들의 세계 전체에 그 자신을 열어놓는"(Barth 1977, 85) 존재일 터이다.

> 그 시를 쌓아 올려 온 시인이
> 이끼 낀 숲의 골짜기에 있는 시냇가에서
> 햇빛이나 달빛을 받으며 사지를 쭉 뻗고서,
> 자신의 노래와 명성은 잊은 채,
> 형체들과 소리들과 변하는 요소들의 합류에
> 그의 온 영(靈)을 내맡겼더라면! 그러면 그의 명성은
> 자연의 불멸을 공유하게 될 텐데.
> 그 얼마나 훌륭한 일이겠는가! 그러면 그의 노래는
> 온 자연을 더 사랑스럽게 만들고, 스스로도
> 자연처럼 사랑받을 텐데! (24-34행)

> Poet who hath been building up the rhyme
> When he had better far have stretched his limbs
> Beside a brook in mossy forest-dell,
> By sun or moon-light, to the influxes
> Of shapes and sounds and shifting elements
> Surrendering his whole spirit, of his song
> And of his fame forgetful! so his fame
> Should share in Nature's immortality,
> A venerable thing! and so his song
> Should make all Nature lovelier, and itself
> Be loved like Nature! (*CPW* 1: 264-65)

자연과의 진정한 만남에는 무엇보다도 먼저 의식을 가진 인식 주체의 개방적인 태도가 선행되어야 한다. 그 첫 단계는 자연 한가운데에서 사지를 뻗음으로써 수용적 자세를 취하는 것이다. 그런 후 시인은 자연의 "형체들과 소리들과 변하는 요소들의 합류에/ 그의 온 영(靈)을 내맡"기고, 자신의 노래와 세속적인 명성 따위는 잊어야 한다. 자연의 언어에 대한 시인의 수용적 태도는 그의 시("그의 노래")를 풍요롭게 해 줄 것이고, 또 그의 시는 이번에는 자연을 보다 사랑스럽게 만들어 줄 것이다. 이처럼 시인과 자연이 서로를 갱신시킬 때만이 시인의 명성은 자연의 불멸성을 공유하게 될 것이다. 「리시더스」("Lycidas")에서의 밀튼과는 달리, 코울리지는 여기에서 세속적 명성을 넘어선 진정한 명성을 자연과의 결합에서 찾고 있다.

자연과 인간의 숭고한 조화에 대한 시인의 이같은 깨달음은 도시에서 자연과 절연된 채 감상성과 인위성으로 가득찬 시를 짓는 젊은 남녀 군상들에 대한 또 다른 비판으로 발전된다.

하지만 그리 되지는 않으리.
무도회장과 열기 띤 극장에서
봄의 깊어가는 황혼을 잃어버리는
가장 시적인 젊은이들과 처녀들은 여전히
온화한 공감으로 가득찬 채 필로멜라의 연민을 호소하는 가락 위로
틀림없이 그들의 한숨을 토해낼 것이리. (34-39행)

But 'twill not be so;
And youths and maidens most poetical,
Who lose the deepening twilights of the spring
In ball-rooms and hot theatres, they still
Full of meek sympathy must heave their sighs
O'er Philomela's pity-pleading strains. (*CPW* 1: 265)

　도시의 "무도회장과 열기 띤 극장에서/ 봄의 깊어가는 황혼을 잃어버리는" 젊은 남녀들은 자연 한가운데의 나이팅게일을 직접 체험해 보지도 않은 채 시를 쓴다. 그들은 그리스 신화에 나오는 필로멜라의 구슬픈 이야기에 바탕을 둔 종래의 문학적 관습을 되풀이함으로써 실제의 나이팅게일의 노래가 가져다 줄 수 있는 즐거움으로부터 스스로를 절연시킨다. 이들의 인위성은 수식어인 "가장 시적인"이라는 어구와 나이팅게일의 고전적 명칭인 "필로멜라"라는 단어에 의해 한층 강조되고 있다. 정체된 인위적 시 전통에 의존하는 이들은 사실상「나이팅게일에게」에서의 코울리지 자신의 모습이기도 하다. 이 감상적인 시에서 코울리지는 나이팅게일의 노래를 묘사하면서 아주 진지하게 "연민을 호소하는 가락"(pity-pleading strains)이라는 어구를 사용한 바 있다.

하지만 나는 네 목소리를 정말 듣고, 높은 가지를 눈여겨본다
그 가지의 달빛에 부드러워진 포근한 잎들 속에 숨은 채
너는 연민을 호소하는 가락을 구슬프게 지저귀는구나. (9-11행)

But I *do* hear thee, and the high bough mark,
Within whose mild moon-mellow'd foliage hid
Thou warblest sad thy pity-pleading strains. (*CPW* 1: 93)

이 인위적인 문학적 관습의 허구성을 강조하기 위해 시인은 2부 (40-49행)에서 나이팅게일의 노래를 포함한 자연의 목소리들이 언제나 사랑과 기쁨으로 충만되어 있다는 자신의 생각에 공감해 줄 사람들에게 자연스럽게 말을 건넨다.

내 친구여, 그리고 우리의 누이인 그대여! 우리는 다른 지식을
배워왔으니. 늘 사랑과 환희로 가득찬
자연의 감미로운 목소리들을 우리는 그렇게
모독하지 않으리! (40-43행)

My Friend, and thou, our Sister! we have learnt
A different lore: we may not thus profane
Nature's sweet voices, always full of love
And joyance! (*CPW* 1: 265)

이 시의 서두에서 "you"로 개괄되었던 시인의 친구와 누이, 그리고 시인은 나이팅게일의 노래를 포함한 자연의 목소리들이 언제나 사랑과 기쁨으로 충만해 있음을 함께 배워 왔다. 나이팅게일에 관한 최초의 구체적 묘사인 다음 시행들은 그들이 공유하는, 자연 세계의 기쁨에 대한

인식을 확증하고 있다.

>자기의 사랑의 영창(詠唱)을 내지르고
>또 그 모든 음악으로 가득찬 자기의 충만한 영혼을 풀어놓기엔
>4월의 밤이 그에게는 너무 짧으리라는 걸
>마치 두려워하기라도 하는 듯이,
>그 명랑한 나이팅게일은
>밀어닥쳐, 서둘러서는, 빠르고 쉰 재잘거림으로
>그의 달콤한 선율을 재촉하는구나! (43-49행)

>'Tis the merry Nightingale
>That crowds, and hurries, and precipitates
>With fast thick warble his delicious notes,
>As he were fearful that an April night
>Would be too short for him to utter forth
>His love-chant, and disburthen his full soul
>Of all its music! (*CPW* 1: 265)

이 구절에서 "사랑의 영창을 내지르고/ 또 그 모든 음악으로 가득찬 자기의 충만한 영혼을 풀어놓기엔/ 4월의 밤이 . . . 너무 짧으리라는 걸/ 마치 두려워하기라도 하는 듯이" 서둘러 노래하는 나이팅게일의 모습은 연속적인 월행(越行)에 의해 효과적으로 전달되고 있다. 1부에서 비판된 시인들과는 달리, 나이팅게일은 관습에 의해서가 아니라 자유롭게 노래한다. "내지르다"(utter forth), "풀어놓다"(disburthen) 같은 표현들은 나이팅게일의 노래가 보여주는 자연스러움과 자발성을 강하게 시사한다. 시인 역시 문학적 관습의 짐을 "풀어놓고" 자연의 언어에

스스로를 내맡김으로써 자연에서 발견되는 풍요로움과 기쁨을 찬미하는 그 자신만의 고유한 노래를 부를 준비를 갖춘 셈이다(Bernstein 344).

이러한 상태에서 시인은 3부(49-69행)에서 실제의 장경으로부터 상상에 의해 재창조된 기억 속의 한 장경으로 옮겨간다.

     그리고 나는 안다
고명한 영주가 살지 않는 거대한 성 바로 곁에 있는
광대하게 펼쳐진 작은 숲을. 그래서
이 작은 숲은 얽히고 설킨 총림(叢林)으로 야생 상태이고,
말쑥한 보도들은 망그러져 있고, 풀,
가는 풀들과 미나리아재비들이 길 안에서 자란다. (49-54행)

     And I know a grove
Of large extent, hard by a castle huge,
Which the great lord inhabits not; and so
This grove is wild with tangling underwood,
And the trim walks are broken up, and grass,
Thin grass and king-cups grow within the paths. (*CPW* 1: 265)

흔히 폐허가 된 중세의 성을 배경으로 삼는 고딕 소설(Gothic novel)의 분위기를 연상시키는 이 장경은 앞에서 강조된 바 있는 자연적인 것과 인위적인 것간의 대조의 또 다른 변주를 보여준다. 거대한 성과 근처의 잘 다듬어진 작은 숲은 인간의 노력이 가해진 인공물의 한 표상이다. 그러나 고명한 성주의 부재로 인해 성은 황폐해지고, 작은 숲은 애초의 야생 상태로 되돌아와 있다. 앞에서 시인이 문학적 관습의 제약을

떨쳐버렸듯이, 자연은 이제 인위적 제약에서 완전히 벗어나 있다. 이 풍요로운 여건 속에서 나이팅게일은 숲을 자연스럽고 아름다운 화음으로 가득 채울 수 있다.

> 하지만 어디에서도 한곳에서 그처럼 많은 나이팅게일들을
> 난 본 적이 없다. 그리고 멀리 또 가까이에서,
> 숲과 덤불 속에서, 넓은 작은 숲 위로,
> 승강이하며 또 변덕스럽게 논쟁하며
> 그들은 서로의 노래에 화답하고 또 노래를 유발시키고,
> 음악적이고 신속하게 적, 적 중얼거린다.
> 그러다 가장 감미로운, 낮게 지저귀는 한 소리가
> 너무 멋진 화음으로 대기를 휘저어
> 그대가 눈을 감는다면, 때가 낮이 아니라는 것도
> 거의 잊게 되리! 그 이슬 맺힌 작은 잎들이
> 반만 드러난, 달빛 비치는 숲에서
> 그대는 아마 잔가지 위에 있는 그들을 보게 되리
> 그들의 빛나는, 빛나는 눈들을, 빛나고 충만한, 반짝거리는
> 그들의 눈—그늘 속의 많은 개똥벌레들이
> 사랑의 횃불을 점화시키는 동안. (55-69행)

> But never elsewhere in one place I knew
> So many nightingales; and far and near,
> In wood and thicket, over the wild grove,
> They answer and provoke each other's song,
> With skirmish and capricious passagings,
> And murmurs musical and swift jug jug,
> And one low piping sound more sweet than all—
> Stirring the air with such a harmony,

> That should you close your eyes, you might almost
> Forget it was not day! On moonlight bushes,
> Whose dewy leaflets are but half-disclosed,
> You may perchance behold them on the twigs,
> Their bright, bright eyes, their eyes both bright and full,
> Glistening, while many a glow-worm in the shade
> Lights up her love-torch. (*CPW* 1: 265-66)

이 구절에서 나이팅게일들은 서로 자기 목소리를 자랑하듯 노래부르는 것으로 그려지고 있다. 플리니우스(Pliny) 같은 고대의 박물학자들이 주목했듯이 나이팅게일이 실제로 경쟁적 성격을 갖고 있는 것은 사실일 터이고, 또 이 구절은 중세에 유행했던 새들간의 대론시(對論詩)를 상기시키기도 한다(Randel 33-55). 그러나 보다 중요한 것은 이 새들이 서로 상호적 관계를 맺고 있다는 점이다. 한 나이팅게일의 부름에 대한 다른 나이팅게일의 화답은 이번에는 앞의 또는 다른 나이팅게일의 반응을 유발시킨다. 앞에서 "밀튼의 나이팅게일과 필로멜라가 코울리지에게 영감을 주지 제약하지는 않는 것처럼, 그들[나이팅게일들]도 서로에게 영감을 주지 제약하지는 않는다"(Bernstein 344).

시인은 이 나이팅게일들의 노래 중에서 특히 감미롭고 나지막이 지저귀는 한 소리의 효과에 주목한다. 대기를 휘저으면서 장경을 하나의 전체로 통합시키는 이 무척 멋진 화음으로 인해 현실은 이제 상상의 공간 속에서 변형되는 것처럼 보인다. 키츠(Keats)의 감각적 묘사를 상기시키는 위의 구절에서 전반부가 주로 청각적 이미지를 활용하는 데 비해, 후반부는 거의 전적으로 시각적 이미지에 의존하고 있다. 이 후반부에서는 나이팅게일의 눈의 반짝거림이 특히 강조되고 있는데, 그 반짝거리는 눈들은 1부에서의 흐릿한 별들과 대조되면서 그것들을 대체하고 있다. 남성으로 묘사된 바 있는 나뭇가지 위의 나이팅게일들의 반짝거리는 눈에 응답이라도 하는 듯이, 여성으로 묘사되고 있는 땅 위의 개똥벌레들이 그들의 "사랑의 횃불"을 점화시키고 있음도 주목할 만하다.

우주의 다양한 부분들이 조화를 이루는 이 순간은 나이팅게일과 영교(靈交)하는 능력을 가진 한 "온화한 처녀"에 관한 4부(69-86행)의 묘사에서 한층 더 인상적인 표현을 얻는다.

성 바로 근처의
환대적인 집에 살면서, 바로 요 근래 저녁에
(작은 숲의 자연 이상의 것에 서약한
헌신적인 숙녀와 아주 흡사하게도)
오솔길을 뚫고 미끄러져 가는
무척 온화한 처녀. 그녀는 그들의 온갖 선율을 안다
그 온화한 처녀! 그리고 종종, 한순간,
달이 구름 뒤에 가려졌을 때
잠시 동안의 침묵을 들었다. 그러면 마침내 달이
떠오르면서 하나의 감각으로
대지와 하늘을 깨웠고, 그 불면의 새들은
마치 어떤 갑작스런 질풍이 한꺼번에
백 개의 경쾌한 풍명금을 탄주했듯이 시가(詩歌)를 합창하며
쏟아냈었다! 그리고 그녀는 주시했다
수많은 나이팅게일이 미풍으로 여전히 흔들거리는
꽃 핀 가지 위에 현기증 나게 앉아,
비틀거리는 머리로 휘청거리는 술 취한 환희처럼
그 움직임에 맞춰 분방한 노래를 조율하는 것을. (69-86행)

       A most gentle Maid,
Who dwelleth in her hospitable home
Hard by the castle, and at latest eve
(Even like a Lady vowed and dedicate
To something more than Nature in the grove)
Glides through the pathways; she knows all their notes,
That gentle Maid! and oft, a moment's space,
What time the moon was lost behind a cloud,
Hath heard a pause of silence; till the moon
Emerging, hath awakened earth and sky
With one sensation, and those wakeful birds
Have all burst forth in choral minstrelsy,
As if some sudden gale had swept at once
A hundred airy harps! And she hath watched
Many a nightingale perch giddily
On blossomy twig still swinging from the breeze,
And to that motion tune his wanton song
Like tipsy Joy that reels with tossing head. (*CPW* 1: 266)

 여기에서 처녀는 시인이 1부에서 깨달은 자연 속의 기쁨이라는 메시지를 극적으로 보여주는 대리적 자아이다. 크리스타벨(Christabel) 또는 「사랑」("Love," 1799)에서의 지니비에브(Genevieve)에 비견될 이 낭만적 처녀는 시인이 갈망하는 비전의 황홀경을 실제로 체험하는 인물로 그려지고 있다. "무척 **온화한 처녀**"(most *gentle* Maid), "[그녀의] **환대적인 집**"(her *hospitable* home)(고딕체 및 이탤릭체는 필자의 것) 같은 어구가 시사하듯이, 그녀는 자아 밖의 존재에게 사심 없이 자신을 내줄 수 있는 능력을 소유하고 있다. 그런 점에서 그녀는 「내 감옥, 이 보리수 그늘」에서 찬미된 바 있는 진정으로 "현명하고 순수한 이"이다.

그녀는 새들의 합창에 매혹되어 밤중에 오솔길 사이를 미끄러져 간다. 이 처녀가, 또한 그녀를 통해 시인과 우리 독자가 경험하는 비전의 순간은 단순한 자연에 관한 그것만은 아니다. "(작은 숲의 자연 이상의 것에 서약한/ 헌신적인 숙녀와 아주 흡사하게도)"라는 어구는 처녀의 경험이 성사적(聖事的) 의미를 갖고 있음을 시사한다. 일종의 여사제 또는 여신도로서의 그녀는 자연을 통해 그 너머의 신성한 존재와의 합일을 성취하는 것이다.

맨 처음 달이 구름에 가려질 때, 그녀는 "잠시 동안의 침묵"을 듣는다. 침묵을 들을 수 있는 역설적인 능력은 코울리지가 「은거지를 떠난 데 대한 명상」("Reflections on Having Left a Place of Retirement")에서 주목했듯이, 가슴과 영혼으로 듣는 사람에게나 주어지는 드문 능력이다. 또한 그 침묵은 사실상 보다 큰 기쁨으로 침묵에 뒤이은 노래를 들을 수 있게 해준다. 루벤스타인(Jill Rubenstein)이 적절하게 지적하듯이, 뒤따르는 "봄의 소나기"로 인해 "별들의 흐릿함"에서 "하나의 즐거움"을 발견할 수 있는 것과 같이, 일시적 침묵은 그것에 뒤이은 보다 강렬한 화음으로 인해 소중히 간직되어야 하는 것이다(59).

달이 가려졌을 때 침묵을 지켰던 나이팅게일은 달이 떠오르면서 "하나의 감각"으로 대지와 하늘을 깨우자 아름다운 합창으로 달을 맞이한다. 3부에서 강조된 바 있는 나이팅게일들간의 상호적 관계는 달과 나이팅게일들 간의 그것으로 확장된다. 처녀와 나이팅게일간의 영교 장면, 그리고 나이팅게일이 미풍으로 흔들리는 "꽃핀 나뭇가지" 위에 앉아 그 리듬에 맞춰 "분방한 노래"를 조율하는 모습은 자연과 인간을 포함한 우주의 다양한 요소들이 조화를 이루고 있음을 극적으로 보여주는 상징적 비전의 순간이다. 시각적 차원에서의 달의 영향력이 나이팅게일들의 청각적 반응을 일깨운다는 사실도 이런 맥락에서 볼 때 무척 뜻깊다(Everest 289). 달과 나이팅게일들간의 상호 작용을 선명히 하기 위해 시인이 사용한 바람과 풍명금간의 관계에 관한 유추는 우리로 하여금 「풍명금」에서의 우주적 조화의 순간을 쉽게 떠올리게 해준다.

오! 모든 움직임을 만나 그 영혼이 되는
우리 안팎의 전일한 생명이여,
소리 속의 빛, 빛 속의 소리 같은 힘,
모든 생각 속의 리듬, 그리고 도처의 환희—

O! the one Life within us and abroad,
Which meets all motion and becomes its soul,
A light in sound, a sound-like power in light,
Rhythm in all thought, and joyance every where— (CPW 1: 101)

우주의 다양한 요소들간의 조화를 가능케 하는 "전일한 생명"의 표현을 지각하는 이러한 순간의 분위기는 「나이팅게일」에서는 무척 흥겨운 것으로 그려지고 있다—"비틀거리는 머리로 휘청거리는 술 취한 환희처럼." 밀튼의 「명랑한 사람」("L'Allegro," 136, 139-41행)과 『코머스』(Comus, 102-04행)의 몇몇 구절을 연상시키는 "현기증 나게"(giddily), "분방한"(wanton), "술 취한"(tipsy), "비틀거리는"(tossing) 등의 단어들은 처녀가 경험하는 이 고양된 인식의 순간이 디오니소스적 기쁨으로 가득찬 것임을 시사한다. 달빛과 바람의 움직임에 스스로를 내맡기는 나이팅게일들의 기쁨에 찬 자발성은 "온화한 처녀"의 그것과 더불어 1부에서 비판된 바 있는 젊은이들의 인위적인 감상성과 뚜렷하게 대조되고 있다.

  시인을 이 시의 클라이맥스인 상징적 비전의 순간으로 인도했던 상상 속의 나이팅게일은 이 시를 마무리짓는 5부(87-110행)에서는 실제의 나이팅게일로 바뀌어지고, 시인은 이끼 낀 다리 위에서 함께 멈춰서 있던 친구와 그의 누이에게 작별을 고한다.

    안녕, 오 지저귀는 새여! 내일 저녁까지,
    그리고 내 친구들인 그대들이여! 안녕, 잠시 안녕!
    우린 오랫동안 즐겁게 빈둥거렸고,
    이젠 우리의 소중한 집으로 갈 시간.—저 가락이 다시 들리는구나!
    아주 열심히 그건 나를 잡아두려 하는구나! 어떤 소리도
    똑똑히 낼 수 없으면서, 따라하는 혀 짧은 소리로
    모든 걸 망쳐놓는 내 소중한 아기,
    녀석은 귀에다 손을 대고
    작은 손, 작은 집게손가락을 들어 올려
    우리보고 들으라고 명하는구나! 그를 자연의 놀이 친구로
    만드는 건 현명한 일이리라. 그는 금성을
    잘 알지. 그리고 언젠가는 아주 고통스러운 기분에서
    그가 잠에서 깨어났을 때(어떤 내적 고통이
    그 이상한 일, 아기의 꿈을 만들었었던 모양이었다)
    나는 그와 함께 서둘러 과수원 터로 갔었고,
    그는 달을 보고는 즉시 조용해져
    흐느낌을 멈추고 말없이 웃었다.
    그러면서 눈물이 그렁그렁해진 예쁜 눈은
    노란 달빛 속에서 반짝거렸다! 그래!—
    그건 아버지 되는 사람이나 하는 이야기지. 하지만 만일 저 하늘이
    내게 생명을 준다면, 그 애의 어린시절은 이 노래들에

친숙해질 테고, 그는 기쁨을 밤과
결부시킬 수 있겠지.―한 번 더, 안녕,
감미로운 나이팅게일이여! 한 번 더, 내 친구들이여! 안녕. (87-110행)

> Farewell, O Warbler! till to-morrow eve,
> And you, my friends! farewell, a short farewell!
> We have been loitering long and pleasantly,
> And now for our dear homes.—That strain again!
> Full fain it would delay me! My dear babe,
> Who, capable of no articulate sound,
> Mars all things with his imitative lisp,
> How he would place his hand beside his ear,
> His little hand, the small forefinger up,
> And bid us listen! And I deem it wise
> To make him Nature's play-mate. He knows well
> The evening-star; and once, when he awoke
> In most distressful mood (some inward pain
> Had made up that strange thing, an infant's dream—)
> I hurried with him to our orchard-plot,
> And he beheld the moon, and, hushed at once,
> Suspends his sobs, and laughs most silently,
> While his fair eyes, that swam with undropped tears,
> Did glitter in the yellow moon-beam! Well!—
> It is a father's tale: But if that Heaven
> Should give me life, his childhood shall grow up
> Familiar with these songs, that with the night
> He may associate joy.—Once more, farewell,
> Sweet Nightingale! once more, my friends! farewell. (*CPW* 1: 266-67)

마치 상상 속의 처녀와 나이팅게일의 허구적 맥락을 새삼 깨닫기라도 한 양, 시인은 자신과 직접적인 혈연 관계를 맺고 있는 아기에게 초점을 맞춤으로써 보다 현실적인 맥락을 확립하는 것처럼 보인다(Mileur 52). 앞에서 처녀와 나이팅게일이 상상 속에서 생명의 전일성을 입증했다면, 시인의 아기의 행위는 현실 속에서의 그것을 예시하고 있다.

시인의 아기는 나이팅게일의 노래뿐만 아니라 달의 영향력에도 예민한 반응을 보인다. 처녀-나이팅게일, 그리고 나이팅게일-달의 관계는 이제 아기-나이팅게일, 그리고 아기-달의 관계로 변주되고 있다. 물론 아기는 아직은 어떤 소리도 똑똑히 발음하지 못하고 혀 짧은 소리로 모방하는 미숙한 존재이다. 그러면서도 그는 자기 주위의 아름다움에 예민하게 반응하면서 어른들에게 그 아름다운 소리에 귀를 기울이라고 명한다.

한층 더 놀라운 것은 이 아기는 1부의 "밤에 헤매는 어떤 사람"과는 대조적으로 자신의 불행 속에서조차 달로 대표되는 자연의 유익한 치유력을 체험한다는 점이다. 시인은 언젠가 아주 고통스러워하면서 잠에서 깨어나 흐느끼는 아기를 과수원 터로 데려갔던 일을 회상한다. 이때 아기는 달을 보고는 즉시 조용해져 흐느낌을 멈추고 말없이 웃는다. 아기의 슬픔이 기쁨으로 바뀌어지는 과정에 대한 이 묘사는 앞에서 강조된 자연과 인간의 조화로운 전일성을 보여주는 또 하나의 사례이다. 자연의 "형체들과 소리들과 변하는 요소들의 합류에/ 그의 온 영을 내맡"김으로써 평정을 회복하는 아기는 진정한 의미의 시인이고 또 "어른의 아버지"일 수 있다. 『문학적 전기』(Biographia Literaria)의 한 구절은 어린이의 이러한 감수성을 시인의 기본 요건이자 천재성의 징표로 기술하고 있다.

> 어린시절의 감정들을 성인시절의 힘 속으로 옮겨오는 것, 어린이의 경이감과 신기한 것에 대한 느낌을 아마 40년 동안 나날이 친숙해져버린 현상들과 결합시키는 것. . . . 이것이 천재의 특성이자 특권이고, 천재성을 재능과 구별짓는 징표의 하나이다. (1: 80-81)

"친숙함의 피막"으로 인해 사물들을 새롭게 보지 못하는 성인과는 달리, 어린이는 사물들에 대한 경이에 찬 반응을 보인다. 따라서 그는 아직은 자기 밖의 대상에 주관적인 느낌과 공상을 투사시킴으로써 대상을 왜곡하는 파괴적 이기주의에서 벗어나 있다. 앞의 시행들에서 묘사된 아기의 반짝거리는 눈은 3부에서의 나이팅게일들의 빛나는 눈과 더불어 주위 세계에 대한 경이에 찬 반응을 증거한다. 아기의 아버지인 시인을 포함한 성인이 고통스러운 경험을 통해, 또는 고양된 인식의 순간에나 깨닫는 바를 아기는 본능적으로 또 직관적으로 알아가면서 자라날 것이다(Rubenstein 60).

마치 자신의 아기에 관한 일화에 대해 독자들이 보일 수 있는 냉소적 반응을 시인이 의식하고 있는 듯한 이후의 결미부는 1부에서 강조된 바 있는 자연 속에서의 성장의 중요성을 다시금 역설한다. 「내 감옥, 이 보리수 그늘」의 서두에서처럼 짐짓 애상적 제스처를 보이는 시인은 아기가 나이팅게일의 노래에 친숙해지고 밤과 기쁨을 결부시키게끔 자라나서, 궁극적으로 그 자신이 경험한 비전을 공유할 수 있기를 기원한 후, 다시 한번 나이팅게일과 친구들에게 작별을 고한다. 이 작별 인사 속에서 자연과 인간 세계는 서로 친근한 관계를 맺는다. 커런(Stuart Curran)이 적절하게 지적하듯이, 이 작별 인사는 헤어질 때의 의례적인 행위로 그치지 않고 또 다른 의미의 "축복, 즉 자연과 인간 세계가 서로 교섭하는 가운데 계속 잘 지내게(fare well) 될 것이라는 보장"(109)이기도 한 것이다.

앞에서도 언급했듯이, 이 시에서 코울리지가 당시에 널리 유행하던 나이팅게일이라는 관습적 제재를 다루고 있음은 분명하다. 더욱이 이 시의 여러 부분이 우울시의 원형이라 할 수 있는 밀튼의 「우울한 사람」을 비롯한 여러 시편들의 어구와 생각을 반향하고 있는 점 또한 사실이다. 그러나 그는 이 전통적인 모티프를 참신한 시각에 근거한 독특한 자연 친화의 정서를 표현하기 위해 기쁨의 상징으로 활용함으로써, 이 시를 공상력에 토대를 둔 관습적인 우울시가 아니라 생명의 전일성이 지각될 수 있는 상징적 비전의 순간을 구현하는 짜임새 있는 시적 양식으로 만들고 있다. 그 과정에서 시인은 그가 『문학적 전기』에서 강조해 마지 않던 상상력의 힘을 입증하고 있다. 상상력이야말로 친숙함의 피막이 그 신선함을 고갈시켜 버린 "형상들과 사건들과 상황들의 주위에 이상적 세계의 색조와 분위기를, 또한 그 세계의 깊이와 높이를 펼쳐내는 독창적 재능"(BL 1: 80)인 것이다.

COLERIDGE

제2부 '초자연' 시편들

- 영혼의 여정: 「노수부의 노래」
- 악의 경험: 「크리스타벨」
- 시인과 창조적 상상력: 「쿠블라 칸」

영혼의 여정: 「노수부의 노래」

1

 코울리지의 「노수부의 노래」("The Rime of the Ancient Mariner," 1797)는 영어로 씌어진 가장 매력적인 설화시 중의 하나로서, 오늘날 많은 사화집에서 가장 빈번히 수록되고 있을 뿐만 아니라 여러 층위에서의 학문적 탐구가 활발하게 이루어지고 있는 작품이다. 실제로 우리가 이 시를 읽어가면서 확인하는 것은 이 시에서 다루어지고 있는 주제들의 폭과 깊이가 무척 넓고 깊다는 것이다. 죄-징벌-속죄의 과정, 인간의 자유 의지와 필연성의 관계, 예술-삶 그리고 예술가-예술 작품-독자의 관계, 의기소침 또는 병리적 비참 등에 관한 심리학적 주제, 재생 원형, 비의적(秘義的) 상징주의 등의 주제 또는 쟁점들은 이 시의 풍요성을 더하면서 그 명성을 드높이는 데 기여해 왔다. 본문과 산문 방주의 관계, 교훈적 결미 등과 관련된 구조적 문제들 또한 많은 관심과 논의의 대상이 되어 온 것이 사실이다.
 그렇지만 이 시의 초자연적 스토리와 요소들, 그리고 기이한 스타일 등을 쉽사리 받아들이지 못했던 초기의 비평가들에게는 이 시는 일관성 있는 해석을 불가능하게 하는 모호하고 실망스러운 실패작으로 간주되었다. 특히 워즈워스의 비교적 친숙한 시편들과는 대조적으로 이 시가 『서정시집』(*Lyrical Ballads*)에 처음 발표된 당시에는 통용되지 않던 폐어들의 사용, 고어체 철자법, 그리고 어색하게 도치된 구문 등의 문체상의 기이성뿐만 아니라 노수부의 기이하고 초자연적인 경험이 주는 이질감은 이 시에 대한 평가를 부정적인 방향으로 이끌 수밖에 없었다. 당대의 비평가들에게는 이 시의 기이한 스타일뿐만 아니라 꿈의 특질을 갖고 있는 내용 자체도 일관성 없고 이해 불가능한 당혹스러운 것이었다. 이 시가 처음 발표된 지 100년 가까이 지난 시점에도 한 비평가가 이 시를 「쿠블라 칸」 및 「크리스타벨」과 더불어 "비정상적인 여건 하에 있던 비정상적인 본성을 지닌 이의 비정상적인 산물"(Walsh 116에서 재인용)이라고까지 주장했을 정도로, 이 시는 한동안 합리적인 이해나 분석이 불가능한 작품으로 평가되어 왔다.

지금까지의 많은 논의들 또한 특정한 시각에서 특정한 측면들을 집중적으로 조명하거나, 이 시의 핵심 구절들에 근거하여 지나치게 단순한 해석을 시도해 왔고, 그 과정에서 전체적인 맥락을 소홀히 취급해 온 것처럼 보인다. 특히 이 시의 5부와 6부의 몇몇 세부들은 그 모호성과 난해성으로 인해 충분히 일관성 있게 해명되지 못한 상태이다. 따라서 이 글은 자신이 저지른 죄로 인해 고통받으면서 '영혼의 어두운 밤'을 거쳐 부분적 구속(救贖)에 이르는 한 노수부의 영혼의 여정이라는 측면에서 이 시를 살펴봄으로써 이 시의 내적 일관성을 확인함과 동시에 모호하고 난해한 초자연적 스토리와 요소들을 보다 이해 가능한 것으로 만들고자 한다. 이같은 시도는 "가시적인 자연"뿐만 아니라 "비가시적인 자연," 나아가서는 "보다 크고 보다 나은 세계의 이미지"(*CPW* 1: 186)에 관한 사색을 가능케 한 코울리지의 강력한 상상력을 "균형 감각"을 갖고 살펴보려는 노력에 다름아닙니다.

2

 이 시의 서두는 전통적인 밸러드의 방식을 따라 한 노수부가 "결혼 잔치에 초청된 세 활량들" 중 한 사람을 멈춰 세우는 극적인 장면으로 시작된다. 신랑의 가까운 인척으로서 결혼 잔치의 "명랑하고 시끌벅적한 소리"가 대표하는 사회적 즐거움에 관심이 있는 하객은 처음에는 긴 잿빛 수염과 반짝거리는 눈과 말라빠진 손을 가진 노수부의 제지를 못마땅히 여겨 그를 "잿빛 수염의 건달"이라고까지 모욕하면서 자기에게서 손을 떼라고 소리치지만, 곧 노수부의 "반짝거리는 눈"에 사로잡혀 "세 살 먹은 아이마냥" 귀를 기울이지 않을 수 없다. 여기에서의 노수부의 신체적 특징은 그가 앞으로 상술하게 될, 고통으로 점철된 긴 여정과 그 과정에서 얻은 그의 깨달음을 반영한다. 코울리지 자신의 "커다란 잿빛 눈"(Cooper 68-69)을 상기시키는 최면적인 눈으로 하객을 수동적인 상태에 가둔 후, 노수부는 상서롭게 시작되지만 곧 재난으로 가득차게 될 자신의 항해에 관한 간결한 설명을 이어나간다.

   배는 환호 속에, 항구를 벗어났고,
   명랑하게 우리는 사라져갔소
   교회당 아래로, 언덕 아래로,
   등대 꼭대기 아래로. (21-24행)

   The ship was cheered, the harbour cleared,
   Merrily did we drop
   Below the kirk, below the hill,

Below the lighthouse top. (*CPW* 1: 187)

 노수부가 탄 배는 그가 속한 공동체의 사람들의 환호 속에서 즐겁게 출항한다. 그는 다른 선원들과 함께 하나의 집단에 속해 있고, 그들 모두는 점차 교회와 언덕과 등대가 대표하는 공동체 생활의 친숙한 기념물들을 벗어나 "관습적 도덕률과 종교적 의식(儀式)의 영역 아래로," "상식과 합리적 이해의 빛 아래로"(Mellor 1980, 138) 떨어져 간다. 지리적으로는 배가 수평선 아래로 떨어졌음을 알려주는 위의 구절은 동시에 노수부를 포함한 선원들이 물리적 인과성과 이성 및 논리의 법칙들이 지배하는 일상적 의식의 세계를 벗어났음을 시사한다.

 노수부가 자신들이 탄 배가 순풍과 좋은 날씨의 도움을 받으며 남쪽으로 항해하다 적도에 이르렀음을 설명하는 도중에, 결혼식 하객은 축혼 음악인 "커다란 바순" 소리를 듣고 결혼 잔치가 대표하는 흥겨운 일상적 세계로 돌아가고픈 유혹을 느끼지만 노수부의 항해 이야기를 듣지 않을 수 없다. 노수부가 탄 배는 갑작스럽게 "포악하고 강력한" 폭풍우의 "급습하는 날개"에 쫓겨 남극까지 몰려간다. 여기에서 배를 극지로 몰아가는 폭풍우는 마치 나름의 생명과 의지를 갖고서 희생 제물을 추적하는 악령 또는 육식조의 이미지로 그려지고 있는데, 이것은 앞으로 노수부가 경험하게 될, 초자연적인 작인들로 가득찬 세계를 예고하고 있다. 노수부가 폭풍우에 의해 쫓겨 다다른 곳은 연무와 눈과 얼음으로 가득찬 세계이다.

   그리고 그때 연무와 눈이 닥쳐왔고,
   놀랄만큼 날씨가 추워졌소.
   그리고 돛대 높이의 빙산이 떠왔소

에머럴드처럼 녹색인 빙산이.

그리고 흩날리는 눈바람 속에서 눈 덮인 빙산 조각들은
음산한 빛을 발했소.
사람들이나 짐승의 형체들도 보이지 않고—
온통 빙산뿐이었소.

여기도 빙산, 저기도 빙산,
사방에 빙산뿐이었소.
그것은 깨어지며 으르렁거렸고, 노호하고 짖어댔소
혼절할 때의 소음처럼! (51-62행)

And now there came both mist and snow,
And it grew wondrous cold:
And ice, mast-high, came floating by,
As green as emerald.

And through the drifts the snowy clifts
Did send a dismal sheen:
Nor shapes of men nor beasts we ken—
The ice was all between.

The ice was here, the ice was there,
The ice was all around:
It cracked and growled, and roared and howled,
Like noises in a swound! (*CPW* 1: 188-89)

연무와 눈과 얼음의 세계인 이곳은 노수부와 동료 선원들의 일상적 삶과는 동떨어진 낯선 미지의 세계이다. 이 극지의 세계는 "에머럴드처럼 녹색"인 빙산으로 잠시 우리의 경이감과 찬탄을 자아내지만, 그보다는 거대한 형상과 음산한 빛과 가공할 소음으로 우리를 섬뜩한 공포와 혼란 속으로 몰아넣는 곳이다. 위협과 공포의 느낌을 안겨주는 전율적인 자연 묘사는 이곳이 인간 정신이 오래 견뎌낼 수 없는 "극단들, 절대적 고립의 장소"(Fogle 1974, 40)임을 부각시킨다. 이 구절에서 특히 빈번하게 그리고 효율적으로 활용된 고어체 표현들 또한 이 세계의 비일상성을 강조하는 데 이바지하고 있는 것처럼 보인다. 마치 분노한 괴물처럼 깨어지면서 으르렁거리고 노호하고 짖어대는 빙산은 앞에서 언급된 "급습하는 날개"를 가진 폭풍우와 더불어 "각 사물이 그 나름의 생명을 갖고 또 '눈에는 눈'의 법칙이 지배하는 . . . 엄혹한, 애니미즘적 세계"(Schulz 56)를 뚜렷하게 보여주는 요소들이다. 노수부는 이제 흥겨운 소리와 명랑한 무리들로 가득찬 결혼 잔치와는 대조적인, "그의 두 지옥 중 첫 번째 지옥, 즉 눈부신 빙산과 공포스런 소음들이 있는, 황량한 바다의 극도의 추위"(James 157) 속으로 떨어진 것이다.

인용된 구절의 마지막 행은 노수부가 경험한 악몽 같은 세계와 관련하여 우리의 관심을 끈다. 빙산이 깨어질 때 나는 요란한 소리들을 강조하기 위해 코울리지는 『서정시집』 초판본(1798)에서는 "Like noises *of* a swound"라고 표현했지만 많은 독자들과 서평자들에 의해 뜻이 통하지 않는다는 비판을 받았고, 1800년판에는 그것을 "A wild and ceaseless sound"로 개정했다. 그러나 뒷날의 시집들에서 그는 다시 그 어구를 "Like noises *in* a swound"로 재개정했다. 로우즈(Lowes)는 "in a swound"라는 어구가 혼절 또는 혼절 때의 발작만이 아니라, "사람이 혼절 상태에서 깨어날 때의 의식의 문들," 즉 사람이 초자연적인 것을 인식할 때의 "낯선 공포와 현실로부터의 비지상적 초연함의 그 림보(limbo)"를 지칭한다는 점을 지적한다(136). 따라서 코울리지가 "of a swound"로부터 "in a swound"로 개정한 것은 그가 1800년 이후에 노수부가 처한 여건을 보다 잘 이해하게 되었고 따라서 독자로 하여금 노수부 자신이 경험한 악몽 같은 세계를 보다 직접적으로 경험하게끔 인도하려 했음을 시사하는 것이라고 볼 수 있다(Magnuson 57).

공포로 가득찬 이 악몽 같은 세계에 마치 하늘로부터의 메신저인 양 앨버트로스가 나타나 노수부와 선원들을 극지의 고립에서 벗어나게 하는 한 계기를 제공한다.

마침내 앨버트로스 한 마리가 건너왔소,
안개를 뚫고 그것은 왔소.
마치 그것이 그리스도교인인 것처럼
우리는 하느님의 이름으로 그것을 환호해 맞았소.

그것은 전에는 먹어본 적 없는 먹이를 먹었고,
주위를 빙빙 날아다녔소.
빙산이 천둥치듯 급작스럽게 쪼개졌소.
키잡이가 그 사이를 뚫고 우리 배를 몰아갔소!

그리고 이로운 남풍이 뒤에서 솟아올랐소.
앨버트로스도 뒤따라왔고,
날마다, 먹이나 놀이를 찾아,
수부들의 어이 소리에 응답해 왔소!

연무와 구름 속에, 돛대나 밧줄 위에,
그것은 아홉 저녁 동안 자리잡고 있었소. (63-76행)

> At length did cross an Albatross,
> Through the fog it came;
> As if it had been a Christian soul,
> We hailed it in God's name.
>
> It ate the food it ne'er had eat,
> And round and round it flew.
> The ice did split with a thunder-fit;
> The helmsman steered us through!
>
> And a good south wind sprung up behind;
> The Albatross did follow,
> And every day, for food or play,
> Came to the mariner's hollo!
>
> In mist or cloud, on mast or shroud,
> It perched for vespers nine; . . . (*CPW* 1: 189)

낯설고 위협적인 이 황량한 세계 속으로 안개를 뚫고 신비스럽게 나타난 앨버트로스는 무엇보다도 생명의 유일한 대표자로서 노수부와 동료 선원들의 고립을 누그러뜨린다. "마치 그리스도교인인 것처럼" "하느님의 이름으로" 환호되고 "큰 기쁨과 환대로" 맞아진 그 새는 선원들이 먹는 음식을 나누어먹고 함께 놀며 저녁 기도를 함께 한다. 앨버트로스는 선원들과 우호적인 관계를 맺고 그들의 환대를 즐기는 새로서 인간적인 질서 및 신성한 질서와 연관되는 존재로 그려지고 있으며, 이 구절에 대한 산문 방주는 바로 이 연관을 강조하고 있는 것처럼 보인다. 앨버트로스가 도착한 이후 "빙산이 천둥치듯 급작스럽게 쪼개졌고,/ 키잡이는 그 사이를 뚫고" 배를 몰아간다. 그렇다면 이 새는 노수부와 동료 선원들에게는 공포스런 세계의 동반자인 "길조의 충실한 새"로서 하느님에 의해 창조된 우주의 자애로운 질서 또는 신성함을 나타내는 표상일 수 있다. 이 구절에 빈번히 나타나는 기독교적 함축들은 이 새가 단순히 큰 날개를 가진 생물일 뿐만 아니라 인간들과 거룩한 친교를 나누는 생명과 사랑의 새임을 강조한다.

따라서 노수부의 앨버트로스 살해는 "환대의, 보은의, . . . 그리고 성스러움. . .의 위반을 수반하"는 "한 살해, 그것도 특히 가증스런 한 살해"(Warren 361)일 수밖에 없다. 이 시의 5부에서 한 정령이 동료 정령에게 "연무와 눈의 나라에 사는 정령"이 "활로 자신을 쏜 사람을 사랑했던 그 새"(404-05행)를 사랑했다고 말할 때, 그는 바로 노수부가 스스로 먼저 그들간의 사랑과 영교의 유대를 파괴했음을 강조하고 있다. 노수부의 앨버트로스 살해는 1부의 결미의 짧은 시행들 속에서 질문과 답변의 형식을 통해 극적으로 제시된다.

"하느님이 그대를 구원하시길, 노수부여!
그대를 이처럼 괴롭히는 악령들로부터!—
왜 그대는 그런 표정이오?"—십자궁(十字弓)으로
나는 **앨버트로스**를 쏘았소. (79-82행)

'God save thee, ancient Mariner!
From the fiends, that plague thee thus!—
Why look'st thou so?'—With my cross-bow
I shot the ALBATROSS. (*CPW* 1: 189)

이 구절에서는 노수부가 앨버트로스를 살해한 동기는 전혀 언급되지 않는다. 코울리지는 의도적으로 노수부의 행위의 동기나 원인에 대한 어떤 설명도 제공하지 않는다. 그는 결혼식 하객과의 간략한 대화 속에서의 밋밋한 사실적 진술을 통해 노수부의 살해 행위를 밝힘으로써 살해 동기에 관한 추측들을 방해하고 그 행위의 동기 없음을 의식적으로 강조하고 있는 것처럼 보인다. 이 부분에 관한 산문 방주 또한 노수부가 "길조의 충실한 새를 환대의 법칙에 어긋나게 살해"했다는 것 이상을 말하고 있지 않다. 결혼식 하객이 노수부의 얼굴 위에 점차 깊어가는 공포의 표정을 알아차리고 그에게 그 이유를 물어볼 때에야 노수부는 자신이 십자궁으로 그 새를 살해했음을 급작스럽게 실토하는데, 우리는 노수부의 모습과 행태에서 그 새의 살해가 그처럼 두렵고 죄스런 일임을 새삼 확인하게 된다. 어쩌면 노수부는 동기나 이유가 없고 설명 불가능한 자신의 앨버트로스 살해를 실토하는 것을 가능한 한 미루고 싶어했는지도 모른다.

　노수부의 앨버트로스 살해는 분명히 악의적이거나 고의적인 것이 아니다. 그는 아무 생각 없이 십자궁을 들어 자신을 포함한 선원 모두에게 우호적인 새를 쏘고, 그럼으로써 인간과 자연 세계간의 영교의 유대를, 나아가서는 "전일한 생명"(one Life)의 성스러움을 파괴한다. 그것은 우주의 자애로운 질서에 맞서 자아의 우월성을 단언하는, "본질적으로 생각 없음의, 정신과 양심의 나태함의 한 행위"(Bate 1968, 59)이다. 요컨대 그것은 노수부의 영혼의 공허한 상태를 보여주는 충동적 행위로서, 사랑과 생명의 우주적 공동체를 부수는 "상상력의 한 실패, 살아 있는 영의 한 부정"(Fogle 1974, 40)인 것이다. 따라서 노수부의 상상력이 그의 영혼과 "전일한 생명"간의 연계를 회복시킬 때까지 그는 영적 메마름의 시련을 견뎌내지 않으면 안된다.

노수부의 이같은 생각 없는 "방자한 자기 충족성"(D. W. Harding 54)은 결국 그 자신의 의지력이 파괴되어 있음을 입증하고, 그런 점에서 그는 워즈워스가 『서정시집』 재판본(1800)에 수록된, 이 시에 대한 주(註)에서 일찍이 지적한 바 있듯이, 능동적으로 "행위하지 않고" 수동적으로 "행위를 받는"(Lowes 475; Mason 39-40) 인물이다. 코울리지는 자신의 말타(Malta) 항해 도중에 파도와 험한 날씨를 피해 뱃전에 앉으려는 매를 선원들이 화살로 잔인하게 쏘아대는 광경을 목격한 후 "인간 속에 깃든 기이한 살해 욕구"에 경악하면서 그들의 행동을 "생각 없음에서 나온 무감각"(CN 2: 2090)이라고 비판한 바 있다. 노수부의 앨버트로스 살해는 따라서 자신의 행위의 결과나 의미에 관해 생각할 수 없는 무능력에서 비롯된 자아의 파괴이다. 코울리지는 『정치가의 편람』(The Statesman's Manual)에서 이성과 종교 그리고 의지의 관계를 설명하면서 스스로를 통어할 수 없는 정신의 무능력 또는 "그 자체 속에서만 행동의 유일한 절대적 동기를 발견하는" 인간적 의지의 "무자비한 전제(專制)"(LS 65)야말로 악의 근원임을 밝힌 바 있고, 실제로 「노수부의 노래」를 쓰는 여러 달 동안 '악의 근원'에 관한 서사시를 집필할 생각을 했었다. 그는 일찍이 1794-96년에 씌어진 「종교적 묵상」("Religious Musings")에서, "우리 자신이/ 한 경이로운 전체의 부분들이자 몫들임을 아는 것은/ 인간의 숭고함, 우리의 최고의 '장엄함'"이고, "도덕적 세계의 응집력인/ 그분[하느님]"이 가능케 해주는 그러한 우주적 생명의 조화를 느끼지 못한다면 인간은 "자신을, 그 자신의 저급한 자아를 전체라고 느끼며" "영혼을 박탈당한 채" "한 더러운 고독한 것"(CPW 1: 113-14)으로 전락할 것임을 역설한 바 있다. 현재의 상태에서 노수부가 바로 그같은 "인간의 숭고함"을 지니고 있지 못한 존재라는 것은 분명하다.

2부의 서두에서의 동료 선원들의 일관성 없는 반응 또한 주목할 만하다. 배는 여전히 뒤에서 불어오는 이로운 남풍의 도움을 받아 북쪽으로 향하면서 아직까지는 만사가 순조롭고, 노수부의 앨버트로스 살해 행위의 결과는 명백히 나타나지는 않는다. 그러나 곧 노수부는 자신이 "끔찍한 짓을 범했고" 그것이 자신을 포함한 선원들에게 화를 불러올 것이라고 느낀다. 동료 선원들 또한 처음에는 미풍을 불어오게 만드는 길조의 새를 죽였다고 그를 비난한다. 하지만 그들의 우려와는 달리 "하느님 자신의 머리마냥, 흐릿하지도 붉지도 않은,/ 찬란한 해가 솟아" 오르자, 그들은 안개와 연무를 가져오는 새를 잘 죽였다는 이유로 노수부의 행위를 정당화하며 그를 칭찬한다. 이 구절에 대한 산문 방주는 동료 선원들이 그러한 행위를 통해 부지불식간에 노수부의 "범죄의 공범자"가 되었음을 명시한다.

여기에서 우리는 동료 선원들의 반응이 앞에서의 노수부의 살해 행위와 근본적으로 유사한 것임을 확인한다. 자신의 행위의 결과나 의미에 대한 별다른 생각 없이 새를 살해한 노수부와 마찬가지로, 동료 선원들 역시 "그들의 욕망을 그 행위의 척도로 삼는다"(Warren 364). 노수부의 행위에 대한 그들의 추론은 오로지 그들의 항해에 이로운 날씨의 관점에서만, 다시 말해서 편의 또는 자기 이익이라는 자기 중심적 관념에만 입각한 것으로서, 그 행위의 실제 의미에 대한 그들의 무관심을 보여준다. "옳은 일이야, 그들은 말했소, 안개와 연무를 가져오는/ 그런 새들을 살해한 것은"(100-01행)이라는 어구는 선원들의 판단이 자신들의 욕망과 편의, 그리고 외적인 결과에만 관심을 둔 이기적인 것으로서, 그들이 노수부와 마찬가지로 앨버트로스의 살해가 곧 "전일한 생명"의 성스러움을 파괴한 것임을 전혀 깨닫지 못하고 있음을 보여준다. 그들 모두는 한 행위의 도덕성이 외적 결과가 아니라 그 행위의 영적 원천인 의지의 상태에서 판단되어야 하는 것임을 인식하지 못하는 존재들이다. 그런 점에서 그들은, 시와 종교의 목적을 설명하는 자리에서 코울리지 자신이 말한 바와 같이, 그들 자신의 "오관(五官)의 노예," 즉 ". . . 손으로 만질 수 있고 또는 심지어 . . . 눈이 도달할 수 있는 거리 너머로 . . . 정신과 상상력이 . . . 운반해 갈 수 없는"(ShC 2: 111) 존재들인 것이다.

미풍의 도움으로 노수부와 동료 선원들이 탄 배는 "어느 누구도 탐색해보지 않은 바다 속으로" 들어가고 한동안 북쪽으로 항해하여 마침내는 적도에 다다른다—"우리는 그 고요한 바다로 돌입한/ 최초의 사람들이었소"(105-06행). 언뜻 16-17세기의 지리상의 발견과 연관된 물리적 항해를 연상시키는, 그리고 기지의 것으로부터 미지의 것으로의 신속한 전이를 보여주는 이 구절은 곧 앨버트로스의 복수를 통해 "보통 사람들의 경험의 세계 너머에 놓인 . . . 우주 속의 힘들"(Bate 1968, 57)을 접촉하게 되는 기이한 영적 경험과 패럴렐을 이룬다. 노수부가 경험하게 된 세계는 앞에서의 빙산으로 가득찬 "무시무시한 소리"의 세계와는 대조적으로 햇살의 무자비한 열기에 노출된, 극단적인 고요와 부동(不動)의 세계이다.

> 온통 뜨거운 구릿빛 하늘에,
> 핏빛 해가, 정오에,
> 돛대 바로 위에 서 있었소
> 달만한 크기로.

날이면 날마다, 날이면 날마다,
우리는 붙박혔소 숨도 못 쉬고 꼼짝도 못하고.
그림 속의 바다 위의
그림 속의 배마냥 하릴없이.

물, 물, 사방이 물인데도
판자란 판자는 다 오그라들었소.
물, 물, 사방이 물인데도
마실 물 한 방울 없었소.

바다 자체가 썩어버린 것이오. 오 맙소사!
어찌 이런 일이 일어나다니!
그렇소, 끈적끈적한 것들이 다리로 기어다녔소
끈적끈적한 바다 위에서.

여기 저기, 빙글빙글 어지럽게
도깨비불들이 밤에 춤을 췄소.
물은, 마녀의 기름마냥,
녹색 청색 백색으로 불탔소. (111-30행)

All in a hot and copper sky,
The bloody Sun, at noon,
Right up above the mast did stand,
No bigger than the Moon.

Day after day, day after day,
We stuck, nor breath nor motion;
As idle as a painted ship

Upon a painted ocean.

Water, water, every where,
All the boards did shrink;
Water, water, every where,
Nor any drop to drink.

The very deep did rot: O Christ!
That ever this should be!
Yea, slimy things did crawl with legs
Upon the slimy sea.

About, about, in reel and rout
The death-fires danced at night;
The water, like a witch's oils,
Burnt green, and blue and white. (*CPW* 1: 190-91)

앞에서 안개 속에서 "하느님 자신의 머리마냥" 찬란하게 솟아올랐던 태양은 이제 불길하고 기괴한 "핏빛 해"로 나타난다. 배와 선원들은 곧 전적인 고요와 부동의 상태에 빠져드는데, 그들의 부동성을 강조하기 위한 "그림 속의 바다 위의／그림 속의 배마냥"이라는 직유는 "그림 속의"(painted)라는 단어를 거듭 사용함으로써 침묵과 고요로 가득찬 이 상황의 섬뜩한 비현실성을 부각시킨다. "판자란 판자는 다 오그라들"고, "마실 물 한 방울" 찾지 못한 채 선원들은 극도의 갈증에 시달린다. 모든 생명의 원천으로서 생명력으로 가득차야 할 "그 깊은 바다 자체가 썩어버"려 "끈적끈적한 것들이" "끈적끈적한 바다 위에서" 기어다니고 도깨비불들이 밤에 춤추고 물이 "마녀의 기름마냥/ 녹색 청색 백색으로 불타는" 이같은 끔찍한 상황은 "그들의 원천과 적절한 연관 없이 존재하는" 타락한 "우주의 에너지들"(Beer 1972, 73)을 뚜렷하게 보여준다. 열기와 갈증과 부동과 썩음으로 가득찬 이 대양 한가운데의 사막은 노수부가 처한 영적 황량함·불모성과 그것을 초래한 노수부의 악행을 생생하게 예시하는 상징적 장경이라 할 만하다. 사랑과 상상력이 메말라버린 노수부에게 만물이 불쾌하고 혐오스러운 것으로 나타나는 것은 어쩌면 당연한 귀결일지 모른다. 사실 성서의 「에제키엘서」에 나오는 마른 뼈의 골짜기에서부터 엘리엇의 『황무지』에 이르기까지 메마름을 보여주는 외적 장경은 영적 황량함과 불모성을 상징하는 효율적인 이미지로서 오랫동안 활용되어 왔다.

밸러드에서 빈번히 사용되었던 단조롭고 최면적인 반복적 표현들 역시 이 구절에서의 행동의 부재뿐만 아니라 그것의 무익함, 연장된 고통과 지리함의 느낌을 환기시킴으로써 어떤 숨결이나 동작에 의해서도 살아나지 않는 이 공포스러운 우주에서의 노수부의 고통과 고립, 그리고 둔한 마비 상태를 강조하는 데 이바지한다. 이 상황에서 일부 선원들은 "연무와 눈의 나라에서부터" 그들을 따라온 정령이 그들에게 복수하기 위해 쫓아온 것으로 간주하고서, 앨버트로스를 노수부의 목에 감음으로써 그를 희생양으로 삼는다. 그들은 앨버트로스를 죽인 그를 저주하며 고행을 강요함으로써 죄에 대한 책임을 떠넘기면서 자신들의 죄의식을 덜고자 하는 것이다. 노수부의 목에 "십자가 대신" 감겨진 앨버트로스의 시체는 인류를 위한 그리스도의 대속 행위의 한 표상으로서의 십자가와는 뚜렷하게 대비되는 것으로서, 그리스도의 "자기 희생적인 사랑에 맞선 그의 범죄의 표상"(Yarlott 161)인 셈이다. 방자한 잔인성의 행위에 의해 스스로 사랑의 유대를 끊어버린 그는 고통과 고행을 통해 하느님의 은총을 얻어야만 하는 것이다.

3부는 이 지리한 극단적 고통 속에서 먼 수평선상에 나타나는 한 물체를 발견하는 노수부와 더불어 시작된다. 그는 그것이 자신들을 구원해 줄 배이기를 희망하면서, 팔을 물어뜯어 자신의 피를 빨아마심으로써 극도의 갈증에서 벗어나 배라고 소리치지만, 그의 희망은 잔인하게 그리고 무섭게 기만당한다. 배는 바람 한 점 없고 파도 하나 없는 상황에서 침로를 바꾸지 않은 채 접근해 오고, 저무는 태양 앞에 자리잡는다. 다가오는 배는 분명히 희망을 불러일으키지만, 배의 신비스러운 움직임은 또 다른 공포감을 자아낸다. 곧 해골선으로 밝혀지게 될 이 배가 나타날 때의 적도의 일몰 장면 또한 암시적이다.

> 그리고 곧장 태양은 빗장무늬로 얼룩덜룩해졌소,
> (하늘의 성모여 우리에게 은총을 내리소서!)
> 마치 감옥 창살을 통해서인 것처럼 태양은 응시했소
> 널찍하고 불타는 얼굴로. (177-80행)
>
> And straight the Sun was flecked with bars,
> (Heaven's Mother send us grace!)
> As if through a dungeon-grate he peered
> With broad and burning face. (*CPW* 1: 193)

여기에서 노수부가 목격하는 바는 "감옥 창살을 통해서인 것처럼" 배의 늑골을 뚫고 응시하는 태양의 모습이다. 그는 이 장경에서 "불의 토굴에서의 감금으로서 형상화된, 지옥의 무한을 경험하고 있"는(Barth

1988, 68) 셈이다. 3부의 서두에서 노수부의 희망의 표상이었던 배는 이제 그와는 대조적으로 또 다른 공포의 원천이 된 것이다. 더욱이 십만 개의 끈적끈적한 것들로 가득찬 썩어가는 바다 위에 떠 있는 이 무시무시한 배의 "감옥"에서 그는 앞으로 한층 더 섬뜩한 경험을 겪게 된다. 노수부의 악몽 같은 경험은 해골선의 두 승무원들의 모습과 그들의 주사위 게임에서 정점에 달한다.

그리고 저 여자가 그녀의 선원 전부인가?
저것이 **사**(死)인가? 그리고 둘인가?
사가 저 여자의 짝인가?

그녀의 입술은 붉고, 그녀의 표정은 느슨했고,
그녀의 머리칼은 황금처럼 노란 것이었소.
그녀의 살결은 문둥이처럼 하얗고,
몽마(夢魔) **사중생**(死中生)이었소 그녀는
공포로 사람의 피를 얼어붙게 만드는.

다 벗은 폐선이 곁으로 왔고,
그리고 둘은 주사위를 던지고 있었소.
"게임 끝! 내가 이겼어! 내가 이겼어!"
그녀는 말하며, 휘파람을 세 번 불었소. (187-98행)

And is that Woman all her crew?
Is that a DEATH? and are there two?
Is DEATH that woman's mate?

Her lips were red, *her* looks were free,

Her locks were yellow as gold:
Her skin was as white as leprosy,
The Night-mare LIFE-IN-DEATH was she,
Who thicks man's blood with cold.

The naked hulk alongside came,
And the twain were casting dice;
'The game is done! I've won! I've won!'
Quoth she, and whistles thrice. (*CPW* 1: 193-94)

 다가오는 배의 돛이 마침내 시야에 또렷이 들어올 때, 그 해골선은 이루 말할 수 없는 공포로 그들을 사로잡는다. 해골선에 탄 승무원들의 숫자와 정체에 관해 숨가쁘게 거듭되는 노수부의 질문들은 그의 점증되는 공포를 구문적으로 강조한다. 배에는 노수부와 선원들에게 닥칠 운명을 나타내는, "사"와 "사중생"이라는 두 유령 같은 인물들만이 타고 있는데, 그들은 해골선보다 한층 더 섬뜩하다. 종종 잠자는 사람들에게 출몰해서 그들을 질식시키는 존재로 믿어져 온 사악한 영인 몽마 "사중생"에 대한 묘사는 무척 구체적인 것으로서 그녀의 이름에 걸맞는 것이다. 표면적으로 그녀의 붉은 입술과 노란 머리칼은 생기를 띠고 있는 것으로 그려지지만, 그녀의 살결은 "문둥이처럼 하얀" 것으로서 죽음을 상기시킨다. 더욱이 매춘부 같은 그녀의 외모는 지나치게 야한 것으로서 그녀의 무책임한 행동 양식을 반영하고 있다.
 "사"와 "사중생"이 노수부와 선원들의 운명을 결정하기 위해 벌이는 주사위 게임 또한 노수부의 행위 그리고 그가 처해 있는 이 우주의 성격과 관련하여 중요한 의미를 갖는다. 노수부와 선원들의 궁극적 운명은 결과적으로 주사위 게임을 특징짓는 우연이라는 변덕스럽고 비이성적인 힘에 의해 결정되는 셈이다(Bostetter 1973, 187-88; Berkoben 90). 노수부가 생각 없는 한 행위 속에서 앨버트로스를 사살한 것처럼, 그리고 동료 선원들이 자신들의 변덕스런 행위 속에서 노수부의 악행의 공모자가 된 것처럼, 노수부가 속해 있는 이 우주의 지배자들은 우연의 힘이 지배하는 주사위 게임을 통해 그와 동료들의 운명을 자의적으로 그리고 무자비하게 결정해버린다. 이 장면의 산문 방주에 의하면, "사"는 선원들을, "사중생"은 노수부를 마치 전리품인 양 획득한 상태이다. 비록 죽음으로부터 면제되긴 했지만, 어둠이 다가오면서 노수부는 치명적 공포에 사로잡히는데, 곧 그의 공포는 200명이나 되는 동료 선원들이 "신음이나 한숨 쉴 틈도 없이/ 각자 끔찍한 고통으로 얼굴을 돌리며,/ 눈으로" 그를 저주하면서 바닥에 쓰러질 때 근거가 있는 것으로 판명된다. 그의 곁을 스쳐 지나가면서 그들의 영혼이 내는 "십자궁의 쉬잇 소리"는 앨버트로스의 죽음뿐만 아니라 동료들의 고통과 최종적인 죽음에 대한 전적인 책임이 그에게 있음을 강력하게 상기시키면서, 동료들의 죽음 한가운데에서의 그의 기이한 생존과 고립을 섬뜩하게 부각시킨다.

4부의 서두는 모든 살아 있는 것들로부터 완전히 고립되어 극심한 고통을 겪고 있는 노수부의 "사중생"의 상태에 초점이 맞춰져 있다.

> 홀로, 홀로, 오로지, 오로지 홀로,
> 넓고 넓은 바다 위에서 홀로!
> 그리고 결코 어떤 성인(聖人)도
> 고뇌하는 내 영혼을 불쌍히 여기지 않았소.

그처럼 아름답던 그 많은 사람들!
그리고 그들 모두는 죽어 누워 있었소.
그리고 십만 개의 끈적끈적한 것들이
계속 살았소. 나 역시 그러했소.

나는 썩어가는 바다를 바라보다가,
눈길을 돌려버렸소.
나는 썩어가는 갑판을 바라보았는데,
거기에는 죽은 이들이 누워 있었소.

나는 하늘을 쳐다보았고, 기도하고자 애썼소.
그러나 기도가 채 솟아나오기도 전에,
사악한 속삭임이 나와, 내 가슴을
먼지처럼 메마르게 만들었소. (232-47행)

Alone, alone, all, all alone,
Alone on a wide wide sea!
And never a saint took pity on
My soul in agony.

The many men, so beautiful!
And they all dead did lie:
And a thousand thousand slimy things
Lived on; and so did I.

I looked upon the rotting sea,
And drew my eyes away;
I looked upon the rotting deck,

And there the dead men lay.

I looked to heaven, and tried to pray;
But or ever a prayer had gusht,
A wicked whisper came, and made
My heart as dry as dust. (*CPW* 1: 196-97)

　이제 노수부에게 닥친 "섬뜩한 고행"은 완전한 고독의 형태를 취한다. 광대무변한 바다 위에 홀로 살아 남아 있는 노수부의 고독은 네 번 반복되는 "홀로"(alone)라는 단어와 느릿하고 음울한 리듬 속에 구문적으로 반영되어 있다. 동료들의 죽음과 더불어 그는 자신이 고통 속에서 기이하고 낯선 그리고 연민 없는 세계 속에 홀로 내던져져 있음을 깨닫는다. 동료들과의 사회적 교류를 박탈당했을 뿐만 아니라 성인들로부터 외면당하고 있다는 점에서도 그는 고립의 밑바닥에 도달해 있는 셈이다. 그리고 이것은 그가 우주의 생명의 조화, 즉 "우리 안팎의 전일한 생명"에 맞서 죄를 범했기 때문에 대면해야 하는 "죽음의 우주"인 것이다. 이 "죽음의 우주"에서 그는 죽어 누워 있는 "아름다운" 동료 선원들과는 대조적으로 살아 있는 "끈적끈적한 것들"을 경멸한다. 이것은 그가 여전히 인간으로서의 편견을 버리지 못한 채 살아 있는 피조물들의 전일성을 인식하지 못하고 있음을 뜻한다. 그가 썩어가는 바다와 배로부터 몸을 돌려 하늘을 쳐다보고 기도하려 할 때, 기도 대신에 "사악한 속삭임"이 나와 그의 가슴을 "먼지처럼 메마르게" 만들어버린다. 그런 점에서 노수부의 고립은 "'죄의 삯'이 아니라 죄의 상태"(Whalley 1973, 164)일 수 있다. 그는 사랑이라고는 찾아볼 수 없는 불모의 자아성 속에 갇힌 채 물리적・영적 고립의 시련을 겪고 있는 것이다.

망망대해에 떠 있는 썩어가는 배 위에서 죽은 동료 선원들의 눈의 저주를 받으며, 자신의 죄의식의 상징인 앨버트로스를 목에 감은 채, 그는 "무자비한 우주의 번쩍이는 광대함에 노출된"(Haven 26) 상태로 길고 긴 "7일 낮과 7일 밤"을 보낸다. 이 상태에서 그는 죽음을 갈망하지만 마음대로 죽을 수도 없고 "사중생"을 견뎌내지 않으면 안된다. 이 고립과 소외의 극한에서 그는 떠올라 "찌는 듯한 바다를 조롱"하는 달의 부드러운 움직임과 그 곁의 별들의 돋아남을 보는데, 그것은 달의 자애로운 영향력 아래에서 저주가 풀리기 시작하는 한 전환점을 이룬다. 이 장면의 산문 방주는 노수부의 상태와 연관된 달과 별들의 아름다운 움직임을 하나의 긴 문장 속에서 인상적으로 묘사한다.

외롭고 고정된 상태에서 그는 여행하는 달, 그리고 여전히 체류하면서도 여전히 앞으로 움직이는 별들을 동경한다. 그리고 어디에서건 푸른 하늘은 그들의 것이고, 그들의 정해진 휴식처이며, 그들의 고향이자 그들 자신의 원래의 가정이다. 이곳으로 그들은, 분명히 기대되긴 했지만 도착시 고요한 기쁨으로 맞아들여지는 주인들처럼, 예고 없이 들어간다.

In his loneliness and fixedness he yearneth towards the journeying Moon, and the stars that still sojourn, yet still move onward; and every where the blue sky belongs to them, and is their appointed rest, and their native country and their own natural homes, which they enter unannounced, as lords that are certainly expected and yet there is a silent joy at their arrival. (*CPW* 1: 197)

노수부는 "여행하는 달"과 "여전히 체류하면서도 여전히 앞으로 움직이는 별들"에게서 그가 "고요해진 배" 위의 고정된 상태에서 갈망하는 "연속적인 진행을 지닌 고정된 통일성"(Schulz 60)을 지각한다. 더욱이 달과 별들이 "그들의 정해진 휴식처이며, 그들의 고향이자 그들 자신의 원래의 가정"인 푸른 하늘에서 "고요한 기쁨"으로 환대받는 모습은 그가 앨버트로스를 살해함으로써 파괴해버린 우주적 질서와 생명의 조화와 환대적 사랑의 한 모범이다. 생명의 조화와 환대적 사랑으로 가득찬 이 우주야말로 사실은 노수부 자신이 속하고자 애쓰는 "원래의 가정"이다. 또한 코울리지 자신의 개인사적 측면에서 볼 때, 그것은 집 없이 외롭게 여기저기 떠돌아다니면서 친구와 지인들의 환대적 사랑에 의존하며 살아가야 했던 그 자신의 열망의 표현이기도 하다. 실제로 코울리지가 노수부의 죄의식의 성격을 시사하는 이 산문 방주를 썼던 것은 1815-16년 무렵으로서 그가 사랑과 우정의 유대를 상실한 지 여러 해가 지났을 때이다.

  그 자신의 고뇌하는 영혼과 뚜렷하게 대조되는 평온한 장경을 지각하는 이 지점에서 그는 온화한 달빛의 도움으로 그가 지금껏 경멸해 왔던 "하느님의 피조물들"의 아름다움과 생명력을 인식하게 된다.

    배의 그림자 너머로,
    나는 물뱀들을 주시했소.
    그들은 빛나는 흰색의 자취를 남기며 움직였고,
    그들이 몸을 일으키자 요정 같은 빛이
    하얀 조각으로 떨어졌소.

    배의 그림자 속에서
    나는 그들의 화려한 복장을 주시했소.
    청색, 윤나는 녹색, 그리고 우단 같은 흑색으로

그들은 몸을 돌돌 감고는 헤엄쳤소. 그리고 모든 자취는
황금색 불길의 섬광이었소. (272-81행)

Beyond the shadow of the ship,
I watched the water-snakes:
They moved in tracks of shining white,
And when they reared, the elfish light
Fell off in hoary flakes.

Within the shadow of the ship
I watched their rich attire:
Blue, glossy green, and velvet black,
They coiled and swam; and every track
Was a flash of golden fire. (*CPW* 1: 198)

    움직이는 달과 별들의 아름다움과의 고요한 영교를 경험한 후 노수부는 뱀들의 움직임이 구현하는 자연의 역동적 힘과 접촉하고 있음을 깨닫는다. 예전에 노수부의 눈에는 추하고 끔찍스럽게만 보여졌던 "끈적끈적한 것들"은 그것들의 진정한 아름다움을 현시한다. 더욱이 물뱀들의 아름다움은 달빛이 만든 배의 그림자로 인해 한층 더 두드러진다. 여기에서 밤하늘의 광휘와 움직임은 바다의 물뱀들에게 고스란히 이전되고 있다. 달빛 아래에서 움직이며 고개를 쳐들 뿐만 아니라 조화롭게 서로 몸을 얽고서 헤엄치며 "요정 같은 빛"과 "하얀 조각"과 "황금색 불길의 섬광"을 발하는 뱀들의 모습은 "존재의 우주적 충만성"(Warren 383) 또는 "우주의 내적인 이상적 조화"(Beer 1962, 169)의 한 계시이다. 이제 달과 별들과 바다의 생명체들은 "전일한 생명"에 대한 비전

속에서 연결되고 통합되어 있고, 고통받는 자신에 집착해 있던 노수부는 처음으로 물뱀들이 대표하는 하느님의 피조물들의 다채로운 아름다움과 생명력을 지각함으로써 우주적 생명과 질서에 참여하게 된 것이다. 살아 있는 것들의 우주와 노수부가 맺는 새로운 관계는 물뱀들의 상태와 동작을 생생하게 묘사하는 그의 구체적인 언어에서 확연하게 입증되고 있다.

물뱀들의 아름다움에 대한 노수부의 심미적 지각은 그로 하여금 처음에 그들에 대한 공감적 사랑을 느끼도록, 그리고는 그들을 축복하도록 만든다.

> 오 행복한 생물들이여! 어떤 혀도
> 그들의 아름다움을 선언할 수는 없으리라.
> 사랑의 샘이 내 심장에서 분출했고,
> 나도 모르는 사이에 그들을 축복했소.
> 분명코 내 친절한 성인이 나를 불쌍히 여겨,
> 나도 모르는 사이에 그들을 축복했던 거요.
>
> 바로 그 순간 나는 기도할 수 있었소.
> 그리고 내 목에서 가뿐하게
> 앨버트로스가 떨어져 나가서는 가라앉았소
> 납덩이처럼 바다 속으로. (282-91행)
>
> O happy living things! no tongue
> Their beauty might declare:
> A spring of love gushed from my heart,
> And I blessed them unaware:
> Sure my kind saint took pity on me,

And I blessed them unaware.

The self-same moment I could pray;
And from my neck so free
The Albatross fell off, and sank
Like lead into the sea. (*CPW* 1: 198)

스스로의 생명의 활동에 대한 물뱀들의 기쁨을 공감하며 인식하는 순간 "사랑의 샘"은 그의 심장으로부터 솟아나오고, 그는 자신도 모르게 그들을 축복한다. 앞에서는 "생명 · 기쁨 · 사랑으로서의 자연에 대한 성사적 비젼"(Bloom 1971, 211)에 결코 민감한 적이 없었던 노수부는 기쁨에 차 있는 하느님의 피조물들을 처음으로 인식하게 된 것이다. 그의 심장으로부터의 사랑의 분출은 샘으로부터의 샘물의 솟아남에 비유되고 있는데, 우리가 「쿠블라 칸」과 「낙심: 송가」("Dejection: An Ode") 등에서도 확인할 수 있는 바와 같이 이 친숙한 낭만적 이미지는 생명력 또는 창조적 에너지의 분출과 연관되고 있다.

사실 앞에서 노수부가 앨버트로스를 살해하면서 저지른 죄는 그의 동료-피조물들과의 공감적 사랑의 부재에 기인한 것이고, 따라서 그가 거듭날 수 있으려면 그것을 회복하지 않으면 안된다. 워즈워스는 『서곡』(*The Prelude*, 1805)의 13권(149-52행)에서 우리의 상상력의 동력은 사랑에 의해 양육되고, "모든 장엄함" "모든 진리와 미"는 "편재하는 사랑"에서 생기는 것이며, "그것이 사라지면 우리는 먼지와 같다"(*Prelude* 466)라고 말한 바 있다. 인간을 다른 인간 그리고 존재하는 모든 것과 연계시켜 주는 유대로서의 사랑에 있어서 아이덴티티의 융합은 "낭만주의 시인들이 추구했던 그 보다 큰 전일성, 즉 연계들 없이 개별체들의 집합으로 해체되었던 세계를 함께 묶어줄 전일성"(Foakes 81-82)의 한 유형이다. 많은 뛰어난 낭만주의 시편들이 보여주듯이, 궁극적 질서에 대한 낭만주의 시인들의 갈망은 사랑의 비전을 통해 종종 표현되고 있는 것이다.

사랑의 회복과 동시에 일어나는 노수부의 축복 행위는 무의식적 행위이다. 노수부는 "나도 모르는 사이에"(unaware)라는 단어를 거듭 사용함으로써 그 점을 강조한다. 그는 자신 속에서 행동의 적합한 원천을 발견할 수가 없고, 따라서 그의 무의식적인 축복 행위가 그의 "친절한 성인"이 그를 불쌍히 여긴 덕택이라고 말한다. 실제로 그것은 노수부에게 하사된 순수한 선물로서의 은총의 한 행위이다. 오직 "친절한 성인"을 통해 작용하는 하느님의 은총의 행위만이 노수부의 영혼을 갱신시킬 수 있고, "먼지처럼 메마르게" 되어버린 그의 가슴을 자아의 협소한 감옥에서 해방시켜 "사랑의 샘"에게로 향하게 할 수 있다. 이 지점에서는 그의 사랑의 대상이 물뱀들이라는 사실 자체는 중요하지 않다. 보다 중요한 것은 "축복의 수혜자들이 아니라, 그것의 신성한 근원"(Anthony John Harding 63)이다. 하늘로부터 노수부에게 하사된 은총은 존재하는 모든 것들에 대한 축복의 원천이 되고 있는 것이다. 물뱀들에 대한 축복의 순간에 노수부는 이전과는 달리 기도할 수 있게 되고, 사랑에 맞선 그의 죄의 상징으로서 그의 영적·상상적 고립 상태의 표상인 앨버트로스의 시체는 그의 목에서 떨어진다. 그런 점에서 물뱀들에 대한 노수부의 축복은 "개종의 복음적 순간"(Bostetter 1973, 187)과 유사하다.

여기에서 우리는 노수부가 새롭게 얻게 된 바가 단순히 물뱀들의 아름다움뿐만 아니라 그들의 존재 가치, 나아가서는 그 자신의 존재 가치에 대한 인식임을 주목할 필요가 있다. 앞에서 그는 "그처럼 아름다운 많은 인간들"이 죽어 있는 가운데 살아 있는 "십만 개의 끈적끈적한 것들"과 그 자신을 혐오스럽고 무가치한 존재로 경멸한 바 있기 때문이다. 이제 앨버트로스와 물뱀들은 "우리 안팎의 전일한 생명"의 일부로서의 상징적 가치를 갖는다. 하느님의 피조물들의 아름다움과 전일성에 대한 기쁨에 찬 인식과 더불어 노수부의 영적 회복은 조금씩 이루어진다. 「종교적 묵상」의 한 구절을 빌면, 그는 "신성한 공감에 의해" "온전한 한 자아를 만들 수 있"게(CPW 1: 115) 된 것이다.

3

5부의 서두에서 노수부는 자신의 영혼 속에 미끄러져 들어온 달콤한 잠과 곧 뒤이어 내린 비가 갈증과 메마름을 덜어주면서 그의 육신을 가볍게 해주었음을 설명한다. 가슴속의 "사랑의 샘"의 분출을 통한 그의 영적 회복은 이제 잠과 비를 통한 육체적 회복과 대응되고 있는데, 그것은 이제 노수부의 영적 메마름이 어느 정도 끝났음을 보여주는 외적 표지이다. 자신의 몸이 너무 가벼워져서 스스로를 "한 축복받은 영"이라고까지 생각할 무렵에 그는 "소리를 듣고 하늘과 바다에서 기이한 광경들과 동요들을 본다." 가까이 다가오지는 않지만 소리로 "얇고 말라버린 돛폭을 흔드는" 바람, 별안간 생기로 가득찬 위쪽의 대기와 황급히 움직이는 "빛나는 열 개의 불-깃발들," 그 사이에서 이리저리 춤추는 "창백한 별들," 시커먼 구름으로부터 쏟아져내리는 비, "높은 낭떠러지에서 떨어지는 폭포마냥" 일직선으로 떨어지는 번개, 그리고 이 모든 현상들을 곁에서 지켜보고 있는 달—이 모든 것들은 "의미 없는 경이들"이 아니라, "일상적 감각-지각의 베일을 넘어 실제로 존재하는 우주적 에너지와 아름다움을 묘사하려는 한 시도"(Yarlott 164)이다. 신선한 생명의 분출이 자연 속에서도 일어나고 있고, 육체적·정신적으로 갱신된 그는 이제 소리와 색의 조화를 인식하고 있다. 자아에 대한 노수부의 인식이 변한 것과 꼭같이, 움직임으로 가득찬 우주에 대한 그의 인식 또한 변한 것이다. 여기에서의 우주의 움직임은 1부에서 노수부와 일행들이 빙산에 갇혀 있던 때 경험했던 음산하고 불길한 빛과 소리와는 확연히 구별된다.

그러나 "상상력의 달과 창조적 활력의 폭풍이 . . . 의기양양하게 결합하여, 노수부의 구원을 경축"하는(Warren 378) 이 장면은 오래 지속되지 않고, 곧 죽은 선원들이 신음을 내다 꿈틀거리고 일어나 자신들의 자리에서 말없이 배를 움직이고 있는 공포스러운 장면을 노수부는 목격한다.

> 내 조카의 몸뚱이가
> 내 곁에 서 있었소 무릎을 맞댄 채.
> 그 몸뚱이와 나는 한 밧줄을 잡아당겼지만,
> 그는 내게 한마디도 하지 않았소. (341-44행)
>
> The body of my brother's son
> Stood by me, knee to knee:
> The body and I pulled at one rope,
> But he said nought to me. (*CPW* 1: 200)

이 장면은 혈연간의 의사 소통의 단절을 극적으로 제시함으로써 노수부의 앨버트로스 살해 행위가 불러온 "가족 유대의 침해," 나아가서는 "항해시 시작되었던 명랑한 통합된 공동체의 전적인 파괴"(House 109)를 강조한다. 조카가 아니라 죽은 조카의 몸뚱이와 무릎을 맞댄 채 한 밧줄을 잡아당기고 있어야 하는 노수부로서는 자신의 죄의 끔찍한 결과를 또다시 실감하고 있는 것이다. 이 지점에서 결혼식 하객은 공포감을 표현하지만, 노수부는 시체로 다시 되돌아온 것이 "고통 속에서 도망친 그 영혼들"이 아니라 "수호 성인의 기원에 의해 보내진 한 무리의 축복받은 천사 정령들"임을 그에게 확인시킨다. 예전에 어떤 성인도 그를 불쌍히 여기지 않았던 것과는 대조적으로, 이제 배가 항구로 되돌아갈 수 있도록 천사 정령들을 불러온 것은 다름아닌 그의 수호 성인이다.

> 왜냐하면 동이 트자, 그들은 팔을 떨어뜨리고는
> 돛대 주위로 모여들었기 때문이오.
> 감미로운 소리들이 그들의 입을 통해 천천히 솟아나와서는,
> 그들의 몸뚱이로부터 빠져나갔소.
>
> 빙글빙글 맴돌며 그 감미로운 소리 하나하나는 날아갔고,
> 그리고는 태양에게로 쏜살같이 날아갔소.
> 천천히 그 소리들은 다시 돌아왔소
> 어떤 때는 섞여서, 어떤 때는 하나씩.
>
> 때로 하늘에서 떨어지는
> 종달새의 노래 소리를 나는 들었소.
> 때로 온갖 작은 새들,
> 얼마나 그들은 자신들의 감미로운 지저귐으로
> 바다와 대기를 가득 채우는 듯 했는지!

그리고 어떤 때는 그것은 온갖 악기들 같기도 했고,
어떤 때는 외로운 플룻 같았소.
그리고 어떤 때는 천체들을 입다물게 하는
한 천사의 노래이기도 했소. (350-66행)

For when it dawned—they dropped their arms,
And clustered round the mast;
Sweet sounds rose slowly through their mouths,
And from their bodies passed.

Around, around, flew each sweet sound,
Then darted to the Sun;
Slowly the sounds came back again,
Now mixed, now one by one.

Sometimes a-dropping from the sky
I heard the sky-lark sing;
Sometimes all little birds that are,
How they seemed to fill the sea and air
With their sweet jargoning!

And now 'twas like all instruments,
Now like a lonely flute;
And now it is an angel's song,
That makes the heavens be mute. (*CPW* 1: 200)

동이 트자 천사 정령들 무리는 하던 일을 멈추고 돛대 주위로 모여
들어 태양에 대한 감사의 찬가를 부른다. 그들의 입을 통해 천천히 솟

아나온 "감미로운 소리들"은 그들의 몸뚱이를 떠나 태양에게로 쏜살같이 날아갔다가, "어떤 때는 섞여서, 어떤 때는 하나씩" 천천히 되돌아온다. 여기에서 태양은 앞에서처럼 무자비한 존재가 아니라 "인자한 축복의 한 초점"(Barth 1988, 69)으로서 "참된 신성, 즉 빛의 중심이자 조화의 원천"(Beer 1962, 171)으로 나타난다. 이제 우주에는 이전과는 달리 조화와 질서가 어느 정도 회복되고 있는 것이다.

새롭게 일깨워진 감각을 통해 노수부가 듣는 음악은 어떤 것이라고 딱히 꼬집어낼 수 없는 조화로운 것이다. 그것은 한 개별 종달새의 노래일 뿐만 아니라 노래하는 모든 작은 새들의 감미로운 지저귐이고, "외로운 플룻" 소리일 뿐만 아니라 "온갖 악기들"이 내는 소리이고, "천사들을 입다물게" 할 정도로 매혹적인 "한 천사의 노래"이기도 하다. 위의 구절에서 세 번이나 반복되어 나오는 "감미로운"(sweet)이라는 단어는 이제 노수부의 가슴이 모든 피조물들에 대한 사랑으로 넘쳐 흐르고 있음을 보여준다.

이 감미로운 음악, 그리고 그것이 그치고 난 후에도 돛들이 만들어내는 "즐거운 소음"은 조화와 질서가 회복된 이 우주에서 그 우주를 구성하고 있는 모든 존재들, 즉 "천사들, 정령들, 외적 자연, 인간의 조화로운 작용"(Yarlott 165)을 강조한다. 여기에서 우리는 코울리지가 「풍명금」("The Eolian Harp")에서 역설해마지 않던 "전일한 생명"의 개념을 상기하지 않을 수 없다.

> 오! 모든 움직임을 만나 그 영혼이 되는
> 우리 안팎의 전일한 생명이여,
> 소리 속의 빛, 빛 속의 소리 같은 힘,
> 모든 생각 속의 리듬, 그리고 도처의 환희―

> O! the one Life within us and abroad,
> Which meets all motion and becomes its soul,
> A light in sound, a sound-like power in light,
> Rhythm in all thought, and joyance every where— (*CPW* 1: 101)

만물의 조화로운 전일성에 대한 노수부의 인식은 신의 은총에 의한 그의 영적 구속을 어느 정도 암시하지만, 그의 죄가 완전히 속죄된 것은 아니다. 이어지는 구절의 산문 방주는 극지 정령이 "천사 정령들 무리에 복종하여 배를 적도까지 나아가게 하긴 했지만 여전히 복수를 요구한다"는 것을 우리에게 상기시킨다. 곧 배는 급작스럽게 뛰어오르고, 노수부는 혼절하여 갑판에 쓰러진 채 "자연계의 보이지 않는 거주자들인 극지 정령의 동료 악령들"이 그의 상황과 앞으로의 운명, 그리고 그 주위에서 작용하는 눈에 보이지 않는 힘들의 성격에 관해 얘기하는 소리를 듣는다.

> "이게 바로 그인가?" 한 목소리가 말했소, "이게 바로 그 사람인가?
> 십자가에서 돌아가신 그분을 걸고 말하노니,
> 잔인한 활로 그는 아주 눕혀버렸소
> 무해한 앨버트로스를.
>
> 연무와 눈의 나라에서
> 혼자 사는 정령,
> 그는 사랑했소
> 활로 자신을 쏜 사람을 사랑했던 그 새를."
>
> 다른 목소리는 보다 부드러웠소
> 감로처럼 부드러웠소.

그는 말했소, "이 사람은 고행을 해왔고,
앞으로도 더 고행을 하게 될 거야." (398-409행)

'Is it he?' quoth he, 'Is this the man?
By him who died on cross,
With his cruel bow he laid full low
The harmless Albatross.

The spirit who bideth by himself
In the land of mist and snow,
He loved the bird that loved the man
Who shot him with his bow.'

The other was a softer voice,
As soft as honey-dew:
Quoth he, 'The man hath penance done,
And penance more will do.' (CPW 1: 202)

　극지 정령의 한 동료 악령은 십자가에서의 그리스도의 희생에 의해 상징된 보편적 사랑에 맞선 노수부의 죄의 심각성을 상기시키면서, 앨버트로스와 극지 정령의 관계를 밝힌다. 망망대해에서 선원들의 애정과 보호에 의존할 수밖에 없는 앨버트로스를 살해한 노수부의 행위는 그들간의 사랑과 신뢰의 관계를 먼저 잔인하게 파괴한 가증스러운 배신 행위가 아닐 수 없다. 보다 부드러운 목소리를 가진 다른 악령은 노수부의 해방이 순간적이고, 따라서 그의 회복이 부분적인 것일 뿐이며, 앞으로 "더 많은 고행을 겪을" 것이라고 예언하는데, 이후의 부분은 노수부의 운명에 관한 극지 정령의 그같은 예언이 옳았음을 입증한다.

6부의 서두에서 노수부는 악령들이 "파도나 바람도 없이 그처럼 빨리" 자신이 탄 배를 몰아가는 신비한 동력에 관해 논의하는 소리를 들은 후 잠에서 깨어나 한 소름끼치는 순간을 맞는다. 배 위에 유일하게 살아 있는 존재로서 그는 다시 한 번 배의 갑판보다는 "납골당에 더 어울리는" 사자들의 "돌 같은 눈"에 머물러 있는 저주에 의해 고통받고, 결과적으로 그는 자신의 눈을 "그들의 눈에서 뗄 수 없"고 또 그것을 "위로 향하게 해 기도할 수도 없"다. 그때 "이 저주가 최종적으로 풀리면서" 그는 한 번 더 "녹색 대양"을 볼 수 있게 된다. 여기에서 우리는 노수부의 구원이 정상적으로 바라보아진 자연의 아름다움, 구체적으로는 녹색 대양을 통해 그에게 왔음을 본다. 그러나 그는 여전히 악몽의 복귀에 대한 두려움으로 시달린다.

> 쓸쓸한 길에서
> 공포와 두려움 속에서 걸어가는,
> 그리고 한 번 주위를 둘러보고는 계속 걸어나가다
> 다시는 머리를 돌리지 않는 사람마냥.
> 왜냐하면 소름끼치는 악마가
> 자기 뒤를 바짝 쫓아오고 있음을 그는 알기 때문에. (446-51행)
>
> Like one, that on a lonesome road
> Doth walk in fear and dread,
> And having once turned round walks on,
> And turns no more his head;
> Because he knows, a frightful fiend
> Doth close behind him tread. (*CPW* 1: 203)

여기에서의 강력한 직유는 여전히 공포에 시달리는 노수부의 정신 상태를 간결하게 묘사하고 있다. 노수부가 처한 새 상황은 아직은 변덕스러운 것인데, 왜냐하면 그가 경험한 악몽 세계는 그가 어디를 가든지 언제나 그와 함께 있을지도 모르기 때문이다.

그러나 곧 노수부는 오직 자신 위에만 불어오는 기이한 미풍을 느끼고, 배는 천사 정령들의 통어 하에 그가 떠났던 항구로 되돌려진다.

오! 기쁜 꿈이여! 내가 보는 이것이
정말로 등대 꼭대기인가?
이것이 언덕인가? 이것이 교회당인가?
이곳이 내 고향인가?

우리는 항구 모래톱을 지나 떠내려갔고,
나는 흐느끼며 기도했소―
오 나를 깨어 있게 해주소서, 나의 하느님!
아니면 늘 잠들어 있게 하소서.

항만은 유리처럼 맑았고,
아주 매끈하게 흩뿌려져 있었소!
그리고 만에 달빛이 비쳤소
그리고 달의 그림자도. (464-75행)

Oh! dream of joy! is this indeed
The light-house top I see?
Is this the hill? is this the kirk?
Is this mine own countree?

> We drifted o'er the harbour-bar,
> And I with sobs did pray—
> O let me be awake, my God!
> Or let me sleep alway.
>
> The harbour-bay was clear as glass,
> So smoothly it was strewn!
> And on the bay the moonlight lay,
> And the shadow of the Moon. (*CPW* 1: 204)

 노수부는 친숙한 육표들을 보고서 기쁨에 찬 탄성을 지른다. 그는 영들과 초자연적 현상들로 가득찬 바다의 "비가시적 자연"으로부터 등대·언덕·교회가 대표하는 일상적 의식의 공동체와 "가시적 자연"의 표지들을 목격한 것이다. 그 표지들은 그가 떠날 때 보던 순서와는 반대로 시야에 나타난다. 항구로 들어오면서 노수부는 흐느끼며 기도하는데, 바다에서의 항해를 통해 '영혼의 어두운 밤'을 경험했던 그로서는 자신이 보는 바가 꿈인지 현실인지 확신하지 못한다. 그의 기도는 "전 항해가 실제의, 그리고 섬뜩한 의미에서, 하나의 꿈이었음"(Whalley 1973, 169)을 잘 보여준다.
 노수부가 겪었던 폭풍우 및 섬뜩한 세계와 뚜렷하게 대조되는, 달빛 속의 고요한 풍경은 이제 그에게는 우주를 주재하는 신의 자애로움의 징표로서 고요한 기쁨의 원천이다. 이 고요한 풍경 속에 초자연적인 현상이 다시 한번 나타난다. 죽은 동료 선원들을 생기 띠게 만들었던 치품천사들의 정령들은 신비한 빛에 에워싸인 채 시체 위에 서서 해변에 보내는 한 신호로서 자신들의 빛나는 팔을 흔들며 말없이 작별을 고한다. 이 구절에 해당되는 1798년본의 구절을 인용하면서 비어(Beer)가 횃불을 든 사람을 신비의 해석자로서 간주하는 토머스 테일러(Thomas Taylor)의 저술을 근거로 주장하듯이, 이것은 노수부가 "우주의 중심적 신비의 의미 속으로 입문된"(Beer 1962, 172) 것을 암시하는 현상일 수 있다. 천사 정령들의 침묵은 노수부의 가슴에 음악처럼 내려앉는데, 이것은 그가 이제 침묵까지도 감미로운 음악으로 받아들일 줄 아는 감수성을 회복했음을 나타낸다. 이 순간 그는 수로 안내인과 그의 조수가 다가오는 소리와 은자의 목소리를 듣는다. 그러나 노수부가 깨닫고 있듯이, 그가 완전한 사적 통합을 이루기 위해서는 자신의 죄를 "의식적으로" 고백하고 인정하는 일이 필요하다—"그[은자]는 내 영혼을 사면해줄 것이고, 그는/ 앨버트로스의 피를 씻어 없애줄 것이오"(512-13행).

7부의 서두는 수로 안내인과 조수, 그리고 은자가 노수부와 그의 배가 다가오는 것을 보면서 보이는 반응을 통해 일상적 가치들의 세계와 초자연적 세계간의 대면을 흥미롭게 극화하고 있다. 노수부가 겪어 온 끔찍한 재난의 흔적들을 뚜렷이 간직하고 있는 배의 기괴한 모습을 보고 놀라는 수로 안내인의 두려움은 소박하고 경건하게 평화로운 지상적 삶을 살아가는 "선한 은자"의 명랑한 자신감과 기도에 의해 막아진다. 그들이 탄 보트가 노수부의 배에 바짝 다가왔을 때 물 밑에서 요란하고 무시무시한 소리가 나면서 배는 "납마냥 가라앉"고, 노수부는 수로 안내인의 보트로 구조된다. 4부에서 앨버트로스가 그의 목에서 떨어져나가는 것(290-91행)과 긴밀하게 연관된 배의 침몰은 노수부의 죄를 확인시킬 증거가 이제 더 이상 외적으로 남아 있지 않고 오로지 그의 의식 깊숙한 곳에서만 자리잡게 되는 것을 뜻한다. 노수부가 입술을 움직이자 수로 안내인은 "비명을 지르고는/ 발작을 일으키며 쓰러"지고,

그가 노를 잡자 수로 안내인의 조수는 공포로 실성한 채 웃음을 터뜨리면서 그를 악마라고 선언한다. 은자 또한 기도를 통해 자신의 인간적 두려움을 누그러뜨리고자 한다. 자신을 사면해달라는 노수부의 간청에 은자는 성호를 그으면서 노수부에게 그가 어떤 부류의 인간인지를 묻고, 그 순간 노수부에게는 평생의 고행이 떨어진다.

그러자 내 이 몸뚱이는
지독한 고통으로 비틀려졌는데,
그로 인해 나는 이야기를 시작하지 않을 수 없었소.
그리고 이야기를 하자 내 마음은 홀가분해졌소.

그때 이후로, 어느 시점에는,
그 고통이 되돌아오오.
그래서 내 끔찍한 이야기가 끝날 때까지,
내 안의 이 가슴은 타오른다오.

나는, 밤처럼, 이 땅 저 땅 옮겨다니오.
나는 기이한 능변(能辯)의 힘을 갖게 되었소.
누군가의 얼굴을 보는 바로 그 순간
나는 내 이야기를 들어야 할 사람을 알아보오.
그에게 나는 내 이야기를 가르친다오. (578-90행)

Forthwith this frame of mine was wrenched
With a woful agony,
Which forced me to begin my tale;
And then it left me free.

Since then, at an uncertain hour,
That agony returns:
And till my ghastly tale is told,
This heart within me burns.

I pass, like night, from land to land;
I have strange power of speech;
That moment that his face I see,
I know the man that must hear me:
To him my tale I teach. (*CPW* 1: 208)

고백은 사면을 얻기 위한 첫단계이고, 거듭된 고백은 노수부의 지속적 갱신의 한 표지이다. 노수부의 "지독한 고통"은 그가 경험한 바에 대한 강박적 고백을 강요하고, 그것은 그의 마음을 가볍게 해준다. 그러나 그의 고행은 이것으로 그치지 않고, 평생의 고행이 그를 기다린다. 불시에 내적인 고통이 찾아오고, 그것이 거듭 강요하는 고백을 통해 그는 자신의 경험을 새롭게 재체험하지 않을 수 없다. 그는 "기이한 능변의 힘"을 갖고서 어떤 안정된 공동체에 속하지 못한 채 자신의 죄와 그 섬뜩한 결과들로 이루어진, 그리고 그가 그 의의와 함축을 부분적으로만 이해하고 있는 스토리를 전할 선택된 개인들을 찾으며 '방랑하는 유태인'처럼 이 땅 저 땅으로 옮겨 다니지 않으면 안된다. 이것은 "그의 영원한 고행, 스스로를 정죄하려고 애쓰는 양심의 고행"(Radley 63)이다. 자신의 "기이한 능변의 힘"을 확신하고 자신의 독특한 경험에 관한 이야기를 "가르친다"고 믿는 노수부는 사실 '저주받은 시인'으로서의 낭만주의 시인의 한 측면을 대표한다고 할 수 있다.

노수부의 이야기는 결혼 축하연장의 문으로부터 터져나오는 요란한 환호성, 정원의 나무 그늘에서의 신부와 신부 들러리들의 사랑의 찬가, 그리고 "작은 저녁 기도 종소리"라는 즉각적 현실에 의해 잠시 중단되는데, 하느님과의 영교로의 호출 신호일 수 있는 기도 종소리는 그가 바다 위에서 경험했던 외로움의 지옥을 다시금 그에게 상기시킨다.

> 오 결혼식 하객이여! 이 영혼은
> 넓고 넓은 바다 위에 홀로 있었소.
> 너무나 외로워서 하느님조차
> 그곳에 계시지 않은 듯 싶었소. (597-600행)

> O Wedding-Guest! this soul hath been
> Alone on a wide wide sea:
> So lonely t'was, that God himself
> Scarce seemed there to be. (*CPW* 1: 208)

노수부가 자신의 경험을 요약하고 있는 이 구절은 이 시의 4부에서의 가장 깊은 절망적 순간들 중의 하나(233-35행)를 반향하고 있다. 사실 자신의 죄로 인해 동료들을 여의고 하느님으로부터 소외된 채 비이성적 우주에서 고립된 노수부야말로 인간으로서 최악의 외로움을 경험한 셈이다. 노수부의 이같은 경험은 단순한 결혼 잔치보다는 사랑과 진정한 영적 교류에 대한 갈망으로 그를 이끈다.

> 오 결혼 잔치보다 더 아름답소
> 내게는 훨씬 더 아름답소
> 훌륭한 일행들과
> 교회로 함께 걸어가는 것이!—

교회로 함께 걸어가,
모두 함께 기도하는 것이,
그래서 각자 아버지 하느님께 머리 숙이는 것이,
노인들, 아기들, 사랑하는 친구들과
젊은이들과 명랑한 처녀들이!

잘 가시오, 잘 가시오! 하지만 이 한마디는
당신에게 해야겠소, 결혼식 하객이여!
사람뿐만 아니라 새와 짐승을
잘 사랑하는 이가 기도를 잘하는 이라고.

크고 작은 모든 것을
가장 사랑하는 이가 가장 기도를 잘하는 이라고.
왜냐하면 우리를 사랑하시는 소중한 하느님,
그분이 모든 것을 만드셨고 또 사랑하시기에. (601-17행)

O sweeter than the marriage-feast,
'Tis sweeter far to me,
To walk together to the kirk
With a goodly company!—

To walk together to the kirk,
And all together pray,
While each to his great Father bends,
Old men, and babes, and loving friends
And youths and maidens gay!

Farewell, farewell! but this I tell

> To thee, thou Wedding-Guest!
> He prayeth well, who loveth well
> Both man and bird and beast.
>
> He prayeth best, who loveth best
> All things both great and small;
> For the dear God who loveth us,
> He made and loveth all. (*CPW* 1: 208-09)

여기에서 노수부는 "훌륭한 일행들과/ 교회로 함께 걸어가" "함께 기도하는 것"이 피상적이고 허식적인 결혼 잔치보다 훨씬 더 아름답다고 주장한다. 자신의 무책임한 행위를 통해 사랑의 친교를 파괴한 후 고통에 시달리다가 은총에 의해 사랑의 힘과 기도의 능력을 회복한 바 있는 노수부에게는 두 개인의 결합 그리고 그것에 수반되는 공동체적 행복과 흥겨움은 진정한 사랑의 표상으로서는 부적합하고 불충분한 것으로 보인다. 진정한 사랑은 "인간과 새와 짐승"을 포함한 "크고 작은" 모든 피조물들을 껴안는 "전일한 생명"에의 참여일 뿐만 아니라, 그들을 창조하고 사랑하시는 "소중한 하느님"과의 하나됨에 다름아니다. 그렇다면 노수부가 가벼운 마음으로 결혼 잔치에 참석하려는 하객에게 말하고자 하는 바는, "하객이 환락의 한 계기라고 아마 받아들일 인간적 사랑이 우주적 사랑의 맥락에서 이해되어야 한다는 것, 그리고 그러한 맥락에서만이 그것은 그 의미를 달성할 수 있다는 것"(Warren 385)이다. 결혼 잔치보다는 교회에서의 기도와 우주적 사랑에 대한 노수부의 이같은 강조는, "자아의 심층들이 사회적 관계들 속에서가 아니라 우주와 '하느님'과의 관계 속에서 알려진다는 그의 발견의 결과"(Haven

28)이고, 그런 점에서 이 시는 다분히 심리적이고 종교적이다.

상당수의 비평가들은 이 시의 결미에서의 도덕적 교훈이 이 시 전체의 주제적 함의들과 풍성한 암시성을 지나치게 단순하게 요약하고 있다고 비판해 왔다. "근본적으로 그것이 소유하지 않는 한 종교적 진지성의 소유권을 주장하"는 이 시의 도덕은 "그 맥락 속에서 고려될 때, 한 거짓 도덕임으로 밝혀진다"(Babbit 119-20)는 배빗(Irving Babbit)의 주장은 그 대표적인 사례이다. 물론 노수부가 자신의 경험의 의미를 다분히 관습적이고 전통적인 용어로 진술하고 있는 것은 사실이다. 그러나 이 시의 결미에서의 도덕은 한 진부한 도덕적 경구가 아니라, 섬뜩한 고통과 영적 소외의 경험을 통해 "전일한 생명"에 대한 신념을 얻은, 그리고 "지고의 성취는 사랑의 실천 속에서 발견될 수 있다"(Beer 1977, 160)고 믿게 된 한 소박한 선원의 극적 발언이다. 여기에서 우리는 진정한 박애주의자는 "공감적 열정들을 격려하여 마침내 그것이 저항할 수 없는 습관들이 되게 한" 사람이라는 코울리지 자신의 진술(Anthony John Harding 61에서 재인용)을 상기하게 된다. 노수부는 자신의 고통스런 항해를 요약하는 가운데, 공감적 사랑 또는 우주적 사랑 또는 박애에 대한 자신의 깨달음을 단순하게 언표하면서 그것을 청자인 결혼식 하객과, 나아가서는 우리 독자들과 공유하기를 원하고 있는 것이다.

마침내 노수부는 자신의 이야기의 도덕을 남기며 하객에게 작별을 고하고, 의미심장하게도 하객은 신랑의 집 문에서 돌아선다.

> 그는 어리벙벙하고
> 얼빠진 사람마냥 갔다.
> 한결 진지하고 현명한 사람으로
> 그는 다음날 아침 자리에서 일어났다. (622-25행)

> He went like one that hath been stunned,
> And is of sense forlorn:
> A sadder and a wiser man,
> He rose the morrow morn. (*CPW* 1: 209)

하객의 반응은 그 자신이 일찍이 상상할 수 없었던 새로운 세계 앞에서의 그의 정신적 충격을 보여준다. 그는 이제 더 이상 이 시의 서두에서의 결혼 잔치의 떠들썩한 환락에 관심을 둔 "활량"이 아니라, 노수부의 "자기 주위 세계와의 관계," 즉 "그의 경험의 구조"(Haven 20)를 변화시킨 그의 기이한 영적 여정의 이야기에 의해 훈계된 "한결 진지하고 현명한 사람"으로 극적인 변모를 겪게 되었다. 우리 독자들 역시 하객과 마찬가지로, "일상 생활의 쩨쩨한 것들"에서 벗어나 "우주 속의 비가시적인 것들"을 일견하고 "보다 크고 나은 세계"(*CPW* 1: 186)를 마음속에서 숙고할 수 있게 된 셈이다.

4

비록 코울리지가 워즈워스 남매와의 도보 여행에 필요한 경비를 충당할 목적에서 당시 유행하던 고딕 밸러드 풍의 시를 시도했던 것은 분명하지만, 그가 이 시를 여러 차례 개작하는 과정에서 보여준 지속적인 관심뿐만 아니라 그의 비평적 저작 및 기타 산문에서의 이 시에 대한 빈번한 언급은 이 시를 그의 정신의 삶에 핵심적인 것으로 보게 되었음을 입증한다. 우리가 익히 알고 있다시피, 1798년 『서정시집』의 초판본에 수록되었을 때 이 시는 의식적으로 중세적 취향의 고어체 어휘와 철자법 그리고 공포감을 자아내는 장면들과 요소들을 많이 활용했다.

1800년의 재판본에서는 이 시의 불가해한 인물·행위·상황 등을 비판적으로 보았던 워즈워스의 권고 및 당대의 적대적 비평에 영향을 받아 이 시를 당대의 취향에 보다 적합하게 그리고 의미에 있어서 보다 명료하게 만들기 위해 부분적인 수정이 가해졌다. 최종적으로 이 시는 1817년 『무녀의 엽편(葉片)들』(Sybilline Leaves)에 수록될 때 제사(題詞)와 방주가 첨가됨과 동시에 현란한 고딕적 사건들과 요소들은 삭제되고 묘사적 세부들은 보다 극적인 맥락에서 보완됨으로써 전통적인 고딕 밸러드를 넘어서게 되었다. 요컨대 20년 간에 걸친 코울리지의 끈질긴 사색의 결과로 전형적인 고딕 밸러드의 초자연적 요소들은 내면화되어 죄의식에 시달리는 노수부의 내면 세계의 어두운 구석들을 탐색하기 위한 강력한 상상적 도구로 변형된 것이다.

　표면적으로 이 시는 한 노수부의 기이한 모험에 관한 흥미로운 스토리이지만, 영혼의 여정이라는 측면에서 살펴볼 때 그것은 인간의 영혼의 어두운 협곡들, 그리고 인간성에 내재하는 악의 성격에 관한 한 진지한 탐구이다. 실제로 코울리지는 이 시를 구상하던 무렵에 여러 달 동안 '악의 근원'에 관한 장시를 쓸 생각을 갖고 있었고, 「잠의 고통」("The Pains of Sleep") 같은 시편들에서는 "내면의 측량할 길 없는 지옥"(CPW 1: 390)을 생생하게 묘사한 바 있다. 애초에는 카인의 죄와 고통과 속죄에 관한 시로서 구상되었던 「노수부의 노래」속에 코울리지는 그 자신의 고통·두려움·죄의식·회한·무력감 등을 투영시켰고, 더욱이 이 시는 그가 이후에 경험하게 될 고통들을 예시하는 한 예언적인 시편이기도 하다.

　우리의 논의에서 밝혀졌듯이, 무엇보다도 이 시는 죄의식에 사로잡힌 한 인간의 자기 발견의 여정으로서 인간 영혼을 둘러싼 우주의 신비에 대한 한 감동적인 탐색이다. 노수부의 항해가 그에게 마음의 심연과 영혼의 신비에 대한, 그리고 처음에는 그가 무도하게도 무지했던 우주의 신비들에 대한 깨달음을 안겨주었다는 것은 분명하다. 코울리지는 허구적 사건들과 인물들에 "우리의 내적 본성으로부터" "잠시 동안 불신의 그 자발적인 정지를 확보하기에 충분한 인간적 흥미와 박진감을 전이시킴"(*BL* 2: 6)으로써 영속적인 인간 문제들을 생생하고 상상적인 현실로 설득력 있게 극화하는 가운데 그 자신의 강력한 상상력의 힘을 뚜렷하게 입증하고 있다.

악의 경험: 「크리스타벨」

1

　코울리지의 「크리스타벨」("Christabel," 1797)은 「노수부의 노래」 및 「쿠블라 칸」과 더불어 초자연적인 소재를 다룬 그의 대표작으로 널리 상찬되어 왔다. 그러나 이 시는 그 매혹적인 스토리와 기법적 탁월성에도 불구하고 다른 두 편의 시에 비해 잘 이해되지도 또 만족스러운 비평적 해명을 받아오지도 못한 것이 사실이다. 이 시가 원래 코울리지가 계획했던 내용의 일부만으로 구성된 미완의 작품이라는 사실이 그 부분적인 이유가 될 수 있을 것이다. 이 시의 1·2부가 "서로 너무 달라서 좀처럼 동일한 시에 속하는 것처럼 보이지 않"(House 122)으며, "단편적이고 궁극적으로 불만족스럽다"(125)는 하우스(Humphry House)의 견해는 이 시에 대한 비판적인 평가를 단적으로 대변하고 있다.

　이 시가 발표된 당시의 서평자들 역시 이 시의 음란성에 주로 초점을 맞춤으로써 이 시가 가진 많은 미점들을 충분히 조명하지 못했다. 당시 발간된 한 익명의 팸플릿에서 이 시는 "영어로 씌어진 가장 음란한 시"로서 "순수함과 점잖음에 맞서 상상할 수 있는 최대한도로 가증스럽게 죄를 짓는 시편들의 하나"(Nethercot 28)로 낙인찍힌 바 있다. 이 시에 암시된 동성애적 성관계, 그리고 성애적(性愛的) 충동들의 체현으로서의 제럴다인의 모습은 오늘날에 있어서도 이 시를 성적 관점에서 읽고자 하는 접근법의 주된 관심사가 되고 있는 것처럼 보인다.

이 시가 외관상 공포스러운 고딕 로만스의 형식을 띠고 있는 점도 한편으로 이 시에 대한 사람들의 흥미를 유발시키긴 했지만, 다른 한편으로 이 시의 보다 진지한 이해에 장애가 되어 왔다고 할 수 있다. 네더콧(Nethercot)이 그의 상세한 연구에서 밝혀준 바 있듯이(45-181), 코울리지가 이 시를 쓰기 위해 여러 해에 걸쳐 자료 수집을 했었고, 또 이 기간 동안 흡혈귀·레이미어·마녀 이야기들과 악령학에 몰두해 있었던 그의 탐구의 흔적이 이 시의 도처에 드러나 있다는 것은 분명하다. 그러나 이 시는 단순히 마녀·수호 정령·악마·숙녀들·봉건 귀족들·음유 시인·전사들·성 등의 요소들로 이루어진 고딕 로만스가 아니라, 그같은 형식을 통해 악의 경험의 의미를 깊이 있게 탐구하고자 하는 코울리지의 진지한 노력의 산물이다. 무엇보다도 이 시가 주는 시적 흥미는 표층적인 고딕 로만스의 요소들보다는 여러 등장 인물들간의 관계를 통해 선과 악, 사랑과 증오, 순수와 관능, 외관과 실재간의 모호한 상호 관계 또는 양가성의 문제를 진지하게 탐구하려는 코울리지의 노력에서 비롯된다. 따라서 우리는 이 글에서 크리스타벨과 제럴다인, 그리고 리올라인 경간의 관계에서 드러나는 악의 경험이 어떻게 이 시의 극적 행위 속에서 역동적으로 구현되고 있는지를 구체적으로 살펴보고자 한다.

2

이 시의 시간적·공간적 배경을 설정하고 있는 서두는 전통적인 고딕 로만스의 방식으로 시작된다.

성(城)의 시계로 자정,
그리고 올빼미들은 소리치는 수탉을 막 깨웠다.
부—엉——부—엉!
그리고 다시 들어보라! 수탉의 울음소리를,
얼마나 졸립게 그것이 울어댔는지를. (1-5행)

'Tis the middle of night by the castle clock,
And the owls have awakened the crowing cock;
Tu—whit!——Tu—whoo!
And hark, again! the crowing cock,
How drowsily it crew. (*CPW* 1: 215)

객관적 시점에서 시간적·공간적 배경을 상세하게 제시하고 있는 것처럼 보이는 이 구절에서 우리는 한 불길한 전조를 암시받는다. 유령들이 나돌아다니는 것으로 여겨지는 자정이라는 시간적 배경도 그러하지만, 더욱 우리의 관심을 끄는 것은 새벽을 알리도록 성 안에서 길들여진 수탉이 성 밖의 야생 올빼미들에 의해 자정에 깨워지고 있다는 점이다. 깨워진 수탉의 울음 또한 그다지 명료하지 못한 순간적인 것일 뿐이다. 올빼미로 대표되는 밤의 소리들이 새벽을 깨우는 이 불길한 전조는 앞으로 우리가 살펴보게 될, 크리스타벨의 악몽 같은 경험을 예고하는 효과적인 장치이다.

성주인 "부유한 남작" 리올라인 경이 키우는 매스티프종 암캐는 노쇠하고 병약한 주인에 걸맞게 이빨마저 빠져 있다. 이 암캐는 "달빛이 비치건 소나기가 오건 간에/ 15분마다 네 번, 정각에는 열두 번"씩 기계적으로 시계에 화답한다. 암캐의 그같은 반응은 리올라인 경의 아내이자 크리스타벨의 모친인, 죽은 안주인의 "수의"를 보기 때문이라고, 서술자는 사람들의 입을 빌어 우리에게 전한다. 죽음과 결부된 불길한 분위기는 3연에서도 지속된다.

얇다란 잿빛 구름이 높이 펼쳐져 있는데,
하늘을 덮고는 있지만 가리지는 않는다.
달은 그 뒤에 있고, 만월이다.
하지만 달은 작고도 흐릿하게 보인다.
밤은 서늘하고, 구름은 잿빛이다.
때는 오월의 전 달,
그리고 봄은 이런 식으로 더디게 올라온다. (16-22행)

The thin gray cloud is spread on high,
It covers but not hides the sky.
The moon is behind, and at the full;
And yet she looks both small and dull.
The night is chill, the cloud is gray:
'Tis a month before the month of May,
And the spring comes slowly up this way. (*CPW* 1: 216)

하우스(House)가 지적하듯이, 이 구절은 그 어휘뿐만 아니라 리듬에 의해서도 구름과 달이 일상적 행위 방식을 벗어나 기이하게 그리고 불길하게 행동하고 있음을 시사한다(124). "하늘을 덮고는 있지만 가리지는 않는" 얇다란 잿빛 구름으로 인해 만월은 밝게 빛나지 못하고 "작고도 흐릿하게" 보인다. 583행에서의 "흐릿하게 그리고 수줍게 깜빡"이는 제럴다인의 "뱀의 작은 눈"과 연관될, 작고 흐릿한 이 불길한 만월의 이미지는 졸음에 겨워하는 수탉의 이미지와 더불어 "자연의 자애로운 에너지들이 가장 많이 빠진 상태"(Beer 1972, 78)를 암시한다. 이 시의 계절적 배경이 봄철, 특히 4월임을 밝히는 마지막 두 행 또한 시사적이다. 생명의 흔적이 거의 없는 이 성 주위에서는 생명의 계절인 봄 또한 "더디게" 찾아온다. 악령들이 축제를 벌인다고 믿어지는 '발푸르기스의 밤'(Walpurgisnacht) 그리고 흡혈귀들과 마녀들을 비롯한 모든 악한 존재들이 최고의 상태에 있다고 믿어져 온 '성 조지의 이브'(St. George's Eve)와 연관된 것으로 추정되는(Twitchell 29) 이 시기에 성주의 딸인 크리스타벨은 무방비 상태인 채 성 바깥의 숲에서 위험으로 가득찬 한 만남을 스스로 찾아나선다.

> 아버지가 그토록 사랑하는
> 사랑스런 숙녀 크리스타벨,
> 무엇이 그녀를 이렇게 늦게
> 성문에서 ⅛마일이나 떨어진 숲에 있게 만드는가?
> 그녀는 간밤 내내 꿈을 꾸었다
> 자신의 약혼한 기사에 관해.
> 그리고 그녀는 한밤의 숲에서 기도할 것이다
> 멀리 떨어져 있는 자신의 연인의 안녕을 위해. (23-30행)
>
> The lovely lady, Christabel,
> Whom her father loves so well,

> What makes her in the wood so late,
> A furlong from the castle gate?
> She had dreams all yesternight
> Of her own betrothed knight;
> And she in the midnight wood will pray
> For the weal of her lover that's far away. (*CPW* 1: 216)

중세 기사도 로망스에서 숲은 종종 순결함이 시험받는 장소로 그려지고 있다(Swann 539). 표면적으로 크리스타벨은 코울리지의 「나이팅게일」에 나오는, 자연을 통해 그 너머의 신성한 존재와의 합일을 성취하는 존재인 "무척 온화한 한 처녀"(*CPW* 1: 266)를 우리에게 상기시키지만, 위의 구절에서의 묘사는 "그녀 자신의 약혼한 기사"에 관한 크리스타벨의 꿈이 그녀의 마음을 산란케 하는 것이었음을 보여준다. 초판본에 나오는 구절―"Dreams, that made her moan and leap,/ As on her bed she lay in sleep"(*CPW* 1: 216)―을 고려할 때, 기사에 관한 크리스타벨의 꿈이 성애적인 것이고, 그녀가 현재 성적인 불안감에 사로잡혀 있다는 것은 명백한 것처럼 보인다. 그리고 이것은 뒤에서 크리스타벨이 제럴다인의 성적인 유혹에 넘어가게 되는 배경으로 작용하게 된다.

크리스타벨이 성모 마리아에게 기도하는 장소인 참나무는 전통적으로 드루이드교 승려들(Druids) 사이에서 신성하게 떠받들어지는 나무이다. 참나무는 "거대한, 넓은 젖가슴의, 오래된" 것으로 묘사되고 있는데, 결국 참나무 뒤편에서 그녀가 놀라며 발견하게 되는 것은 신음하는 제럴다인이고, 제럴다인은 크리스타벨에게 대리적 어머니의 역할을 떠맡고자 한다. 크리스타벨이 제럴다인을 발견하기까지의 과정은 "서늘한 밤"과 "벌거숭이 숲"의 음산하고 긴장된 분위기에서 이루어진다. 이 같은 배경에서 나타나는 "그 무리 중 마지막 것"인 "유일한 빨간 잎"의 이미지는 곧 나타날 불길하고 사악한 존재인 제럴다인과 연관되어 우리의 관심을 끈다. 이 이미지는 언뜻 크리스타벨의 고립된 상태를 강조하기 위해 활용되고 있는 것처럼 보인다(Tomlinson 108). 그렇지만 좀 더 주의 깊게 살펴볼 경우, 잎은 죽은 것으로서 단지 살아 있는 것처럼 보일 뿐이다. 이 "빨간" 잎의 움직임은 생명과 활력을 가장하고 있고, 그런 점에서 곧 뒤이어 나타날 "기이한 숙녀"인 제럴다인의 기만적인 성격을 예고하는 것으로 볼 수 있다.

> 거기에서 그녀는 달빛 속에서 유령처럼 빛난
> 하얀 비단옷을 입은
> 빛나는 처녀를 본다.
> 하얀 옷을 어둡게 만들어버린 목,
> 그녀의 위엄 있는 목, 그리고 팔은 맨살이었다.
> 푸른 혈관 비치는 발도 샌달을 신지 않은 채였고,
> 여기저기에서 요란하게
> 머리칼 속에 얽혀진 보석들이 반짝거렸다.
> 추측컨대, 그녀처럼 그렇게 부유하게 옷입은 숙녀를
> 그곳에서 보는 것은 두려운 일이었으리라—
> 지나치게 아름다운 숙녀를! (58-68행)

There she sees a damsel bright,
Drest in a silken robe of white,
That shadowy in the moonlight shone:
The neck that made that white robe wan,
Her stately neck, and arms were bare;

> Her blue-veined feet unsandal'd were,
> And wildly glittered here and there
> The gems entangled in her hair.
> I guess, 'twas frightful there to see
> A lady so richly clad as she—
> Beautiful exceedingly! (*CPW* 1: 217-18)

크리스타벨이 처음 보게 된 제럴다인의 모습은 "고도로 심미화된 대상"(Swann 540)이다. 제럴다인이 입고 있는 "하얀 비단옷," 그리고 하얀 옷을 오히려 "어둡게" 만들어버리는 그녀의 새하얀 목은 표면적으로 그녀의 순결함과 순수함을 가장하고 있다. 동시에 달빛 속에서 그녀의 "하얀 비단옷"은 수의처럼 하얗다. 유령과 결부된 "shadowy"라는 단어는 앞으로 점차 드러나게 될 유령 또는 흡혈귀로서의 제럴다인의 성격을 암시한다. 제럴다인의 머리칼에서 "요란하게" 반짝거리는 "보석들"은 일차적으로는 그녀가 부유한 가문 출신임을 보여주지만, 동시에 외관과 실재의 괴리라는 문제를 우리에게 숙고하게 만든다. 곧 뒤이어 나오는 크리스타벨의 질문에 대한 제럴다인의 답변이 "예법에 맞는"(meet) 것임을 강조함으로써 서술자는 제럴다인의 화려한 외관 뒤에 음험한 의도와 격렬한 정열이 감추어져 있을 수 있음을 시사한다. 크리스타벨이 그곳에서 "그렇게 부유하게 옷입은 숙녀"를 보는 것은 두려운 일일 것이라고 서술자는 추측한다. "지나치게 아름다운!"이라는 어구 또한 제럴다인의 아름다움이 도를 넘어선 부자연스러운 것임을 거듭 강조한다.

여기에서 크리스타벨의 공포는 "문둥이처럼 하얀" 살결을 지닌 몽마(夢魔) "사중생"(Life-in-Death)을 볼 때의 노수부의 그것과 흡사하다.

그녀의 정체와 이곳까지 오게 된 경위를 묻는 크리스타벨의 질문에 대한 제럴다인의 답변은 모호하고 비현실적인 것이다. 그녀는 자신의 이름을 밝히고, 부친이 "고귀한 혈통"을 이어받고 있으며, 다섯 명의 전사들에 의해 납치되어 이 참나무 밑까지 끌려왔다고 말하면서, 크리스타벨에게 연민과 도움을 간청한다. 제럴다인의 다소 황당한 이야기를 사실로 여긴 크리스타벨은 손을 내밀어달라는 그녀의 요청에 응해 손을 내밀고, 아버지인 리올라인 경의 성에서의 환대와 보호를 약속한다. 크리스타벨이 자신의 침상을 함께 쓸 것을 제의하면서 그녀를 성 안으로 데리고 들어갈 때, 우리는 연이어 나타나는 몇 가지 단서들을 통해 제럴다인이라는 이 아름다운 숙녀가 그녀 자신의 말처럼 납치된 순진한 처녀만은 아님을 암시받게 된다.

맨처음 그들이 성문을 지나갈 때, 제럴다인은 안으로 들어가지 못하고 그 앞에 주저앉는다. 성문은 사악한 것들에 대비해 축성되어 있기 때문에, 그녀는 성의 거주자인 크리스타벨의 도움 없이는 성 안으로 들어갈 수 없는 것이다. 크리스타벨의 부축으로 문턱을 넘어선 제럴다인은, 크리스타벨이 그녀를 고통에서 구해준 성모 마리아에게 함께 기도하자고 권유할 때, 자신은 지쳐서 말도 못하겠다고 둘러댄다. 그렇지만 사실 그녀는 악령이기 때문에 성모 마리아를 찬미할 수 없는 것이다. 그들이 곤히 잠들어 있는 늙은 매스티프종 암캐 곁을 지나갈 때, "크리스타벨의 눈 밑에서／ 고함을 질러본 적이 결코 없었던" 그 개는 "분노에 찬 신음소리"를 낸다. 서술자는 이에 대해 "새끼 올빼미들의 외마디 소리" 때문일지도 모르겠다고 짐짓 딴청을 부리지만, 속신에 친숙한 독자들은 이 개가 제럴다인이 악령임을 본능적으로 인지하기 때문임을 직감한다. 그들이 잠들어 있는 리올라인 경을 깨울까봐 조심스레 홀을 지나갈 때, 제럴다인에 대한 불길의 반응 또한 시사하는 바 크다. 제럴다인이 지나갈 때 날름거리는 혀 모양의 불길은 발작적으로 솟아나는데, 이것은 불길이 그 지배자에 반응하고 있음을 나타내며, 또한 2부에서 크리스타벨을 표상하는 비둘기를 칭칭 휘감고 있는 뱀의 날름거리는 혀와 연관되어 있다.

은 램프와 기이한 조각들로 장식된 고딕풍의 크리스타벨의 방에서 램프가 천사 조각상들을 비추자 제럴다인은 또다시 바닥에 주저앉는다. 크리스타벨이 자신이 태어난 시간에 돌아가신 어머니가 생전에 들꽃들로 만든 "강장주"를 제럴다인에게 권하자, 제럴다인은 크리스타벨에게 그녀의 모친이 자신을 가엾게 여길지를 물어보는 섬세하고 사랑스러운 숙녀의 모습으로 나타난다. 어머니에 대한 그리움으로 가득한 크리스타벨의 열렬한 바람―"오 그리운 어머니! 당신께서 이 자리에 계셨더라면!"(202행)―에 대해 의례적인 반응을 보이던 제럴다인은 크리스타벨의 모친의 혼령이 실제로 출현하자 격한 감정을 드러낸다.

그러나 곧 목소리를 바꿔 그녀는 말했다―
"꺼져요, 헤매는 어머니여! 야위고 수척해져요!
난 당신에게 꺼지라고 명할 힘이 있어요."
아! 무엇이 가엾은 제럴다인을 괴롭히는가?
왜 그녀는 불안한 눈으로 응시하는가?
그녀는 육신 없는 사자(死者)를 알아차릴 수 있는가?
그리고 왜 공허한 목소리로 그녀는 외치는가
"꺼져요, 여인이여, 꺼져요! 이 시간은 내 것이오―
비록 그대가 그녀의 수호 정령이라 하더라도,
꺼져요, 여인이여, 꺼져요! 그건 내게 주어진 거요." (204-13행)

But soon with altered voice, said she—
'Off, wandering mother! Peak and pine!
I have power to bid thee flee.'
Alas! what ails poor Geraldine?
Why stares she with unsettled eye?
Can she the bodiless dead espy?
And why with hollow voice cries she,
'Off, woman, off! this hour is mine—
Though thou her guardian spirit be,
Off, woman, off! 'tis given to me.' (*CPW* 1: 223)

우리가 알다시피, 자정부터 동트기 전까지는 악령의 시간이다. 따라서 선한 힘을 대표하는 크리스타벨의 모친의 혼령에게 제럴다인은 꺼지라고 명할 수 있다. 서술자는 제럴다인이 악령인 것을 모르는 것처럼 얘기하지만, 여기에서 우리는 악령으로서의 제럴다인의 모습을 뚜렷하게 목격한다. 『멕베스』(*Macbeth*)에 나오는 제1마녀의 말을 상기시키는 이 구절은 제럴다인이 크리스타벨의 모친의 혼령과의 힘겨운 투쟁—"그 숙녀는 자신의 젖은 차가운 이마를 닦았고"(218행)—에서 승리자로 떠오르고 있음을 보여준다. 이제 제럴다인은 어느 누구의 방해도 받지 않고 크리스타벨의 순결을 빼앗을 여건을 갖춘 셈이다.

크리스타벨은 자신의 모친의 혼령에 대한 제럴다인의 격한 고함들을 그녀가 방금 겪은 불행한 사건들 탓으로 돌린다. 크리스타벨의 모친이 만든 강장주를 마신 후, 제럴다인은 원기를 회복하고 당당한 모습으로 일어선다. "환하게 반짝이기 시작"한 "그녀의 예쁘고 큰 눈"(221행)은 앞에서 그녀의 머리칼을 장식하던 "보석들"의 반짝거림(64행)을 반향하면서, 그녀의 눈의 부자연스러움을 강조한다. 사실상 그녀의 눈은 지나치게 "크고 빛나고 열렬한" 것이다.

　다시금 사랑스러운 숙녀의 모습으로 되돌아온 제럴다인은 크리스타벨의 경건함을 이용하여 기묘한 논리로 함께 옷을 벗고 기도하자고 권유한다. 먼저 옷을 벗고 누운 크리스타벨이 머릿속이 복잡한 가운데 보게 되는 제럴다인의 옷벗은 모습은 상세하게 제시되고 있다.

> 램프 아래에서 그 숙녀는 몸을 숙였고,
> 천천히 눈을 이리저리 굴렸다.
> 그리고는 몸서리치는 사람처럼
> 큰소리로 숨을 들이쉬며,
> 젖가슴 아래로부터 벨트를 풀었다.
> 그녀의 명주 겉옷, 그리고 속옷이
> 그녀의 발치께에 떨어졌다 온통 그 모습을 드러내며.
> 보라! 그녀의 젖가슴과 그녀의 허리 절반을—
> 꿈꿔볼 만하지만 말할 수는 없는 광경!
> 오 그녀를 막아주소서! 마음씨 고운 크리스타벨을 막아주소서! (245-54행)

> Beneath the lamp the lady bowed,
> And slowly rolled her eyes around;
> Then drawing in her breath aloud,
> Like one that shuddered, she unbound
> The cincture from beneath her breast:
> Her silken robe, and inner vest,
> Dropped to her feet, and full in view,
> Behold! her bosom and half her side—
> A sight to dream of, not to tell!
> O shield her! shield sweet Christabel! (*CPW* 1: 224)

제럴다인이 옷을 벗으면서 보여주는 동작은 우리에게 불길한 뱀의 일면을 상기시킨다(Enscoe 48). 그녀의 옷이 벗겨진 후 드러나는 젖가슴의 모습은 이 시의 초고본들에서 확인되듯이 "야위고 시들고 시커먼"(lean and old and foul of hue)(*CPW* 1: 224) 것이다. 전통적으로 무녀 또는 마녀에게 귀속된 이 흉측한 젖가슴은 그녀의 악 또는 죄의 육체적 표지이다. 여기에서 제럴다인의 젖가슴의 구체적 세부들을 생략하는 것이 오히려 독자들에게 더 큰 공포감을 유발시킬 수 있으리라고 코울리지는 판단했던 것처럼 보인다. 실제로 셸리(Shelley)는 이 구절을 읽다가 공포로 방에서 뛰쳐나간 것으로 알려져 있다(Fogle 1962, 148; Radley 70; Schapiro 77).

한동안 제럴다인은 자신과의 갈등을 드러내지만, 곧 자신의 드러난 젖가슴을 자신의 마법적 힘의 원천으로 언급한다.

"이 젖가슴을 접촉함으로써 마법이 작용하고,
그것은 그대의 발언을 지배하리라, 크리스타벨이여!
그대는 오늘밤 알고 그리고 내일도 알리라
내 수치의 이 징표를, 내 슬픔의 이 낙인을. . . ." (267-70행)

'In the touch of this bosom there worketh a spell,
Which is the lord of thy utterance, Christabel!
Thou knowest to-night, and wilt know to-morrow,
This mark of my shame, this seal of my sorrow; . . .'
   (*CPW* 1: 224-25)

제럴다인은 자신의 젖가슴의 접촉에 의해 크리스타벨의 혀를 가두는 셈이다(Rzepka 161). 예전에 하느님・그리스도・성모 마리아가 크리스타벨의 "주"(Lord)였다면, 이제 제럴다인의 마법이 그것을 대체하고 있다. 이 마법으로 인해 크리스타벨은 지금 침실에서 둘 사이에 일어난 일들을 말할 수도 없고 또 뒷날 기억하지도 못한다. 오직 그녀가 기억할 수 있는 것은 자신이 성밖의 숲에서 고통받고 있던 숙녀를 발견해서 "축축한 대기로부터 그녀를 막고 보호해 주기 위해" 성안으로 데려왔다는 사실뿐이다. 처음에 제럴다인을 구해 준 크리스타벨이 이제 제럴다인의 마법에 의해 악의 제물이 됨으로써 두 숙녀의 관계는 완전히 역전된 상태이다. 크리스타벨이 간직해 온 순결함은 이제 한 사악한 마녀에 의해 더럽혀져버린 것이다.

1부의 '결어' 부분(279-331행)은 다시 한번 크리스타벨의 예전의 순결성과 현재의 더럽혀진 상태를 대조시킨다. 결어의 서두는 참나무 아래에서 "약혼한 기사"에 관해 기도하는 크리스타벨의 모습을 제시하지만, 뒤이어 그녀의 모습은 눈뜬 채 "두려움에 차 꿈꾸는" 것으로 묘사된다. 그녀에게 악을 행사한 바 있고 또 그녀를 안고 있는 제럴다인은 아기를 포옹하는 어머니에 섬뜩하게 비유된다. 요컨대 제럴다인이 크리스타벨에게 행사하는 권위는 어머니로서의 그것인 것처럼 제시되고 있는 것이다. 이제 제럴다인의 "슬픔과 수치"는 크리스타벨에게 전이되어졌고(Enscoe 50), 크리스타벨은 눈을 뜨고는 있지만 꿈 같은 상태에서 완벽하게 제럴다인의 수중에 놓여져 있다. "슬픔과 수치"에 대한 언급은 크리스타벨에 대한 제럴다인의 유혹이 성적인 것이었음을 보다 뚜렷이 보여준다. 제럴다인이 크리스타벨에게 악을 행사하던 그 치명적 시간 동안 침묵을 지키던 밤새들은 이제 새롭게 절벽과 탑과 숲과 바위산에서 환희의 기쁨을 터뜨리고, 크리스타벨은 홀린 상태에서 깨어난다.

그리고 보라! 숙녀 크리스타벨이
홀린 상태에서 벗어나 스스로를 추스리는구나.
사지는 풀어지고, 안색은
슬프고도 부드러워진다. 매끈한 얇은 눈꺼풀들이
그녀의 눈 위를 덮는다. 그리고는 눈물을 흘린다—
속눈썹을 빛나게 하는 커다란 눈물을!
그리고 자주 그동안 그녀는 미소짓는 듯이 보인다
갑작스런 빛을 쳐다보는 아기처럼. (311-18행)

And see! the lady Christabel
Gathers herself from out her trance;
Her limbs relax, her countenance
Grows sad and soft; the smooth thin lids
Close o'er her eyes; and tears she sheds—
Large tears that leave the lashes bright!
And oft the while she seems to smile
As infants at a sudden light! (*CPW* 1: 226)

홀린 상태에서 자신을 수습하는 크리스타벨은 모호한 죄의식을 느끼긴 하지만 미소짓는 모습으로 그려지고 있다. 블룸(Bloom)이 지적하듯이, "악의 경험으로의 그녀의 깨어남은 쾌감과 통증을 함께 가져온 것이다"(1971, 215). 어떤 의미에서 크리스타벨 자신도 제럴다인이 제공한 악의 경험에 적극적으로 저항하지 않은 것처럼 보인다. "푸른 하늘은 만물 위에 굽어 덮"고 있기 때문에 "사람들이 부르기만 하면 성인들은 도우실 것이"라는 것을 알고 있지만 그녀는 성인들에게 도움을 청하지 않았던 것이다. 표면적으로 1부의 '결어'는 "만물 위에 굽어 덮는" 푸른 하늘이라는 "자애로운 모성적 이미지"(Schapiro 78)를 통해 "자유, 자유 의지의 느낌을 제공하는"(Tomlinson 107) 결미로 끝나는 것처럼 보이지만, 크리스타벨의 "수호 정령"인 모친의 혼령이 이미 제럴다인과의 싸움에서 참패한 상황임을 감안할 때 그것은 공허한 수사처럼 들릴 뿐이다.

3

 이 시의 기본적 배경과 토대를 제공하는 1부보다 2년 뒤에 씌어진 2부에서는 1부에서의 관계가 보다 많은 인물들간의 복합적인 관계로 발전해 간다. 1부에서 크리스타벨과의 관계 속에서 부분적으로 제시된, 제럴다인으로 대표된 악 또는 악령적 힘의 경험은 2부에서 리올라인 경을 포함한 삼자간의 관계 속에서, 그리고 크리스타벨의 내면의 죄의식을 통해 한층 더 극적으로 제시된다.
 2부의 서두는 1부에서 어느 정도 암시된 바 있는, 죽음이 지배하는 성의 세계를 구체적으로 명시한다.

> 매번의 아침 기도 종소리는 우리를 죽음의 세계로
> 조종(弔鐘)마냥 되불러간다라고 남작이 말한다.
> 이 말을 리올라인 경은 맨처음 말했다
> 그가 일어나 자신의 아내가 죽어 있는 것을 발견했을 때.
> 이 말을 리올라인 경은 말하리라
> 죽을 때까지 수많은 아침에!
>
> 그리하여 그 관습과 법률이 시작되었다
> 언제나 새벽녘에, 묵중한 종을
> 적절히 잡아당기는 성당지기가

매번 치는 사이 마흔 다섯 개의 묵주를
세어야 한다는 것—브래써 헤드에서 윈더미어까지
어느 영혼도 듣지 않을 수 없는
경고의 조종. (332-44행)

Each matin bell, the Baron saith,
Knells us back to a world of death.
These words Sir Leoline first said,
When he rose and found his lady dead:
These words Sir Leoline will say
Many a morn to his dying day!

And hence the custom and law began
That still at dawn the sacristan,
Who duly pulls the heavy bell,
Five and forty beads must tell
Between each stroke—a warning knell,
Which not a soul can choose but hear
From Bratha Head to Wyndermere. (*CPW* 1: 227)

아내가 딸인 크리스타벨을 낳다가 죽은 이래로 리올라인 경은 의도적으로 자신을 삶의 세계로부터 유폐시켜 왔다. 그는 아내의 죽음이라는 사실에 강박되어 왔고, 이로 인해 생중사(Death-in-Life)를 살아온 셈이다. 더욱이 그는 포고령을 통해 죽음의 의식(儀式)을 지속적으로 연출하기까지 한다. 아내의 상실로 인한 "사적인 비탄을 공적 의식으로 전환"(Swann 547)함으로써 상실을 의도적으로 재체험하고자 하는 그의 이같은 노력은 사실 지나친 것으로서 가히 병적이라 할 만하다. 어머니가 죽고 아버지마저 병적으로 죽음에 집착해 있으며 연인도 멀리 떠나 있는 고립무원의 상태에서 크리스타벨이 제럴다인의 유혹에 쉽사리 넘어가는 것은 어쩌면 자연스러운 결과일 수 있다.

성에서 들리는 "조종들에 불쾌해져" 악마가 종들의 구슬픈 이야기를 조롱하면서 울리는 "명랑한 종소리"로 인해 제럴다인이 잠에서 깨어나고, 또 궁극적으로 그녀가 죽음의 세계에 침잠해 있던 리올라인 경을 그 세계로부터 벗어나게 만든다는 점도 의미심장하다. 악마의 "명랑한 종소리"에 잠이 깬 제럴다인은 침실에서 일어나 머리칼을 치장한 후 크리스타벨을 깨운다.

> 그러자 크리스타벨은 일어나, 자기 곁에
> 누워 있던 그 사람을 알아차렸다—
> 오 그보다는, 오래된 참나무 밑에서
> 그녀가 들어올렸던 바로 그 사람을!
> 아니 더 아름다운! 더욱 아름다운!
> 왜냐하면 그녀[제럴다인]는 아마 잠의 온갖 축복을
> 깊이 들이마셨기에!
> 그리고 그녀가 말하는 동안, 그녀의 안색, 그녀의 자태는
> 무척이나 예의 바르게 감사의 뜻을 표해서
> 그녀의 졸라매진 속옷은
> 부풀어오르는 젖가슴 아래에서 꽉 조여졌다(그렇게 보였다).
> "분명 내가 죄를 지었구나!" 크리스타벨이 말했다
> "만사가 잘 되면, 이제 하늘이여, 찬양 받으소서!"
> 그리고는 더듬거리며 낮은, 그렇지만 감미로운 음조로
> 그녀는 그 고귀한 숙녀를 맞았다
> 너무 생생한 꿈이 뒤에 남을 때 같은
> 당혹스런 마음으로. (370-86행)

And Christabel awoke and spied
The same who lay down by her side—
O rather say, the same whom she
Raised up beneath the old oak tree!
Nay, fairer yet! and yet more fair!
For she belike hath drunken deep
Of all the blessedness of sleep!
And while she spake, her looks, her air
Such gentle thankfulness declare,
That (so it seemed) her girded vests
Grew tight beneath her heaving breasts.
'Sure I have sinn'd!' said Christabel,
'Now heaven be praised if all be well!'
And in low faltering tones, yet sweet,
Did she the lofty lady greet
With such perplexity of mind
As dreams too lively leave behind. (*CPW* 1: 228)

크리스타벨이 깨어나 제럴다인을 알아보고 느끼는 감정을 서술하고 있는 이 구절의 첫머리에서 먼저 주목되는 것은 서술이 점층적 전개와 부연을 통해 이루어지고 있다는 점이다. 더욱이 이 점층적 전개와 부연은 크리스타벨을 능동적 주체로 만드는 어구 표현을 통해 제럴다인과의 전날 밤의 공포에 대한 책임을 명백히 한다(Schapiro 79). "자기 곁에/ 누워 있던 그 사람"은 "오래된 참나무 밑에서/ 그녀가 들어올렸던 바로 그 사람"이 됨으로써 전날 밤의 공포스러운 행위에 대한 크리스타벨의 책임은 한층 더 명백해지는 것이다.

크리스타벨과 잠을 자고 일어난 제럴다인은 보다 아름답고 육감적인 모습으로 변해 있다. 서술자는 제럴다인이 "잠의 온갖 축복을/ 깊이 들이마셨기" 때문이라고 말하고 있지만, 여기에서 우리는 그 이상의 어떤 점을 암시받는다. 마치 흡혈귀가 살아 있는 이들로부터 생피를 빨아마시듯, 제럴다인은 크리스타벨로부터 빼앗은 생명력으로 "부풀어오르는 젖가슴"을 갖게 된 것처럼 보인다. 래들리(Radley)에 의하면, 마녀들이 성적인 포만을 얻게 되면 번성하고 피어난다는 것은 악령학 연구자들에게는 익히 알려진 사실이다(71). 크리스타벨이 보다 아름답고 육감적으로 변모한 제럴다인을 보고 느낀 죄의식("분명 내가 죄를 지었구나!")과 당혹스런 불안감은 두 사람간의 관계가 성적인 것이었음을 시사한다.

크리스타벨이 제럴다인을 아버지인 리올라인 경에게 소개할 때, 그는 전과는 다른 "명랑한 경이감"을 갖고서 제럴다인을 바라보며 "그처럼 빛나는 귀부인에게 걸맞을/ 그러한 환영 인사"를 그녀에게 건넨다. 죽음의 세계 속에서 살아온 리올라인 경은 관능적인 제럴다인과의 만남을 통해 조금씩 생기를 띠게 된다. 더욱이 제럴다인이 자신이 겪은 불행에 관해 얘기하고 또 아버지의 이름을 언급하자, 그는 자신의 젊은 시절에 제럴다인의 부친으로 추정되는 롤런드 공과 맺었던 우정과 뒤이은 불화를 떠올린다. "마음속의 가장 가까운 형제"로 지내던 그들은 주위의 "속삭거리는 혀들"에 의해 서로 오해하게 되어 서로에게 "심한 경멸과 모욕의 언사"를 내뱉고는 갈라서고, 이후 다시는 만나지 못한 상태이다. 두 사람간의 우정이 깊었던 만큼 서로에 대한 분노는 "두뇌 속에서 광기처럼 작용하게" 된 것이다. 코울리지 자신과 사우디(Southey)간의 우정과 불화를 연상시키는 두 사람간의 이 양가적 감정은 뒤에서 크리스타벨에 대한 리올라인 경의 태도에서 또다시

현시된다.

  제럴다인의 이야기를 듣고서 리올라인 경이 보인 반응은 철저하게 기사도적이라고 할 수 있다—"오 그때 남작은 나이를 잊었고/ 그의 고결한 가슴은 분노로 높이 부풀어올랐다"(431-32행). 아내의 죽음에 사로잡혀 성안에서 죽음 같은 삶을 살아온 그는 이제 더 이상 병약한 노인이 아니다. 그는 제럴다인을 모욕한 "비열한" 자들을 자신의 마상시합장에서 처치하겠노라고 "눈을 번갯불처럼 굴리며" 공언하기까지 한다. 이제 제럴다인은 그를 병과 무감각으로부터 일깨워 주는 역할을 하게 된 셈이다(Enscoe 53). 리올라인 경이 롤런드 공에 대해 가졌었던 사랑의 강렬성은 롤런드 공의 딸임을 주장하는 제럴다인에게 고스란히 이전된다—"그리고 그는/ 그 아름다운 숙녀에게서 그의 친구의 아이를 식별했던 것이다"(445-46행). 제럴다인이 겪은 불행한 사건으로 인해 생긴 이 기대치 않은 상황을 자신이 젊은 시절에 모욕했던 친구와 화해할 수 있는 한 보상적 계기로 활용하려는 그는 친구의 딸을 사랑스럽게 포옹하고, 이 포옹은 자신의 딸인 크리스타벨에게서 특이한 반응을 유발시킨다.

    그리고 이제 그의 얼굴에는 눈물이 가득했고,
    사랑스럽게 팔로 예쁜 제럴다인을
    포옹했는데, 그녀는 그 포옹에 응하며,
    기쁜 표정으로 그것을 연장시켰다.
    그것을 보았을 때, 한 환영(幻影)이 떨어졌다
    크리스타벨의 영혼 위에,
    공포의 환영, 그 감촉과 고통이!
    그녀는 움츠러들었고, 몸서리쳤고, 다시 보았다—

(아, 슬프도다! 그대 온화한 처녀여!
그러한 광경을 본 것이 그대를 위해서였을까?)

다시금 그녀는 그 낯익은 젖가슴을 보았고,
다시금 그녀는 그 차가운 젖가슴을 감촉했고,
슈웃 소리를 내며 숨을 들이마셨다.
그 소리에 기사는 거칠게 몸을 돌렸는데,
아무것도 보질 못했고, 마치 기도하는 사람마냥
눈을 위로 쳐든 자신의 귀여운 딸만 보았다. (447-62행)

And now the tears were on his face,
And fondly in his arms he took
Fair Geraldine, who met the embrace,
Prolonging it with joyous look.
Which when she viewed, a vision fell
Upon the soul of Christabel,
The vision of fear, the touch and pain!
She shrunk and shuddered, and saw again—
(Ah, woe is me! Was it for thee
Thou gentle maid! such sights to see?)

Again she saw that bosom old,
Again she felt that bosom cold,
And drew in her breath with a hissing sound:
Whereat the Knight turned wildly round,
And nothing saw, but his own sweet maid
With eyes upraised, as one that prayed. (*CPW* 1: 230)

제럴다인은 리올라인 경의 포옹을 마치 연인의 그것처럼 맞이하면서 "기쁜 표정으로" 연장시킨다. 이 포옹 장면을 보자 크리스타벨의 영혼 위에는 "공포의 환영"이 찾아들고, 그녀는 공포 속에서 제럴다인의 "그 낯익은 젖가슴"을 보고 또 감촉하면서 뱀처럼 "슈웃" 소리를 낸다. 이것은 여러 학자들이 지적하듯이, 제럴다인의 젖가슴으로 대표되는 악과의 접촉에 의해 크리스타벨이 영향받아 어떤 변형을 겪게 되었다는 암시이다(Radley 72; Enscoe 54). 크리스타벨로 대표되는 선은 아무런 원인이나 이유 없이 악에 의해 무력하게 침범당할 뿐만 아니라, 악의 혐오스러운 특징들까지 비자발적으로 취하게 되는 것이다(Bostetter 1957, 183). 물론 이 암시는 뒤에서 음유 시인 브레이시(Bracy)의 꿈 이야기를 통해 심화·발전되어 간다.

그러나 그 "슈웃" 소리에 리올라인 경이 고개를 돌려 크리스타벨을 바라볼 때, 그녀는 다시금 평상시처럼 귀엽고 순결하고 경건한 딸의 모습으로 변모한다. 크리스타벨이 경험한 "공포의 환영"은 어느 사이에 사라지고, "그녀가 그 숙녀의 팔에 안겨 있는 동안/ 그녀의 사후의 휴식을 편안케 했던/ 그 행복한 환영"이 다시 찾아든 것이다. 이것은 제럴다인의 마법이 크리스타벨에게 그만큼 강력한 영향력을 발휘하는 것을 보여줄 뿐만 아니라, 크리스타벨에게 있어서 제럴다인과의 성적 접촉으로 대표되는 악의 경험이 공포스러운 저주이면서 동시에 즐거운 축복일 수도 있음을 나타낸다. 1부에서 간헐적으로 드러나던, 선과 악이 뒤섞인 제럴다인의 이중적 본성은 이제 크리스타벨의 경우에도 외관과 실재의 괴리라는 방식으로 현시되고 있는 것이다.

행여 자신이 크리스타벨을 "화나게 했을까 두려워하고 있는 듯이" 제럴다인은 자신이 곧장 아버지의 저택으로 돌려보내질 수 있기를 기도하지만, 리올라인 경의 계획은 기사도 전통에 입각한, 한층 더 엄숙하고 격식 차린 것이다. 그는 시인 브레이시에게 롤런드 공의 저택까지 말을 타고 서둘러 가서 그의 "감미롭고도 큰 음악"으로 두 사람의 화해를 위한 길을 닦도록 명한다. 리올라인 경에게 있어서는 제럴다인의 보호야말로 자신의 옛 친구와의 화해라는 외교적 목적을 달성하기 위한 절호의 계기일 것이기 때문이다.

리올라인 경의 명령에 대해 시인 브레이시는 자신의 "이상한 꿈"이야기를 하면서, 먼저 "강력하고 거룩한 노래"를 부르며 "부정한 어떤 것"을 숲에서 쫓아낸 후 임무를 수행하도록 해달라고 요청한다. 그에 의하면, 리올라인 경이 사랑하고 또 딸의 이름으로 불리는 "그 온순한 새"인 비둘기가 숲 속의 "녹색 초본들 사이에서 홀로" "공포에 찬 신음"을 내뱉고 있었다는 것이다.

> "그리하여 저는 꿈속에서 그곳에서 무엇을 찾을까 하고
> 그리고 땅 위에서 그렇게 퍼덕거리며 누워 있는
> 그 예쁜 새의 고통이 무엇을 의미하는지
> 알아보고자 다가갔던 것 같습니다.
> 저는 다가가 들여다보았는데, 그 새의
> 고통에 찬 비명의 원인을 알아낼 수 없었습니다.
> 그러나 소중한 숙녀를 위해
> 저는 그 비둘기를 집으려고 몸을 굽혔던 것 같습니다.
> 바로 그때, 오! 저는 보았습니다 빛나는 녹색 뱀 한 마리가
> 비둘기의 두 날개와 목 주위를 휘감고 있는 것을.
> 그것이 엎드려 있던 초본들처럼 녹색을 띠고,
> 비둘기의 머리 바로 옆에 그 머리를 웅크리고 있었습니다.
> 그리고 비둘기가 목을 부풀릴 때마다 자기 목도 부풀리면서,

비둘기와 함께 뱀은 들썩거리며 꿈틀거리는 것이었습니다! . . ."
  (541-54행)

'And in my dream methought I went
To search out what might there be found;
And what the sweet bird's trouble meant,
That thus lay fluttering on the ground.
I went and peered, and could descry
No cause for her distressful cry;
But yet for her dear lady's sake
I stooped, methought, the dove to take,
When lo! I saw a bright green snake
Coiled around its wings and neck.
Green as the herbs on which it couched,
Close by the dove's its head it crouched;
And with the dove it heaves and stirs,
Swelling its neck as she swelled hers! . . .' (*CPW* 1: 232)

여기에서 브레이시의 꿈은 비유적·상징적으로 제시되고 있다. 그의 꿈에서 그가 깔고 엎드려 있는 초본들과 같은 녹색을 띤 "빛나는 녹색 뱀"은 비둘기의 두 날개와 목 주위를 휘감고 있는 것으로 그려진다. 1부에서 제럴다인이 맨처음 성 근처의 숲에서 "빛나는 처녀"의 모습으로 나타난 바 있음을 상기할 때, 이 장면은 제럴다인에 의해 꼼짝없이 사로잡혀 있는 크리스타벨의 궁지를 상징하는 것으로 해석될 수 있다. 포글(Fogle)이 지적하듯이, "제럴다인처럼 뱀은 그 배경의 채색을 취하면서 스스로를 가장하고, 제럴다인처럼 그것은 신체적 포옹 속에서 그 희생 제물을 붙잡는다"(1962, 149). 그러나 이 장면의 의미는 이것으로 그치지 않는다. 비둘기의 움직임에 따라 목을 "부풀리고" 몸을 "들썩거리며 꿈틀거리는" 뱀의 동작은 단순히 비둘기를 질식시키고자 하는 행위만이 아니라, 이미 1부에서 크리스타벨과 제럴다인의 침실에서의 행위에서 암시된 바 있는 포옹의 성적 성격―"성교의 율동적 움직임"(Radley 74)―을 뚜렷이 드러낸다.

　이같은 상황에 대한 브레이시의 교정책은 시인으로서의 그의 역할에 비추어 볼 때 자연스럽다. 그는 "강력하고 거룩한 노래"로 "부정한 어떤 것"을 액막이하려 하지만, 리올라인 경은 시인의 꿈의 상징적 의미를 읽어낼 수 있는 능력도 또 시인의 말에 귀기울이려는 인내심도 갖고 있지 못하다. 제럴다인의 미모에 혹해 시인의 말을 "반쯤 귀기울여 듣고" 있던 그는 브레이시가 막연히, 그리고 우리 독자들이 비교적 확실하게 그 꿈의 의미라고 추정하는 바를 뒤집어버린다―"롤런드 공의 아름다운 비둘기인 예쁜 처녀여,/ 현금과 노래보다 더 강한 무기들로,/ 그대의 부친과 내가 뱀을 으깨버리리라!"(569-71행). 이 구절에서 드러나듯이, 리올라인 경은 자신이 이해할 수 없는 상황에 직면하여 무력에 호소하려 하고, 결과적으로 이처럼 무자비한 방식으로 자신의 딸인 크리스타벨을 배척하게 된다. 이 상황에서 제럴다인은 수줍음과 겸손을 가장하며 숙녀다운 행동거지를 보이고는 "흐릿하게 그리고 수줍게" 깜박이는 "뱀의 작은 눈"으로 크리스타벨을 곁눈질한다. 『잃어버린 낙원』(*Paradise Lost*)에서의 사탄의 "곁눈질"("Eyed them askance"[4권, 504행]―Milton 91; "scornful eye askance"[6권, 149행]―Milton 130)을 연상시키고 또 마녀들의 눈길과 결부된 것으로 믿어져 온 제럴다인의 "곁눈질"은 크리스타벨에게서 공포와 혐오로 인한 발작을 불러일으키면서 뱀의 "슈웃" 소리를 끌어낸다. 크리스타벨의 이같은 변형은 다시 한번 제럴다인의 강력한 최면적 마력을 입증하는 극적인 사례이다. (실제로 낭만주의 문학에서 악의를 갖고서 상대방을 최면시켜 자신의 음험한 의도를 달성하고, 그럼으로써 "인간의 가슴의 신성함"을 "냉혹하게 범하는"[Hawthorne 200] 악마적 주인공의 모습은 호쏜과 멜빌의 작품에서 빈번히 산견된다.)

> 아 슬프게도! 그 처녀, 그녀의 생각들은 사라져버리고,
> 그녀는 아무것도 보지 못한다―단 한 가지 광경만 빼고는!
> 간계나 죄 같은 건 전혀 모르는 그 처녀,
> 어떻게 그녀가, 두렵게도,
> 그 눈길, 그 움츠러든 뱀눈들을
> 그렇게나 깊이 들이마셔서
> 그녀[제럴다인]의 모든 모습들이 그녀의 마음속에서
> 이 하나의 이미지로 남겨지게 되었는지를,
> 그리고 음침하고 배신적인 증오심의 그 눈길을
> 수동적으로 모방했는지를 나는 알지 못한다! (597-606행)

> The maid, alas! her thoughts are gone,
> She nothing sees—no sight but one!
> The maid, devoid of guile and sin,
> I know not how, in fearful wise,
> So deeply had she drunken in
> That look, those shrunken serpent eyes,
> That all her features were resigned
> To this sole image in her mind:
> And passively did imitate
> That look of dull and treacherous hate! (*CPW* 1: 233-34)

악의 경험: 「크리스타벨」 185

크리스타벨은 "아찔한 현기증" 속에서 "뱀눈"의 환영에 압도되어 뱀의 특징을 서서히 취하기 시작한다. 그녀는 마비 상태에서 "음침하고 배신적인 증오심의 그 눈길을/ 수동적으로 모방"할 수 있을 뿐이다. 어떤 의미에서 크리스타벨은 죄의식에 사로잡혀 스스로 그 이미지를 만들어내고, 또 그것이 그녀 자신을 지배하도록 허용하고 있는 셈이다.

이같은 상황에서 크리스타벨이 보일 수 있는 최고의 의지적 노력은 아버지에게 제럴다인을 돌려보내도록 간청하는 것이다. 서술자 또한 수사적 의문을 통해 크리스타벨의 탄생이 그녀의 어머니의 죽음이라는 대가를 치르고 얻어진 것임을 상기시킨다. 그러나 리올라인 경은 딸의 요청을 "친구의 모욕당한 딸에 대한" 환대의 법칙의 위반으로서, 그리고 그 자신에 대한 모욕으로서 받아들이고, 딸에게서 몸을 돌려 제럴다인을 앞으로 인도해 간다. 여기에서 우리는 자신이 그토록 사랑했던 딸의 간청의 이유에 대해서는 무척이나 둔감하면서도, "환대"와 명예라는 문제에는 지나치게 예민하게 반응하는 리올라인 경의 대조적인 모습을 목격한다. 젊은 시절 그가 사랑했던 친구와 결별하게끔 작용했던 그의 "두뇌 속의 광기"는 이제 다시금 그가 사랑해 온 딸에 대해 분노하고 그녀를 배척하게끔 만들어버린 것이다. 이 시의 고유한 내러티브는 크리스타벨뿐만 아니라 리올라인 경에게까지 자신의 영향력을 행사하는 데 성공한 제럴다인의 승리로, 그리고 "병리적 고립"(Tomlinson 105)의 여건 속에 또다시 남겨지게 된 크리스타벨의 모습으로 끝난다.

2부의 '결어'는 언뜻 시 자체와 무관한 것처럼 보인다. 실제로 이 '결어'는 「크리스타벨」의 초고본 어디에서도 발견된 바 없고, 1801년 사우디에게 보낸 코울리지의 편지에 처음 나타난 후, 1816년의 인쇄본에 덧붙여진 것이다. 더욱이 이 '결어'는 애초에 코울리지가 아들인 하틀리

(Hartley)에 관해 쓴 시였고, "자기 아들을 개구쟁이, 악동, 꼬마 망나니 등으로 부르는 아버지들에 관한 형이상학적인 설명"(*CL* 2: 729)이라는 논평까지 덧붙여져 있다.

그러나 우리가 조심스럽게 이 '결어'를 살펴보게 되면, 2부의 극적 행위와 밀접한 연관을 맺고 있음을 깨닫게 된다. 이 '결어'는 "아버지의 눈을 빛으로 가득 채우는," "동그란 얼굴을 한 요정 같은" 어린이의 순결한 모습에 대한 묘사로 경쾌하게 시작된다. "스스로에게 춤추는" 이 어린이는 성인과는 대조적으로 애써 "찾아 나서지 않아도 늘 발견하는" 자율적이고 자족적인 존재이다. 그런 점에서 이 어린이에 관한 환영은 "한 이상적으로 성취된 자아의 환영, 즉 이 시 전체가 불가능한 것으로 인식하는 한 여건"(Schapiro 69)인 셈이다. 그러나 이 행복한 어린이의 모습은 아버지의 가슴을 즐거움으로 넘쳐흐르게 만들어, 마침내 아버지는 "뜻하지 않은 신랄한 말들로/ 자신의 과도한 사랑을 반드시 표현하기 마련이다"(664-65행). 왜 이런 일이 일어나는 것일까? 이 '결어'의 후반부는, 우리가 몸담고 있는 이 타락한 죄의 세계에서는 사랑이 스스로를 표현하는 방식은 그 반대되는 "격한 말들"을 통해서일 수밖에 없으며, 나아가 아버지의 격노와 통증은 실제로 종종 이 죄의 세계에서 일어나는 것으로서 부자간의 치명적 단절을 가져올 수도 있음을 시사한다. 이미 우리는 2부에서 롤런드 공에 대한 리올라인 경의 사랑, 그리고 크리스타벨에 대한 리올라인 경의 사랑이 분노로 인한 비극적 오해와 결과적인 단절로 이어질 수 있음을 목격한 바 있다. 물론 그러한 일이 벌어진다는 것은 "슬픔과 수치"일 터이지만, 그것은 악에 의한 선의 훼손만큼이나 우리가 받아들일 수밖에 없는 음울한 비극적 조건이다. 사랑하는 사람을 향한 양가적 감정들은 강렬한 사랑의 자연스러운 여건일 수 있는 것이다. 그렇다면 이 '결여'는 이 시에 등장하는 주요 인물들, 그리고 그들간의 관계에서 구현되는 기이한 애증 관계 또는 양가성의 특수한 극적 사례들을 일반적 맥락에서 보다 직접적으로 재정의하고 있는 것으로 간주될 수 있을 것이다.

4

코울리지가 「크리스타벨」을 미완의 작품으로 남겨둔 이유에 관해서는 여러 가지 추측이 가능하다. 그가 종교의 문제들이 성(性)의 문제들과 중첩되는 심리적 경계 영역에 속하는 문제들에 의해 방해받았을 가능성이 크다는 고전적인 주장(House 130)에서부터, 악의 탐구라는 이 시에서의 전체적인 개념이 소수의 제한적인 등장 인물들로 이루어진 준-고딕 로만스에서 다루기에는 너무 큰 것이라는 주장(Bate 1968, 73), 그리고 이 시에 제시된 상황들과 주제가 여러 가지 면에서 코울리지 자신의 삶과 너무 긴밀하게 연관된 것으로서 그가 다루기에는 너무나 고통스러운 문제들이었기 때문에 끝까지 밀고 나갈 수 없었다는 주장(Bostetter 1957, 191; Yarlott 191, 201; Rzepka 162) 등에 이르기까지 나름대로 설득력 있는 견해들이 다양하게 제시되어 왔다.

하지만 많은 독자들은 여전히 이 시의 결말에 대해 어떻게 반응해야 할지 당혹스러움을 느끼지 않을 수 없을 것이다. 1816년부터 코울리지가 작고할 때까지 그를 보살펴주었던 의사 길먼(Gillman)에 따르면, 사실 코울리지는 이 시의 3·4부를 계획했고, 그것은 몇 가지 우여곡

절 끝에 크리스타벨과 약혼자의 행복한 결합 그리고 아버지와 딸의 화해로 끝나게 되어 있다는 것이다(Jones and Tydeman 42; House 126-28). 만일 이 시가 애초의 계획대로 완성되었더라면, 덕있는 이들에 의한 사악한 자들의 구원 또는 쳐부숨이라는 주제를 갖게 되었을지 모른다. 그러나 그런 식으로 이 시가 완성되었더라면, 이 시는 또하나의 속된 고딕 로만스에 지나지 않게 되었을 것이다. 오히려 현재의 미완성인 상태에서 이 시는 이전의 어떤 고딕 로만스도 깊이 있게 다루지 못했던 악의 경험이라는 심리적 문제에 대한 한 진지한 탐구를 보여주고 있다. 이 시의 한 중심 인물인 제럴다인이 서두에서의 기이하고 아름다운 여인으로부터 사악한 마녀로 점진적으로 변형되고 궁극적으로 승리를 거두는 것은, 일단 악이 창조되고 나면 그것은 외적 현실을 지배할 수 있는 상태로까지 발전할 수 있음을 강조하고 있는 것처럼 보인다. 또 이 시의 2부를 쓰는 동안 코울리지의 주된 관심이 크래쇼(Crashaw)의 시에 묘사된 성녀 테레사(St. Theresa)의 순교적 행위였고 (Jones and Tydeman 40; Nethercot 208-11; Magnuson 96-98), 그것은 크리스타벨이라는 인물을 통해 어느 정도 구현된 바 있다는 점 또한 현재 우리가 갖고 있는 미완의 형태로서의 이 시의 의의를 뒷받침해 주는 것으로 볼 수 있다.

  사실 악의 근원과 본질, 선과 악 그리고 사랑과 증오의 궁극적 관계 등의 문제는 코울리지가 그의 생애에서 거듭 추적했던 문제이고, 그의 방대한 산문들과 비망록들은 그의 이같은 탐구의 흔적들을 풍부하게 담고 있다. 「크리스타벨」에서 그는 실제로 자신의 삶에서 고통스럽게 경험했던, 인간 존재의 심연에 자리잡은 어두운 욕망들과 두려움들을 극적으로 탐색하고 있고, 그 자신의 상상의 창조물인 초자연적인 사건들과 상황들과 인물들에 "우리의 내적 본성으로부터" "충분한 인간적 흥미와 박진감을 전이시켜" 우리의 불신을 "자발적으로 정지시키는"(*BL* 2: 6) 데 성공하고 있는 것이다.

시인과 창조적 상상력:「쿠블라 칸」

영국 낭만주의 시의 한 정점으로 흔히 평가되는「쿠블라 칸」("Kubla Khan," 1798)은 그동안 초자연적인 소재를 다룬 그의 다른 시편들—「노수부의 노래」,「크리스타벨」—과 함께 다양한 접근 방법에 의한 비평적 논의의 대상이 되어 왔다. 이 시의 다양한 원천과 기원, 기이한 창작 과정, 구조적 통일성의 문제, 서문과 시 본문간의 관계, 전반적 의미 등의 쟁점들은 수많은 비평적 주석을 낳았지만, 아직껏 완전한 비평적 합의에는 이르지 못한 상태이다. 그러나 이 시가 그 다양한 해석의 가능성에도 불구하고 상상력과 시인의 성격, 그리고 시작 과정의 문제를 핵심적 주제로 갖고 있다는 점은 분명하다. 요컨대 이 시는 상상력과 시인의 성격, 그리고 시작 과정에 관한 상징적인 자기 반조적(自己返照的) 표현일 수 있는 것이다. 이 글은 이러한 관점에서「쿠블라 칸」을 면밀하게 살펴봄으로써 이 시의 구조적 통일성의 문제뿐만 아니라 전반적 의미에 관한 한 균형잡힌 시각을 제시하는 것을 그 목표로 하고 있다.

코울리지가「쿠블라 칸」에 붙인 '서문'("1816 Preface")은 시 자체에 못지 않게 많은 독자들의 흥미와 비평적 관심을 유발시켜 왔다. 1816

년 5월 25일에 발간된 『크리스타벨; 쿠블라 칸, 하나의 비전; 잠의 고통』(*Christabel; Kubla Khan, a Vision; The Pains of Sleep*)이라는 8절판 시집에 처음 발표된 이 서문은 「쿠블라 칸」의 창작 과정에 얽힌 흥미로운 이야기를 담고 있는데, 그 내용의 신빙성 여부는 아편과 창조적 상상력의 작용간의 관계, 그리고 이 시의 단편성 여부와 관련되어 오늘날까지 많은 비평적 논의의 초점이 되고 있다.

이 서문에 의하면, 1797년 여름에 코울리지는 건강이 좋지 않아서 폴록과 린튼 사이, 서머싯과 데번셔의 엑스무어 경계선 상의 어느 외딴 농가에 은거하게 된다. "경미한 병"으로 인해 그는 아편정제로 추정되는 어떤 "진통제"를 처방받는데, 그 약효로 인해 마침 『퍼카스의 순례기』(*Purchas's Pilgrimage*)에 나오는 한 구절—"여기에다 칸 쿠빌라이는 한 궁전을, 그리고 그에 덧붙여 한 웅장한 정원을 짓도록 명령했다. 그리하여 10마일에 걸친 비옥한 땅이 성벽으로 둘러싸여졌다"—을 읽던 중에 잠에 떨어진다. 그는 거의 세 시간 동안 지속된 "외적 감각의 깊은 잠" 속에서 "노력을 기울인다는 어떤 감각이나 의식 없이" 200-300행 정도의 시를 짓는데, 깨어나 "전체에 대한 뚜렷한 기억"을 가진 상태에서 시행들을 "즉각적으로 그리고 열심히" 적어나간다. 그러나 이 순간 불행하게도 폴록에서 용무가 있어서 찾아 온 어떤 사람에 의해 불려나가 한 시간 이상 지체한 후 방에 돌아오자, 현재 남겨진 시를 제외하고는 "돌이 던져진 개울물의 표면에 나타난 영상들처럼" 사라져버린 것을 깨닫는다. 그는 자신의 다른 시인 「그림, 또는 연인의 결의」("The Picture; or, The Lover's Resolution")에서 비전의 상실과 회복을 노래하는 한 구절을 인용한 후, 마지막으로 테오크리토스(Theocritus)의 희망적인 시구를 인용하면서 이 서문을 끝맺는다—"다른 날 그대에게 좀

더 아름다운 노래를 불러줄 수 있으리."

이 서문에 대해 다수의 학자들은 비판적인 견해를 피력해 왔다. 즉 이 서문의 내용은 신빙성이 없는 것으로서 독자들의 기대를 충족시킬 수 없는 미완의 작품을 발표하는 것을 정당화할 목적에서 날조된 변명에 지나지 않는다는 것이다. 이 시를 시인으로서의 코울리지가 자신의 창조력을 실현시킬 수 없는 무능력의 한 상징적 표현으로 읽고 있는 보스테터(Edward E. Bostetter)의 주장은 그같은 입장의 한 대표적인 사례이다. 그에 의하면, 이 "터무니없는 서문"은 "가혹한 비판이나 조롱을 미리 막아보려는 한 시도"로서, 이 시의 미완성에 대한 책임을 코울리지 자신의 "나태함이나 꾸물거림"보다는 폴록에서 온 사람에게 돌리고 있다는 것이다(1975, 85). 이 시가 "어떤 추정된 시적 미점(美點)들의 근거에서라기보다는 하나의 심리적 골동품으로서" 발표되는 것이라는, 서문에서의 코울리지 자신의 겸양 섞인 발언 또한 이같은 비판적 견해의 논거로서 종종 인용되고 있는 것이 사실이다.

그러나 우리가 이 서문에 대해 그 진실성 여부에만 초점을 맞춰 살펴보면서 그것을 허구적 변명으로만 받아들일 필요는 없다. 오히려 우리가 이 서문에서 주목하게 되는 것은 「쿠블라 칸」의 창작 과정과 창조력의 상실, 그리고 시적 상상력에 관한 코울리지의 독특한 견해이다. 앞으로의 논의에서 밝혀지겠지만, 「쿠블라 칸」 또한 거대한 환락궁을 명령 하나로 짓게 만들 수 있는 쿠빌라이의 능력과 자신의 상상적 비전을 실현시키는 시인의 창조적 능력을 뚜렷하게 대비시키고 있다. 그렇다면 사실상 서문과 시는 둘 다 창조력의 문제를 그 중심 제재로 삼고 있는 것이다(Magnuson 40). 코울리지에게 있어서 시인은 자연의 단순한 관찰자나 모방자가 아니라 자연적인 것을 넘어선 영역으로부터 영감 또는 신령한 능력을 부여받은 예언자나 견자(見者)이며, 시는 예언자 또는 견자로서의 시인의 상상적 비전의 구체적 표현인 것이다. 코울리지는 『문학적 전기』(*Biographia Literaria*)의 14장에서 『서정시집』(*Lyrical Ballads*)을 출판하던 당시의 상황을 설명하면서 "상상력의 변형적 색채들에 의해 신기성(新奇性)의 흥미를 주는 힘"(*BL* 2: 5)에 대한 자신의 시적 신념을 피력하고 있다―"여기[『서정시집』]에서 나의 노력은 초자연적인, 적어도 낭만적인 인물들이나 성격들에 기울여져야 한다는 데 의견의 일치를 보았다. 그렇지만 이것은 상상의 이 그림자들에 대해 잠시 동안 불신의 그 자발적인 정지를 확보하기에 충분한 인간적 흥미와 박진감을 우리의 내적 본성으로부터 전이시키기 위해서인데, 바로 이 불신의 자발적 정지야말로 시적 신념을 이루고 있는 것이다"(*BL* 2: 6).

그런데 코울리지에게 있어서 상상적 비전을 만들어내는 시인의 창조력은 오래 지속될 수는 없다. "모든 이미지들이 그 앞에, 노력을 기울인다는 어떤 감각이나 의식 없이, 상응하는 표현들을 나란히 산출하면서, **실물들로서 솟아올라**"오는 축복 받은 순간은 이 서문에서는 외적 요인―폴록에서 온 어떤 사람의 방문―에 의해 방해받고 있다. 따라서 시인은 "자신의 마음속에 아직 남아 있는 기억들"로부터 "애초에 그에게 주어졌던" 비전을 완성하고자 끊임없이 노력할 수밖에 없다. 이처럼 이 서문에서 코울리지가 시의 창작 과정에 따르는 어려움을 극화하고 있다고 본다면, 이 서문은 한 동방의 전제 군주의 창조물과 관련하여 창조력의 문제를 다루고 있는 「쿠블라 칸」에 보다 쉽게 접근할 수 있게 해주는 입구인 셈이다. 그런 점에서 「쿠블라 칸」의 서문은 너쌔니얼 호쏜(Nathaniel Hawthorne)의 『주홍 글자』(*The Scarlet Letter*)의 서문

역할을 하는 「세관」("The Custom House")에 비견될 수 있을 것이다.

「쿠블라 칸」은 외형상으로는 세 개의 연으로 구성되어 있지만, 크게는 두 부분으로 나뉘어진다. 2개 연으로 구성된 첫 번째 부분(1-36행)은 쿠빌라이의 "환락궁"의 모습과 "신성한 강"의 발원 과정 및 행로를 묘사하고 있고, 두 번째 부분(37-54행)은 "덜시머"라는 악기를 든 아비씨니아 처녀에 관한 시인의 비전과 예언적 능력을 지닌 시인으로서의 그 자신의 갈망, 그리고 그에 대한 청중들의 반응을 그리고 있다. 표면적으로 무관한 것처럼 보이는 이 두 부분을 연결시키는 것은 이들 모두 각기 다른 방식이긴 하지만 창조 과정을 다루고 있으며, 쿠빌라이·아비씨니아 처녀·시인 모두 창조자로서의 역할을 수행하고 있다는 점이다.

1연(1-11행)은 코울리지가 읽고 있던 『퍼카스의 순례기』의 기록을 바탕으로 쿠빌라이가 건설을 명했던 놀라운 환락궁을 구체적으로 묘사하고 있다. 일반적으로 화자가 봄 경치 속에서 잠들어 앞으로 자신이 계속 이야기할 사건들을 꿈꾸는 설화 형식인 '꿈에 본 환상'(dream-vision)의 전통적 관례와는 달리, 이 시는 곧장 시인이 꿈 속에서 보았던 환락궁에 대한 묘사로 시작된다.

> 상도(上都)에 쿠블라 칸은
> 장엄한 환락궁을 지으라 명했다.
> 그곳엔 신성한 앨프 강이
> 인간이 측량할 길 없는 동굴들을 지나
>   태양이 비치지 않는 바다로 흘러갔다.
> 그리하여 5마일의 두 배나 되는 비옥한 땅이
> 성벽들과 탑들로 허리띠 두르듯 둘러싸였다.
> 그리고 거기엔 꾸불꾸불한 실개천들로 빛나는 정원들이 있었는데,

향기로운 많은 나무들이 꽃을 피웠다.
그리고 여기에선 언덕들만큼이나 오래된 숲들이 있어
양지바른 녹지들을 에워쌌다. (1-11행)

In Xanadu did Kubla Khan
A stately pleasure dome decree:
Where Alph, the sacred river, ran
Through caverns measureless to man
   Down to a sunless sea.
So twice five miles of fertile ground
With walls and towers were girdled round:
And there were gardens bright with sinuous rills,
Where blossomed many an incense-bearing tree;
And here were forests ancient as the hills,
Enfolding sunny spots of greenery. (*CPW* 1: 297)

쿠빌라이는 명령("decree")에 의해, 다시 말해서 자신의 의지가 실린 말의 힘에 의해 지상 낙원이라고 할 수 있는 환락궁을 창조한다. 쿠빌라이의 명령이 떨어지자 환락궁, 성벽들과 탑들로 둘러싸인 땅, 향기로운 나무들로 가득찬 정원이 존재하게 된다. 이 과정에서 실제로 환락궁을 짓는 데 동원된 사람들의 노력은 전혀 언급되지 않는다. 우리가 익히 알고 있다시피, 동방의 한 전제 군주의 이 환락궁은 그가 통상적인 정무에서 벗어나 휴식을 취하면서 쾌락을 추구하기 위해 세운 별궁이다. 여기에서 쿠빌라이의 명령에 의한 창조 행위는 하우스(Humphry House)의 지적처럼 "자신의 환경에 대한 인간의 지배력"과 "인간이 스스로 자신의 낙원을 만든다는 사실"(120)을 나타내고 있는 것처럼 보인다.

 이 환락궁이 자리잡은 곳은 만물에 생명을 주는 앨프(Alph) 강이 협곡을 통해 동굴들과 지하의 바다로 흘러 들어가는 곳이다. 앨프 강은 그리스 신화에서 지하의 긴 지류를 갖고 있는 것으로 종종 묘사된 바 있는 알페우스(Alpheus) 강, 그리고 그와 함께 전통적으로 신성한 강으로 여겨져 온 나일(Nile) 강과 연관된다. 동시에 그것은 그리스 알파벳의 첫 번째 글자인 알파(a)와 연관되어 '시작' 또는 '기원'을 함축하고 있다.

 인용된 구절의 전반부에서 환락궁의 소재지가 묘사된 후, 후반부에서는 정원이 감각적인 언어로 재현되고 있다. 여기에서 활용된 인체의 비유와 감각적 언어는 쿠빌라이가 짓는 감각적 쾌락의 궁전의 묘사에 잘 부합된다. 성벽들과 탑들로 허리띠 두르듯 둘러싸여 있는 10마일에 걸친 비옥한 땅, 그리고 오래된 숲들로 에워싸여 있는 양지바른 녹지들은 아름다우면서 보호된 한 낙원의 이미지를 뚜렷하게 부각시킨다. 여기에서는 자유로운 생명력을 환기시키는 "꾸불꾸불한 실개천들"이 흐르면서 향기로운 나무들을 꽃피우고 양지바른 녹지를 풍요롭게 만든다. 이 아름답고 풍요로우며 보호된 낙원의 이미지는 전통적으로 서구 문화권에서 '이상적 풍경'을 구성하는 한 중요한 요소로 간주되어 온 '유원(遊園)'(*locus amoenus*: pleasance)의 모티프와 관련되어 있다. 쿠르티우스(Ernst Robert Curtius)가 잘 예증하고 있듯이, 이 '유원'은 "나무 한 그루(또는 여러 그루), 목장 하나, 샘 또는 개울 하나"를 최소한의 구성 요소로 갖고 있는 "아름답고 그늘진 자연 공간"으로서 로마 시대부터 16세기에 이르기까지 모든 자연 묘사의 주된 모티프를 이루고 있다(195).

이 보호된 낙원에서는 상반된 것들이 균형을 이루고 있다. 인공적 노력의 산물인 "장엄한 환락궁"과 생명의 원초적 근원인 "신성한 앨프 강," "인간이 측량할 길 없는 동굴들"과 면밀하게 측정된 "5마일의 두 배나 되는 비옥한 땅," 그리고 "태양이 비치지 않는 바다"와 "실개천들로 빛나는 정원들" 및 "양지바른 녹지"는 미묘한 방식으로 대비되고 있다. 여기에서는 "모든 자연은 인간적 기예에 의해 완화되거나 통어되어 있다"(Magnuson 42). 요컨대 쿠빌라이는 자신의 상상적 구상에 의해 외부의 자연 세계에 어떤 형식을 부과하면서 그 자신만의 질서 있는 세계를 창조하고 있는 것이다. "In Xanadu did Kubla Khan"에서 찾아볼 수 있는 정교한 교차 배열법(chiasmus), 빈번한 두운과 이중 모음을 활용한 모음운 등 1연에서의 운율적 규칙성 또한 이같이 질서 있는 세계를 형식적 측면에서 뒷받침하고 있다.

그러나 쿠빌라이가 창조한 질서 있는 세계가 완전하거나 항구적일 수는 없다. 그의 낙원에 생명을 부여하는 "신성한 앨프 강"은 "저 깊은 낭만적 협곡"에 그 원천을 두고 있는데, 이곳에서 샘으로 대표되는 자연의 격렬하고 소란스러운 움직임은 그의 정적인 낙원의 평화와 아름다움에 대한 잠재적 위협이 될 수 있기 때문이다. 2연(12-36행)의 전반부는 "신성한 앨프 강"이 샘물로부터 활기차게 발원하는 순간을 성적 이미저리를 통해 인상적으로 묘사하고 있다.

> 그러나 오! 삼나무 숲을 가로질러
> 초록 언덕 아래로 기울어져 나 있는 저 깊은 낭만적 협곡이여!
> 야생의 장소! 이우는 달 아래
> 자신의 악령 애인을 찾아 울부짖는 여인이
> 늘 출몰할 만큼 신성하고 마력적인 곳!

그리고 이 협곡으로부터, 끊임없는 격동으로 들끓으며,
마치 이 대지가 숨가쁘게 헐떡거리듯,
세찬 샘물이 매순간 솟아나왔다.
그 샘물이 급속히 반-간헐적으로 터져나오는 가운데
거대한 바위 조각들이 되튀는 우박처럼,
또는 타작하는 이의 도리깨 밑의 겨에 싸인 낟알들처럼 튀었다.
그리고 이 춤추는 바위들 사이사이로 동시에 그리고 끊임없이
그것은 매순간 신성한 강을 던져올렸다. (12-24행)

But oh! that deep romantic chasm which slanted
Down the green hill athwart a cedarn cover!
A savage place! as holy and enchanted
As e'er beneath a waning moon was haunted
By woman wailing for her demon-lover!
And from this chasm, with ceaseless turmoil seething,
As if this earth in fast thick pants were breathing,
A mighty fountain momently was forced:
Amid whose swift half-intermitted burst
Huge fragments vaulted like rebounding hail,
Or chaffy grain beneath the thresher's flail:
And 'mid these dancing rocks at once and ever
It flung up momently the sacred river. (*CPW* 1: 297)

　　자연의 활기찬 활동이 이루어지는 이 "낭만적 협곡"은 환락궁이라는 인공적이고 세련된, 그리고 "성벽들과 탑들"로 둘러싸인 한정된 공간과는 대조적인 "야생의 장소"이다. 그곳은 "이우는 달," "악령 애인," "울부짖는 여인" 등 전통적인 로만스의 스토리를 구성하는 요소들을

상기시키는 "신성하고 마력적인" 장소이다. 초자연적 분위기를 띤 이 "야생의 장소"는 원시적 에너지로 가득찬 살아 있는 곳이다. 이곳에서 대지는 마치 산고(産苦)를 치르는 산모처럼 "숨가쁘게 헐떡거리"며 "세찬 샘물"을 밀쳐낸다. 샘물이 급속히 터져나오는 가운데 "되튀는 우박"이나 "타작하는 이의 도리깨 밑의 겨에 싸인 낟알들처럼" 튀는 바위 조각들의 이미지는 역동적인 생성 과정 속에 있는 자연의 모습을 효과적으로 시각화하고 있다. 그와 함께 1연에서와는 대조적인 운율적 불규칙성은 산고를 겪는 대지의 힘겨운 노력을 형식적 측면에서 반영하고 있다. 1연에서 사용된 인체의 비유("girdled")는 출산과 관련된 여성의 신체의 부위에 대한 암시적 언급으로 이어진다. 여기에서 빈번히 활용된 여성운("slanted"-"enchanted," "cover"-"lover," "seething"-"breathing") 또한 산모로서의 대지의 성격을 강화시키는 데 이바지하고 있는 것처럼 보인다.

"신성한 강"의 역동적인 생성 과정을 묘사하고 있는 이 구절은 물론, 많은 학자들이 지적하듯이(Lowes 334-40, 344-45; House 118; Hill 90), 윌리엄 바트램(William Bartram)과 제임즈 브루스(James Bruce) 등의 여행기나 코울리지 자신이 직접 관찰한 영국 북부 지방의 거친 자연 경관에 그 기원을 둔 것일 수 있다. 그러나 여기에서 이 "신성한 강"은 자연의 실재하는 일부이면서 동시에 "이성적이고 의식적인 정신의 통제 너머에 존재하는" "본원적이고 비이성적인 것"(Fogle 1974, 48)을 대표하고 있기도 하다. 소란스러운 충동적 힘으로서의 강은 생명과 풍요의 원천일 뿐만 아니라 쿠빌라이의 정적인 낙원의 평화와 질서와 풍요로움을 위협할 수 있는 잠재력을 가진 파괴적 힘일 수도 있는 것이다. 강의 행로를 묘사하고 있는 25-30행은 바로 그 점을 암시하는 것처럼 보인다.

　　꾸불꾸불한 동작으로 5마일을 굽이치며
　　숲과 계곡을 지나 그 신성한 강은 흘러가다가,
　　이윽고 인간이 측량할 길 없는 동굴들에 이르렀다가는,
　　소란스럽게 생명 없는 대양 속으로 떨어졌다.
　　그리고 이 소란 속에서 쿠빌라이는 멀리서 들었다
　　전쟁을 예언하는 선조의 목소리들을! (25-30행)

　　Five miles meandering with a mazy motion
　　Through wood and dale the sacred river ran,
　　Then reached the caverns measureless to man,
　　And sank in tumult to a lifeless ocean:
　　And 'mid this tumult Kubla heard from far
　　Ancestral voices prophesying war! (*CPW* 1: 297-98)

　"낭만적 협곡"으로부터 힘차게 발원된 후, "신성한 강"은 "꾸불꾸불한 동작으로 5마일을 굽이치며" 흘러간다. 워즈워스의 「틴턴 수도원」("Lines Composed a Few Miles above Tintern Abbey")에서 시인의 의식의 흐름과 대응되어 "너 숲을 지나가는 방랑자여"라고 호명된 바 있는 와이(Wye) 강의 흐름을 상기시키는 이 강의 흐름은 "꾸불꾸불한 동작으로 . . . 굽이치며"라는 어구에서 강조되고 있다시피 유동성을 그 주된 특징으로 갖고 있다.

　그러나 곧 이 "신성한 강"은 "인간이 측량할 길 없는 동굴들에 이르렀다가는/ 소란스럽게 생명 없는 대양 속으로 떨어"지고 만다. 창조의 활력으로 들끓는 샘으로부터 솟아 나온 강은 "생명 없는 대양," 곧 죽음의 세계에 그 종착지를 두고 있는 것이다. 강이 대양 속으로 떨어질 때의 이 "소란" 속에서 쿠빌라이는 "전쟁을 예언하는 선조의 목소리들"을 듣는다. 그것은 "미래를 예보하는 과거"(Bate 1968, 80)의 형태로 나타나고 있다. 쿠빌라이가 세우도록 명한 낙원은 "성벽들과 탑들"로 둘러싸여 있음에도 불구하고 앞으로 다가올 격변과 파괴의 가능성으로부터 결코 벗어나 있을 수 없다. 쿠빌라이가 구축한 인공적이고 정적인 질서는 진정한 낙원의 그것과는 거리가 먼, 단명한 것일 수밖에 없는 것이다.

앞에서 우리는 코울리지가 서문에서 이 시를 "하나의 심리적 골동품"으로 명명했음을 주목한 바 있다. 심리적인 관점에서 살펴볼 때, "깊은 낭만적 협곡"으로부터 "세찬 샘물"이 터져 나오는 현상은 잠재의식이 의식적 정신의 층위로 갑작스럽게 분출되는 것에 대응된다고 할 수 있다. 그리고 그 "세찬 샘물"이 모아져 형성되는 "신성한 강"이 정신의 "측량할 길 없는" 심연인 "동굴들"을 거쳐 궁극적으로 도달하게 되는 지하의 "생명 없는 대양"은 인간이 어쩔 수 없이 퇴각하게 되는 무의식의 바다, 나아가서는 죽음의 세계를 나타내는 것으로 해석될 수 있다.

"신성한 강"을 던져 올리는 창조의 힘과 파괴의 힘 사이에 자리잡은 채 쿠빌라이의 환락궁은 강물 위에 그 그림자를 던진다.

> 환락궁의 그림자가
> 물결 위 한가운데 떠 있었다.
> 그곳에서 샘과 동굴들로부터
> 혼합된 가락이 들려왔다.
> 그것은 희귀한 고안의 기적이었다,

얼음 동굴들을 지닌 양지바른 환락궁! (31-36행)

> The shadow of the dome of pleasure
> Floated midway on the waves;
> Where was heard the mingled measure
> From the fountain and the caves.
> It was a miracle of rare device,
> A sunny pleasure-dome with caves of ice! (*CPW* 1: 298)

샘이 솟아 나올 때의 "끊임없는 격동"(ceaseless turmoil)과 강이 "생명 없는 대양" 속으로 떨어질 때의 "소란"(tumult)은 이곳에서는 "혼합된 가락"으로 표현되는 "일종의 음악 속에서 결합되고 규칙화된다"(Chayes 1966, 13). 볼록한 궁전과 우묵한 동굴, 햇빛의 열기("sunny")와 얼음("ice")의 한기라는 상반물들 또한 미묘하게 공존하고 있다. 이 지점에서 "얼음"이 단테(Dante)의 지옥 묘사에서처럼 "공포"를 나타내는지(Bodkin 135), 아니면 시적 창조가 갖춰야 할 "준엄성"을 나타내는지(House 122)의 여부는 그다지 중요하지 않다. 인용된 구절에서의 상반물의 공존, 즉 "회귀한 고안의 기적"은 순간적인 것일 뿐이다. 그것은 상반물의 완전한 화해라기보다는 "그처럼 섬세한 균형, 매순간 위협받는 균형"(Magnuson 46)에 더 가깝다. 여기에서 쿠빌라이의 환락궁은 하나의 실체로서가 아니라 그림자로서 나타나고, 더욱이 그것은 더 이상 고정되어 있지 않고 "물결 위 한가운데 떠 있"기 때문이다.

쿠빌라이가 명령에 의해 창조한 이 환락궁에 관한 비전은 3연(37-54행)의 전반부에서 아비씨니아 처녀의 "화음과 노래"에 관한 비전을 포함하는 시인 자신의 비전으로 대체된다.

> 덜시머를 든 한 처녀를
> 비전 속에서 한번 나는 보았다.
> 그녀는 아비씨니아 처녀였는데,
> 아보라 산을 노래하며
> 덜시머를 탄주했다.
> 내가 마음 속에 그녀의 화음과
> 노래를 되살릴 수 있다면,
> 그것은 나를 사로잡아 그처럼 깊은 기쁨으로까지 이끌어
> 크고 긴 음악으로
> 나는 공중에 저 궁전을 지을 터인데,
> 저 양지바른 궁전을! 저 얼음의 동굴들을! (37-47행)

> A damsel with a dulcimer
> In a vision once I saw:
> It was an Abyssinian maid,
> And on her dulcimer she played,
> Singing of Mount Abora.
> Could I revive within me
> Her symphony and song,
> To such a deep delight 'twould win me,
> That with music loud and long,
> I would build that dome in air,
> That sunny dome! those caves of ice! (*CPW* 1: 298)

이 시에서 처음으로 "나"(I)로 지칭되는 시인 자신이 시적 풍경의 전경(前景)에 나타난다. 시인은 자신이 "비전 속에서" 한 "아비씨니아 처

녀"가 "아보라 산을 노래하며/ 덜시머를 탄주"하는 것을 보았던 순간을 떠올린다. 2연에서 언급된 바 있는 "악령 애인을 찾아 울부짖는 여인"과 대비되는 이 처녀는 시인에게는 이전 시인들이 종종 시적 기원의 대상으로 삼아 왔던 시신(詩神)과 같은 존재로 나타난다.

처녀의 노래의 제재인 "아보라 산"은 많은 학자들이 지적했듯이 밀튼(Milton)의 『잃어버린 낙원』(*Paradise Lost*)의 4권에 나오는 "아마라 산"(Mount Amara)을 개작한 것이다. 실제로 「쿠블라 칸」이 발표된 1816년 이전에 쓰여졌다가 1934년에 발견된 '크루 필사본'(Crewe Manuscript)에는 "아마라 산"으로 표기되어 있다. 밀튼의 『잃어버린 낙원』에서 "아마라 산"은 "아바씬(아비씨니아) 왕들이 그들의 자손을 지키는 곳"(Milton 86)으로서 진정한 낙원인 에덴 동산과 견줄 수 없는 열등한 공간으로 묘사되어 있다. 아마도 코울리지는 "아마라 산"이 주는 열등한 낙원의 이미지를 제거함으로써 아비씨니아 처녀가 진정한 낙원인 "아보라 산"을 노래한다고 말하고 있는 것처럼 보인다.

시인의 비전 속에 나타났던 이 처녀의 "화음과 노래"는 시인을 "사로잡아 그처럼 깊은 기쁨으로까지 이끌"고, 나아가 한 새로운 비전으로 인도하는 중요한 매개물로서의 기능을 떠맡는다. "이상적 가수, 원형적 시인"(Fogle 1974, 49)이라고 할 수 있는 처녀의 "화음과 노래"에 대한 기억이 가져다주는 "깊은 기쁨"은 시인의 미래의 창조물을 위한 영감의 원천이 되는 것이다. 여기에서 우리는 "기쁨"(delight)이라는 단어에 주목하게 된다. 그것은 코울리지가 「낙심: 송가」("Dejection: An Ode")의 5부에서 상상적 작용, 나아가서는 조화로운 삶의 필수적 여건으로서 제시하고 있는 "환희"(Joy)와 일맥상통한다. 조화로운 삶을 가능케 함으로써 생명의 전일성을 지각하게끔 해주는 여건으로서의 "기쁨" 또는

"환희"는 「낙심: 송가」에서는 "영혼 속의 이 힘찬 음악"(*CPW* 1: 365)으로 표현되고 있으며, 외부 세계에 대한 완전히 새로운 경험이라고 할 수 있는 "새로운 땅과 새로운 하늘"(*CPW* 1: 366)을 가져다주는 것으로 그려지고 있다. 이 점에서 시인의 "기쁨"은 쿠빌라이의 궁전이 목표로 하는 감각적 쾌락과는 뚜렷한 대조를 이룬다.

아비씨니아 처녀의 "화음과 노래"가 가져다주는 "깊은 기쁨" 속에서 시인은 자신의 창조물을 음악적 측면에서 구상한다 — "크고 긴 음악으로/ 나는 공중에 저 궁전을 지을 터인데." 음악으로 궁전을 짓는 시인의 이미지는 음악으로 테베(Thebes)의 거대한 성벽을 쌓았다고 전해지는 전설적 인물인 암피온(Amphion)을 우리에게 떠올리게 한다. 시인은 샘과 동굴들로부터 들려오는 "혼합된 가락"보다 한층 더 조화로운 운문을 통해 "저 양지바른 환락궁"과 "저 얼음의 동굴들"을 짓고자 한다. 쿠빌라이의 시각적 창조물인 환락궁과 아비씨니아 처녀의 청각적 창조물인 "화음과 노래"는 이제 음악적 언어를 통해 쿠빌라이의 환락궁을 재현하려는 시인의 비전 속에 공감각적으로 합체되어 있다.

"시인의 사멸하지 않는 단어들"(Barth 1977, 102)로 된 상상적 창조물은 쿠빌라이의 환락궁보다 한층 더 이상적인 것이다. 우리는 앞에서 쿠빌라이가 "명령"에 의해 다른 이들의 힘을 빌어 지상 낙원이라고 할 수 있는 환락궁을 지었고, 그것은 앞으로 다가올 격변과 파괴의 가능성으로부터 결코 자유로울 수 없다는 점에 주목한 바 있다. 이와는 대조적으로 시인의 상상적 창조물은 그 스스로 지은 것으로서 파괴의 가능성으로부터 벗어나 있는 보다 지속적인 것이다. 코울리지가 『퍼카스의 순례기』에서는 "In Xamdu *did* Cublai Can *build* a stately Palace, . . ."(*CPW* 1: 296; 이탤릭체는 필자의 것)로 되어 있던 것을 서문에서는 "Here the Khan Kubla *commanded* a palace to be built, . . ."(*CPW* 1: 296; 이탤릭체는 필자의 것)으로 개작했고, 시 본문에서는 다시 "In Xanadu *did* Kubla Khan/ A stately pleasure-dome *decree*: . . ."(*CPW* 1: 297; 이탤릭체는 필자의 것)로 개작했다는 사실은 이와 관련하여 시사하는 바 크다. 또한 쿠빌라이의 창조에 있어서 그처럼 강조되었던 물리적 환경은 시인의 상상적 창조에서는 이제 더 이상 중요하지 않다. 요컨대 상상적 노력을 통해 자신의 비전을 직접 실행하는 시인은 쿠빌라이를 훨씬 능가하는 존재인 것이다.

물론 우리는 시인의 상상적 창조물이 가설적 구문("Could I . . . , I would . . . .") 속에서 미래의 예견된 성취로 제시되고 있음을 알고 있다. 이 가설적 구문으로 인해 시인의 비전의 실현 가능성이 다소 제약된 것처럼 보이는 것이 사실이다. 그리하여 몇몇 학자들은 이 시 전체를 창조력의 실패와 좌절에 관한 것으로 보기도 한다. 보스테터(Bostetter)는 이 시의 결미를 "좌절의 한 외침"(1975, 90)으로 간주하면서, 「쿠블라 칸」을 "시인으로서의 자신의 힘을 실현시킬 수 없는 그 [코울리지]의 무능력의 한 상징적 표현"(1975, 84)으로 읽는다. 매그너슨(Paul Magnuson) 또한 코울리지가 아비씨니아 처녀의 노래를 되살릴 수 없으며, 「쿠블라 칸」이후의 시적 비전들, 즉 「노수부의 노래」와 「크리스타벨」이 "중심적 이미지들 속에 그 견실성을 두고 있지만, 아이러니컬하게도 그 꿈들은 깊은 기쁨의 그것이 아니라 악의 상징들을 드러낸다"(47)라고 주장함으로써 이 시를 좌절과 실패의 기록으로 보는 입장에 동조한다. 그러나 하우스(Humphry House)는 몇 가지 구체적인 사례들을 들어 이 시가 "시의 잠재력들에 관한 의기양양한 긍정적 진술"(116)임을 입증하고 있다. 우선 전기적으로 볼 때 코울리지는

1797-98년에 창조적 힘을 막 발견하고 있던 중이었고, 리듬상으로도 3연 전체가 시인이 느끼는 기쁨과 열광과 황홀경을 전달하기 위해 경쾌하고 빠른 운율로 되어 있다는 것이다(House 115-16). 체이스(Irene H. Chayes) 또한 여기에서의 조건적 진술이 "한 대안적 과정, 즉 보다 나은 과정이 실행될 수 있는지를 설명"고 있으며 「낙심: 송가」의 7연과 마찬가지로 "시적 승리의 한 예언"(1966, 17)으로 읽혀져야 한다고 주장한다. 사실상 「쿠블라 칸」 자체가 시인이 "깊은 기쁨" 속에서 "크고 긴 음악"으로 지은 "공중의 궁전," 다시 말해서 "희귀한 고안의 기적"으로서 우리 눈앞에 제시되고 있는 것이다. 신성한 영감에 사로잡힌 시인의 광기 어린 모습과 그에 대한 사람들의 열광적인 반응을 묘사하고 있는 3연의 후반부(48-54행)도 이 시를 시인의 상상적 비전의 힘에 관한 긍정적 진술로 읽도록 우리를 이끈다.

> 그리고 음악을 들은 모든 이들이 거기서 그것들을 보리라,
> 그리고 모두들 외치리라, 조심하라! 조심하라!
> 그의 번쩍거리는 눈을, 그의 나부끼는 머리칼을!
> 그의 주위에 세 겹 원을 짜라,
> 그리고 성스러운 두려움으로 눈을 덮어라,
> 왜냐하면 그는 꿀-이슬을 먹었고,
> 낙원의 우유를 마셨기에. (48-54행)

> And all who heard should see them there,
> And all should cry, Beware! Beware!
> His flashing eyes, his floating hair!
> Weave a circle round him thrice,
> And close your eyes with holy dread,

>   For he on honey-dew hath fed,
>   And drunk the milk of Paradise. (*CPW* 1: 298)

시인은 자신에게 적절한 영감이 주어질 때 "크고 긴 음악"으로 "저 양지바른 궁전"과 "저 얼음의 동굴들"을 짓게 될 것이고, 그럴 경우 그의 음악이 가진 상상력의 권위에 의해 모든 사람들은 그의 시적 비전을 보고 그를 시인으로 환호하며 맞을 것임을 단언한다. 그런 후 신성한 영감을 받은 시인의 모습은 경외감에 사로잡혀 있는 청중들의 말을 통해 보여지고 있다. 「노수부의 노래」에서의 노수부의 풍모를 연상시키는 "번쩍거리는 눈"과 "나부끼는 머리칼"을 지닌 시인은 "창조의 격정에 사로잡힌"(Watson 1966, 122) 음유 시인・예언자・견자로서 "성스러운 두려움"의 대상이다. 그렇기 때문에 그를 본 사람들은 마치 종교적 의식을 행하듯 "그의 주위에 세 겹 원을 짜"고 "성스러운 두려움"으로 자신들의 "눈을 덮"지 않을 수 없다. 원 안에 들어 있는 시인은 일반 청중들과는 전혀 별개의 영역에 거주하는 신성한 존재인 것이다.

여기에 제시된, 영감에 사로잡힌 시인의 이미지는 "신령한 영감(numinous inspiration)이라는 심오한 관념"(Curtius 474)에 토대를 둔, 시인에 대한 관습적 묘사를 따르고 있다. 슈나이더(Elisabeth Schneider)가 지적하듯이, '시적 광기'에 관한 이 이미지는 디오니소스 및 오르페우스 숭배 예식에서의 신들린 사람들에 관한 묘사에 그 기원을 두고 있는데(245), 플라톤의 『이온』(*Ion*)은 『파이드로스』(*Phaedrus*)와 함께 코울리지에게 적절한 전거를 제공했던 것처럼 보인다. 위에 인용된 구절은 특히 『이온』을 직접적으로 반향하고 있다—". . . 그리고 술잔치를 벌이는 코리반트들이 춤출 때 제정신이 아닌 것과 꼭같이, 서정 시인들은 아름다운 가락들을 지을 때는 제정신이 아니다. 그러나 음악과 운율의 영향 아래에 있게 되면 그들은 영감을 받고 신들리게 된다―디오니소스의 영향 아래 있을 때는 강에서 우유와 꿀을 따오지만 제정신일 때는 그러지 못하는 박코스의 처녀들마냥"(Bate 1970, 43). 쿠빌라이의 지상낙원이라고 할 수 있는 환락궁에 관한 묘사에서 출발한 이 시가 시인이 자신의 상상적 비전 속에서 창조한 진정한 낙원을 그리고 있는 3연을 "낙원"(Paradise)이라는 단어로 마무리짓고 있는 것도 시사적이다. "무한한 가능성들이 앞에 열리는 것처럼 보이는 가장 순수한 순간들에 있어서의 창조적 기분"(Bowra 11)의 경험이야말로 다름아닌 "낙원"의 경험일 것이기 때문이다. 이와 관련하여 시인과 그의 힘에 관해 이야기하는 42-54행에서 "인간의 비전의 본질적 힘의 재창조, 그리고 하느님의 힘"과 관련된 "시작 과정"을 묘사하기 위해 자연 세계를 다룰 때의 운문 형식("loco-descriptive pentameter couplets")을 버리고 신비스럽고 영창(詠唱)같은 운문에 즐겨 쓰는 형식("truncated tetrameters")을 활용하고 있다는 점도 주목할 만하다(Purves 191).

지금까지의 논의에서 드러났듯이, 「쿠블라 칸」은 코울리지 자신이 암시하고 또 많은 학자들이 주장하는 것처럼 단순히 아편에 의한 꿈만은 아니다. 물론 이 시가 코울리지가 통증을 잊기 위해 먹은 "진통제"와 그로 인한 꿈에 그 기원을 두고 있는 것은 사실이지만, 이 시는 기본적으로 코울리지의 강력한 상상력의 "변형적 색채들에 의해 신기성의 흥미를 주는 힘"(*BL* 2: 5)의 산물이다. 더욱이 코울리지 자신이 이 시를 "단편"으로 불렀음에도 불구하고, 이 시는 단편적이지 않은 총체적 의미와 비평가로서의 코울리지가 강조해마지 않았던 유기적 통일성을 갖추고 있다. 이 시에 구현된 상상력의 주제와 그것을 뒷받침하는 다채로운 세부들은 우리로 하여금 이 시를 "하나의 심리적 골동품"으로서가 아니라 뛰어난 "시적 미점들"을 지닌, 하나의 자족적이고 완성된 예술품으로 읽을 것을 요청하고 있다.

COLERIDGE

제3부 「낙심: 송가」 및 후기시

- 낙심의 시적 변용: 「낙심: 송가」
- 두 정신의 교섭: 「윌리엄 워즈워스에게」

낙심의 시적 변용: 「낙심: 송가」

「낙심: 송가」("Dejection: An Ode," 1802)는 코울리지의 널리 알려진 세 편의 '초자연' 시편들을 제외한 나머지 시편들 중에서 각별한 관심의 대상이 되어 온 작품이다. 많은 사람들에게 이 시는 코울리지의 시인으로서의 이력에 있어서 하나의 위기를 나타내는 표지 역할을 해왔다. 그래서 몇몇 학자들은 이 시를 시인으로서의 코울리지의 고별사로 간주하기까지 한다. 사실 코울리지가 이 시를 쓴 이후에 산문 저작에 더 몰두해서 뛰어난 성과를 거둔 점에 비추어 볼 때 이러한 주장은 어느 정도 타당성을 갖긴 하지만, 독자들로 하여금 「윌리엄 워즈워스에게」를 비롯한 그의 후기의 시적 성취에 눈멀게 만든다는 점에서 경솔한 주장일 수 있다.

1937년에 셀린코트(Ernest de Selincourt)에 의해 발견된, 이 시의 원본인 새러(Sara)에의 '서한시'—"A LETTER TO —"(Selincourt 7-25)—는 이 시의 계기나 전기적 배경에 대한 연구를 더욱 고무시켜 왔다. 340행에 달하는 이 원본에는 시인의 건강의 악화, 아내와의 불화와 새러 허친슨(Sara Hutchinson)에 대한 애정, 그리고 시인으로서의 좌절감 등이 거의 그대로 반영되어 있다. 「낙심: 송가」가 시인으로서의 코울리지의 고별사라는 주장 역시 이러한 전기적 사실에 바탕을 두고 있는 것처럼 보인다.

그러나 전기적 배경에 비추어 이 시를 이해하려는 시도는 시의 창작 및 개작 과정에서 일어나는 의식적 자기 표현의 과정을 간과하는 것이다. 이제는 현대 비평의 고전이 된 한 논문에서 윔섯(W. K. Wimsatt, Jr.)과 비어즐리(Monroe C. Beardsley)가 일찍이 지적했듯이, 우리의 다양한 경험의 대상들, 특히 지적 대상들에는 "뿌리를 잘라내고 정황을 녹여 없애는 정신 활동"이 있기 마련이기 때문에, 모든 시의 배후에 있으면서 그 원인이 되는 삶의 덩어리는 시라고 하는 언어적・지적 구성물에서는 알려질 수가 없고 또 그럴 필요가 없다(340). 더욱이 코울리지 자신이 340행에 달하는 원본의 개인적 세부들을 과감하게 삭제하고 연의 구분이 확연한 139행의 송가 형태로 자신의 정신적 위기를 양식화했다는 점을 고려할 때, 「낙심: 송가」에 대한 전기적 접근의 한계는 한층 뚜렷해진다. 보다 생산적인 접근 방식은 이 시의 구조를 면밀하게 살펴봄으로서 낙심과 그것의 극복이라는 정신의 드라마를 실연하는 명상시로서의 특성을 드러내는 일일 것이다.

비록 송가라는 명칭이 붙어 있긴 하지만, 이 시의 1연(1-20행)의 서두는 우리가 흔히 송가에서 기대하는 고양된 어법이 아니라 초기의 대화적 양식의 명상시의 서두를 상기시키는 친근한 어조와 외관상 느슨하고 즉흥적인 분위기로 시작된다.

  글쎄! 만일 「패트릭 스펜스 경」이란 멋진 옛 밸러드를
   지은 시인이 날씨를 잘 알아맞혔다면,
   지금 이렇게 고요한 이 밤이 그냥 지나치지는 않을 거요
   저 구름을 게으른 얇은 조각으로 빚는 바람이나

차라리 조용했으면 훨씬 더 좋을
이 풍명금(風鳴琴)의 현 위에서 신음하고 갈퀴로 긁어대는
둔하게 흐느끼는 바람보다 더 분주하게 일하는
　　바람에 의해 일깨워지지 않고서는. (1-8행)

Well! If the Bard was weather-wise, who made
　The grand old ballad of Sir Patrick Spence,
　This night, so tranquil now, will not go hence
Unroused by winds, that ply a busier trade
Than those which mould yon cloud in lazy flakes,
Or the dull sobbing draft, that moans and rakes
Upon the strings of this Aeolian lute,
　Which better far were mute. (*CPW* 1: 362-63)

　이 구절은 이 시의 시간적·공간적 배경을 설정하는 데 그치지 않고, 시인의 내면 풍경, 즉 심경까지 암시한다. 시인의 둔하고 수동적인 상태는 "게으른"(lazy), "둔한"(dull) 등의 단어들에서, 고통스러운 낙심 상태는 "흐느끼는"(sobbing), "신음하고"(moans) 등의 단어들에서, 그리고 자기 바깥의 세계와 조화되지 못하고 있음은 "갈퀴로 긁어대는"(rakes) 같은 단어에서 각각 시사되고 있다. 우리는 이 시의 첫머리에서 벌써 외적 세계로부터 시인의 내밀한 정신의 영역으로까지 옮겨 간 셈이다.

　풍명금 역시 외적 세계와 정신간의 상관에 초점이 맞춰진 서두에 적절한 물상이다. 여기에서 풍명금은 바람이라는 외적 자연의 자극에 반응하는 실제의 악기이면서, 동시에 낙심한 시인의 감수성 또는 정신의 유사물이다. 그런 점에서 그것은 "외적 움직임과 내적 정서 사이의 비

유적 매개물"(Abrams 1975, 38)이라고 할 수 있다. 흔히 낭만주의 시에서 시인의 창조적 충동을 불러일으키는 것으로 그려지는 바람은 하늘에서는 오직 "게으른 얇은" 구름 조각들만을 빚어내고, 집안의 창틀에서는 "둔하게 흐느낄" 뿐이다. 「풍명금」에서 풍명금으로 하여금 감미로운 가락을 낳게 함으로써 시인을 조화로운 우주에 대한 형이상학적 비전으로 인도했던 것과는 대조적으로, 여기에서의 바람은 풍명금의 내적 균형을 깨뜨려버림으로써 시인과 외부 세계간의 부조화스러운 관계를 시사한다. 현재로서는 풍명금이 불화의 가락만을 낳기 때문에, 시인은 그것이 잠잠해지기를 바란다. 이 시가 한 시인이 자신의 시적 능력의 상실을 한탄하는 일종의 만가(輓歌) 형태를 띠고 있음을 고려한다면, 옛부터 음유 시인의 악기이자 그 표상이기도 한 현금이 이 시의 서두에서 구슬프게 울린다는 것은 무척 적절한 것이다(Dekker 109).

  바람의 모티프에 잇달아 나오는 달의 이미지 또한 이 시에서 시인이 처한 불확실한 상황을 극명하게 보여준다. 우리는 이 시의 제사(題詞)로 사용된 「패트릭 스펜스 경」("Ballad of Sir Patrick Spence")의 한 구절에서 화자인 선원뿐만 아니라 「낙심: 송가」의 시인이 느끼는 두려움을 읽어낼 수 있다.

    어젯밤 늦게, 늦게 저는 새 달[초승달]을 보았습니다
    옛 달[기울어 가는 달]을 팔에 껴안은 새 달을요.
    선장님! 우리가 치명적인 폭풍우를 만날까
    저는 두렵답니다 두렵답니다.

    Late, late yestreen I saw the new Moon,
    With the old Moon in her arms;

And I fear, I fear, my Master dear!
　　　We shall have a deadly storm. (*CPW* 1: 362)

　이 제사에서의 달의 이미지는 본문에서는 한층 더 면밀하게 관찰된 풍부한 세부로 재구성된다.

　　　왜냐하면 보라! 겨울에 휘영청한,
　　　그리고 환영(幻影) 같은 빛으로 가득 퍼진
　　　(미끄러지듯 흐르는 환영 같은 빛으로 가득 퍼진
　　　그러나 은빛 실로 테두리쳐지고 둥그렇게 에워싸인) 새 달을!
　　　비와 스콜 돌풍의 도래를 예고하는
　　　새 달 무릎 위의 옛 달을 나는 보기에. (9-14행)

　　　For lo! the New-moon winter-bright!
　　　And overspread with phantom light,
　　　(With swimming phantom light o'erspread
　　　But rimmed and circled by a silver thread)
　　　I see the old Moon in her lap, fortelling
　　　The coming-on of rain and squally blast. (*CPW* 1: 363)

　이 구절에서 묘사된 달의 상태는 폭풍의 도래를 예고하는 것이지만, 그것은 단순한 기상 현상만은 아니다. 전통적으로 끊임없는 갱신의 가능성을 표상해 온 달은 여기에서는 옛것(기울어 가는 달)과 새것(초승달) 사이의 전이적 단계에 있는 것으로 그려지고 있다. 더욱이 이 달은 스스로 명료하게 빛을 발함으로써 지상의 다른 사물들을 조명해 주는 것이 아니라, "환영 같은 빛"으로 흐릿하게 감싸여 있다. 10-11행의 정교한 교차 배열법(chiasmus)은 달의 이같은 성격을 수사적으로 강조한다. 전이적 단계에 있는 달의 예견할 수 없는 상태는 시인이 처한 상황과 긴밀하게 대응된다. 사실상 이 시는 단순한 기상의 변화가 아니라 시인의 "정신의 변화하는 날씨"(Jones 120)를 면밀하게 기록하고 있는 것이다. 시인은 풍명금이 조용하길 바라면서 제사에서의 선원처럼 파괴적일 수 있는 폭풍의 도래를 두려워하지만, 다른 한편으로는 그것이 가져다 줄 수 있는 창조적 자극을 또한 갈망한다.

그런데 오! 벌써부터 질풍은 부풀어오르고
　　비스듬한 밤비가 요란하게 빨리 몰아치고 있소!
경외감을 불러일으키며 종종 내 힘을 북돋우고
　　내 영혼을 멀리 내보냈던 저 소리들은
어쩌면 늘 주던 충동을 내게 주고,
이 둔한 통증을 깜짝 놀래켜, 그것을 움직여 살게 만들지도 모르오!
　　(15-20행)

And oh! that even now the gust were swelling,
　　And the slant night-shower driving loud and fast!
Those sounds which oft have raised me, whilst they awed,
　　And sent my soul abroad,
Might now perhaps their wonted impulse give,
Might startle this dull pain, and make it move and live!
　　(*CPW* 1: 363)

이 지점에 이르면 시인의 두려움은 희망에 찬 기대에 자리를 넘겨주는 것처럼 보인다. 전통적으로 생명력 또는 창조력의 재생과 결부되어 온 이 바람과 소나기가 과연 예전처럼 시인에게 창조적 충동을 가져다

줄 것인가? 희망에 찬 기대와 두려움이 뒤섞인 분위기를 통해 1연은 이후에 분명해질 보다 큰 역설, 즉 상상력의 쇠퇴를 노래하는 가운데 상상의 힘을 입증하는 역설의 토대를 마련하고 있다(Hill 201). 즉흥적인 듯 하면서도 확고하게 통제된 압운 체계, 그리고 형식적인 듯 하면서도 생각의 자연스러운 흐름을 잘 드러내는 다양한 운율 패턴은 이러한 역설적 상황을 구문적으로 반영한다.

「내 감옥, 이 보리수 그늘」에서 낙심해 있던 시인은 자신의 영혼을 친구들의 산책길에 "멀리 내보냄"으로써 고립을 극복할 수 있는 계기를 얻었다. 그러나 「낙심: 송가」의 2연(21-38행)에서는 외적 대상들의 아름다운 외관에 계속 눈을 고정시킴으로써 자신 속에서 느낌을 끌어내고자 하는 시인의 시도는 별 쓸모가 없는 것으로 밝혀진다. 2연의 서두는 1연의 마지막 행에서의 "이 둔한 통증"(this dull pain)을 부연함으로써 시인 자신의 심경을 한층 더 분석적으로 제시한다.

> 격통이 따르지 않는, 허전하고 어둡고 황량한 비통,
> 말이나 한숨이나 눈물에서
> 어떤 자연스러운 배출구, 어떤 위안도 찾지 못하는
> 질식과 졸림과 무감동의 비통— (21-24행)

> A grief without a pang, void, dark, and drear,
> A stifled, drowsy, unimpassioned grief,
> Which finds no natural outlet, no relief,
>   In word, or sigh, or tear— (*CPW* 1: 364)

이같은 정신 상태는 1연의 서두에서의 자연 배경의 정서적 대응물이다. "비통"(grief)을 수식하는 단어들과 어구들은 낙심의 밑바닥에 있는

시인의 기분을 거듭 침울하게 강조한다. "여인"(Lady)으로 일반화된 청자에게 시인이 자신의 심경을 토로하고 있는 이후의 시행들에서 그의 궁지 또는 정신적 위기는 한층 더 구체적인 표현을 얻는다.

　　오 여인이여! 이 음산하고 열의 없는 기분으로
　　저편 지빠귀 소리에 딴 생각에 잠겨,
　　　너무나도 향긋하고 고요한 이 긴 저녁 내내
　　나는 응시하고 있었소 서녘 하늘을
　　　그리고 그 특이한 황록색 색조를.
　　지금도 나는 응시하오―아주 멍한 눈으로!
　　그리고 움직이며 별들을 드러내주는
　　조각과 빗장을 이룬 저 얇은 구름들을,
　　구름들 뒤로 사이로
　　반짝거리다 때로는 흐릿해졌다 하지만 늘 보이는 미끄러지는 별들을,
　　구름도 별도 없는 푸른 호수에서
　　돋아나듯 고정된 저 초생달을.
　　나는 아오 이 모두가 빼어나게 아름다운 것을,
　　알지만 느끼지는 못하오 얼마나 그들이 아름다운지를! (25-38행)

　　O Lady! in this wan and heartless mood,
　　To other thoughts by yonder throstle woo'd,
　　　All this long eve, so balmy and serene,
　　Have I been gazing on the western sky,
　　　And its peculiar tint of yellow green:
　　And still I gaze―and with how blank an eye!
　　And those thin clouds above, in flakes and bars,
　　That give away their motion to the stars;
　　Those stars, that glide behind them or between,

> Now sparkling, now bedimmed, but always seen:
> Yon crescent Moon, as fixed as if it grew
> In its own cloudless, starless lake of blue;
> I see them all so excellently fair,
> I see, not feel, how beautiful they are! (*CPW* 1: 364)

시인은 서녘 하늘을 응시하지만, 음울하고 열의 없는 기분 속에서의 응시 행위는 이전의 '대화시'에서처럼 사물들의 일상적 외관을 붕괴시키고 그 핵심에 대한 직관적 인식을 가져다주기는 커녕 그에게서 아무런 느낌도 불러일으키지 못한다. 시인이 아무런 정서적 교섭을 맺지 못하는 자연 세계는 무척 인상적으로 묘사되고 있다. 서녘 하늘은 특이한 황록색을 띠고 있고, 구름은 조각과 빗장의 다양한 형태를 이루고 있다. 더욱이 구름과 별은 상호적인 관계를 맺고 있음으로 해서, 시인의 상황을 대조적으로 부각시킨다. 별이 빛을 구름에 방출하듯이, 구름은 스스로 움직임으로써 별들을 돋보이게 한다. 유동적인 별들과는 대조적으로 초생달은 고정되어 있다.

그렇지만 이 아름다운 자연 세계는 시인의 공감적 느낌으로 옷입혀져 있지 않다. 외적 자연과 인간 정신의 단절은 "이지(理智)와 감성의 분리"(이영걸 17)를 절감하는 시인의 진술에 뚜렷하게 나타난다―"나는 아오 이 모두가 빼어나게 아름다운 것을,/ 알지만 느끼지는 못하오 얼마나 그들이 아름다운지를!" 경험의 두 층위가 융합되지 않는 이런 상태에서는 자아 밖의 세계는 코울리지 자신의 말처럼 "사소한 것들의 거대한 더미"(*CL* 1: 349)에 불과하다.

자아 밖의 세계와 살아 있는 정서적 교섭을 맺지 못하는 "삶 속의 죽음"(death-in-life)을 살게 된 원인을 시인은 3연(39-46행)에서 그의 내적인 "생기(生氣)"(genial spirits)의 쇠퇴에서 찾고 있다.

> 내 생기가 쇠퇴하오.
> 그러니 질식시키는 무게를
> 내 가슴으로부터 떨쳐버리는 데에 이것이 무슨 소용이 있을까?
> 그건 헛된 노력일 터이리
> 비록 내가 서녘에서 머뭇거리는
> 그 녹색 빛을 영원히 응시한다 하더라도.
> 나는 외적 형상들로부터 그 원천이 내부에 있는
> 정열과 생명을 얻어내기를 바랄 수가 없소. (39-46행)

> My genial spirits fail;
> And what can these avail
> To lift the smothering weight from off my breast?
> It were a vain endeavour,
> Though I should gaze for ever
> On that green light that lingers in the west:
> I may not hope from outward forms to win
> The passion and the life, whose fountains are within. (*CPW* 1: 365)

시인이 자연의 아름다움에 반응할 수 없는 이유는 이제 분명해졌다. 외적 형상이 아니라 자아의 내적 힘들이 우리가 자연에서 경험하는 "정열과 생명"의 원천임을 그는 깨닫는다. 감미로운 새의 노래조차 공허한 소리로 들리는 경험을 다루고 있는 「엘빙에로데의 하츠 숲에서 앨범에 씌어진 시」("Lines Written in the Album at Elbingerode, in the Hartz Forest," 1799)의 한 구절도 이와 동일한 생각을 표현하고 있다―". . . 왜냐하면 나는 깨달았기에/ 가장 고귀한 외적 형상들조차 내부의 생명으로부터/ 그들의 보다 멋진 영향을 여전히 받아들인다는 것을"(*CPW* 1: 315-16).

3연의 "나"(I)라는 주어가 "우리"(we)로 바뀐 데에서 알 수 있듯이, 4연(47-58행)은 보다 일반화된 관점에서 이러한 생각을 부연한다.

> 오 여인이여! 우리는 우리가 주는 것만을 되받고,
> 우리의 생명 속에서만 자연은 생동하오.
> 우리의 혼례복은 자연의 혼례복, 우리의 수의(壽衣)는 자연의 수의!
>   사랑 없고 늘 근심에 잠긴 가련한 무리에게 허용된
> 그 차가운 생명 없는 세계보다
> 가치 있는 어떤 것을 보려 한다면,
>   아! 영혼 자체로부터 흘러나와야 하리
> 대지를 감싸는 빛과 영광과
>   아름답게 빛나는 구름이—
> 영혼 자체로부터 나와야 하리
>   스스로 태어난 감미롭고 힘찬 목소리,
> 모든 감미로운 소리들의 생명과 원소가! (47-58행)

> O Lady! we receive but what we give,
> And in our life alone does Nature live:
> Ours is her wedding garment, ours her shroud!
>   And would we aught behold, of higher worth,
> Than that inanimate cold world allowed
> To the poor loveless ever-anxious crowd,
>   Ah! from the soul itself must issue forth
> A light, a glory, a fair luminous cloud
>   Enveloping the Earth—

>   And from the soul itself must there be sent
>   A sweet and potent voice, of its own birth,
>   Of all sweet sounds the life and element! (*CPW* 1: 365)

지각 대상인 자연이 생명 없는 것이기를 그치고 지각 주체와 창조적 교섭을 맺는 것은 주체의 정신이 기쁨과 활기에 차 있을 때에야 가능한 일이다. 그렇지 못할 때 자연은 단순한 외적 대상으로서 죽어 있는 하찮은 것에 지나지 않는다. 결혼과 장례의 비유는 이 점을 극적으로 보여주고 있다―"우리의 혼례복은 자연의 혼례복, 우리의 수의는 자연의 수의!" 3-4연에 걸쳐 이같은 생각은 다섯 번이나 되풀이되는데, 정신은 등(燈)처럼 자체의 빛을 생명 없는 세계 속으로 투사시키는 능동적 힘으로 묘사되고 있다. "영광"과 "아름답게 빛나는 구름"은 마치 인간의 창조적 지각 행위에서 일어나는 정신과 자연의 결합의 상징적 "혼례복"인 것처럼 보인다.

낭만주의 시인들, 그 중에서도 특히 코울리지가 평생 동안 관심을 가졌던 것은 주체와 대상, 즉 정신과 자연간에 의미 있는 관계를 맺어주는 것이었고, 그럼으로써 유물론자들의 죽은 우주를 인간이 소외감을 느끼지 않는 살아 있는 우주로 만드는 것이었다. 이것을 가능케 하는 것이 바로 인간의 상상력이다. 5연(59-75행)은 상상적 작용, 나아가서는 조화로운 삶의 필수적 여건이 "환희"(Joy)이고, 순수한 영혼에게만 그것이 주어진다고 단언한다.

>   오 마음이 순수한 이여! 그대는 내게 물어볼 필요가 없소
>   영혼 속의 이 힘찬 음악이 무엇인지를!
>   이 빛, 이 영광, 이 아름답게 빛나는 구름,

이 아름다운 그리고 아름다움을 만드는 힘,
그것이 무엇이며, 어디에 존재하는지를.
  정숙한 여인이여, 환희인 것을! 순수한 이에게만,
그리고 그들의 가장 순수한 시간에만 주어졌던 환희,
생명, 그리고 생명의 방출, 구름이면서 소나기,
여인이여! 환희는 결혼하는 자연이 우리에게
지참금으로 주는 정신이자 힘,
관능적인 사람들과 오만한 사람들은 꿈꿔보지 못한
  새로운 땅과 새로운 하늘—
환희는 감미로운 목소리, 환희는 빛나는 구름—
  우리는 우리 자신을 기뻐하는 거요!
그리고 거기로부터 귀나 눈을 매혹하는 모든 것이 흘러나오오
  모든 선율은 그 목소리의 메아리
모든 색깔은 그 빛의 확산이오. (59-75행)

O pure of heart! thou need'st not ask of me
What this strong music in the soul may be!
What, and wherein it doth exist,
This light, this glory, this fair luminous mist,
This beautiful and beauty-making power.
  Joy, virtuous Lady! Joy that ne'er was given,
Save to the pure, and in their purest hour,
Life, and Life's effluence, cloud at once and shower,
Joy, Lady! is the spirit and the power,
Which wedding Nature to us gives in dower
  A new Earth and new Heaven,
Undreamt of by the sensual and the proud—
Joy is the sweet voice, Joy the luminous cloud—

> We in ourselves rejoice!
> And thence flows all that charms or ear or sight,
> All melodies the echoes of that voice,
> All colours a suffusion from that light. (*CPW* 1: 365-66)

여기에서 "환희"는 이전의 시각·음향·날씨·혼인의 비유들을 통해 은유적으로 제시되고 있다. 조화로운 삶을 가능케 함으로써 생명의 전일성을 지각하게끔 해주는 여건으로서의 "환희"는 넘치는 활력의 상태이다. 그것은 자아가 고립된 상태를 벗어나 자기 밖의 존재들과 살아 있는 관계를 맺을 수 있게 해준다. 「풍명금」에서의 탄성은 바로 이같은 상태에서 솟아나왔었다―"오! . . ./ 우리 안팎의 전일한 생명이여"(*CPW* 1: 101). 그리고 "환희"를 묘사하는 어구들―"이 아름다운 그리고 아름다움을 만드는 힘," "생명 그리고 생명의 방출," "구름이자 소나기"―은 이것이 인간이 조화로운 실존을 유지하기 위해서는 지속적으로 갱신되어야 하는 과정으로 파악되고 있음을 시사한다.

"여인"은 원초적 활력을 보존하고 있는 순수한 영혼으로 묘사되고 있다. 「내 감옥, 이 보리수 그늘」에서도 진정으로 현명하고 순수한 이는 자아 밖의 존재를 사심 없이 사랑하면서 자아의 협소한 한계를 넘어설 수 있는 공감적 상상력의 소유자로 그려졌었다. 이와는 대조적인 인물들이 4연의 "사랑 없고 늘 근심에 잠긴 가련한 무리"와 5연의 "관능적인 사람들과 오만한 사람들"이다. 이들은 모두 자아 속에 폐쇄되어 다른 존재와 공감적 사랑을 나누지 못하거나 정신의 창조적 힘을 믿지 않는 사람들이다.

다른 낭만주의자들처럼, 코울리지는 정신과 자연의 결합을 결혼의 비유로 나타낸다. 여기에서 "환희"는 마치 이 예식을 관장하는 존재인 것처럼 묘사되고 있다. 그리고 "환희"가 자연과 결혼하는 우리에게 지참금으로 주는 것은 외부 세계에 대한 완전히 새로운 경험이다. 이 경험은 성서의 「요한의 묵시록」에서 빌어온 종교적 어휘로 표현된다―"새로운 땅과 새로운 하늘." "환희"에 의해 소리와 빛 역시 더 이상 분리된 현상으로 존재하지 않게 된다―"환희는 감미로운 목소리, 환희는 빛나는 구름―/ 우리는 우리 자신을 기뻐하는 거요!"

"환희"에 대한 찬가라고 할 수 있는 5연은 4연의 능동적 지각 행위의 이론과 더불어 이 시의 철학적 핵심을 이루면서, 시인의 낙심에 초점이 맞춰진 1-3연과 극적인 대조를 이룬다. 어떤 의미에서 시인은 정신과 자연간의 창조적 교섭에 관한 생각을 정교하게 다듬어 가는 과정에서 일시적으로 그 자신의 낙심을 잊게 된 것처럼 보인다(Modiano 61). 그러나 시인의 목소리가 이 일반화의 과정에서 어느 정도 생기를 띠게 되었다고 하더라도, 그의 정신적 위기가 극복된 것은 아니다. 6연(76-93행)에서 시인이 정서적 위기에 이르게 된 자신의 삶의 역정(歷程)을 회고적으로 분석할 때, 낙심의 무게는 다시금 그를 짓누른다.

    내 역정이 험악해도, 이 환희가
      내 마음속에서 고통과 장난치고,
    온갖 불운은 공상이 내게 행복의 꿈들을
      만들어주던 재료에 지나지 않던 시절이 있었소.
    왜냐하면 희망이 감기는 덩굴처럼 내 주위에 자랐고,
    내 것 아닌 열매들과 잎사귀들이 내 것처럼 여겨졌기 때문이오.
    하지만 이제 고뇌가 날 땅으로 끌어내리오.
    또 고뇌가 내게서 기쁨을 앗아가는 걸 난 개의치 않소.
      그러나 오! 고뇌는 닥칠 때마다

정지시키오 자연이 내가 태어날 적에 주었던 것,
　　내 상상력의 형성력을.
왜냐하면 내가 꼭 느껴야 하는 것을 생각하지 않고,
　　할 수 있는 한 가만히 참는 일,
그리고 어쩌면 심오한 연구로 내 자신의 본성으로부터
　　모든 자연스런 인성을 훔쳐내는 일—
　　이것이 나의 유일한 자원, 나의 유일한 계획이었기에.
그래서 마침내 일부에 맞는 것이 전체를 감염시켜,
이제는 거의 내 영혼의 습관이 되어버렸소. (76-93행)

There was a time when, though my path was rough,
　　This joy within me dallied with distress,
And all misfortunes were but as the stuff
　　Whence Fancy made me dreams of happiness:
For hope grew round me, like the twining vine,
And fruits, and foliage, not my own, seemed mine.
But now afflictions bow me down to earth:
Nor care I that they rob me of my mirth;
　　But oh! each visitation
Suspends what nature gave me at my birth,
　　My shaping spirit of Imagination.
For not to think of what I needs must feel,
　　But to be still and patient, all I can;
And haply by abstruse research to steal
　　From my own nature all the natural man—
　　This was my sole resource, my only plan:
Till that which suits a part infects the whole,
And now is almost grown the habit of my soul. (*CPW* 1: 366-67)

많은 학자들에 의해 정직한 자기 분석이라는 평가를 받아 온 이 구절에서 시인의 관심은 환희의 상실과 그에 따른 창조적 상상력의 정지에 향해 있다. 그는 자신에게도 불운을 변형시키고 초월할 수 있는 발랄함을 소유했던 때가 있었음을 떠올린다. 불운이 오히려 미래의 행복의 재료가 될 수 있었던 그 시절은 식물적 성장의 이미지로 묘사되고 있다—"왜냐하면 희망이 감기는 덩굴처럼 내 주위에 자랐고,/ 내 것 아닌 열매들과 잎사귀들이 내 것처럼 여겨졌기 때문이오."

그러나 이제 거듭되는 고뇌는 시인에게서 환희를 앗아가고, 정신으로 하여금 현실에 대한 비전을 형체화하고 통합시키게 해주는 살아 있는 능동적 힘인 "상상력의 형성력"의 활동을 정지시킨다. "끌어내리다"(bow), "앗아가다"(rob) 등의 동사는 고뇌의 강제력을 강하게 시사한다. 끊임없이 내습하는 고뇌에서 벗어나기 위해 시인은 그가 반드시 느껴야 할 바를 생각하지 않고 "심오한 연구"로 도피함으로써 자신 주위의 세계와 상황에 상상적 공감으로 반응할 수 있는 능력을 사실상 상실하게 되었다. 이지적·분석적 능력만을 계발시켜 나가면서 그는 이 세계에 대한 그의 경험을 의미 있는 전체로 형성시켜 주는 창조적 힘을 스스로 빼앗아버린 것이다. 매그너슨(Paul Magnuson)이 지적하듯이, 자연스러운 느낌들을 통어해서 의식적 자아 속에 통합시키지 않고 그것들을 전적으로 기각하는 시인의 행위는 자아에 인위적 한계를 설정하는 자기 기만적인 자살 행위이다(116). 살아 있는 유기체로서의 정신을 분리시키려는 시인의 시도는 그가 애초에 원했던 잠정적 조치로 끝나지 않고 영혼의 고질적 습관이 되어 파국적 결과를 가져온다. 이미 우리는 2연에서 이같은 결과를 생생하게 목격한 바 있다. "훔치다"(steal), "감염시키다"(infects) 같은 단어들은 자신의 삶의 방식이 초래한 절망적 결과에 대한 시인의 죄의식과 후회의 감정을 짙게 반영하고 있다.

그와 함께 시인은 자신의 회고적 자기 분석에 깃들어 있는 자기 몰입 또는 자기 연민의 음조를 분명히 깨닫고 있는 것처럼 보인다. 7연(94-125행)이 6연의 자기 연민의 가락을 중단시키는 극적인 외침으로 시작되는 것은 바로 그런 이유에서이다.

물러가거라, 내 마음을 휘감은 살모사 같은 생각들이여,
　　현실의 악몽이여!
나는 너로부터 돌아서서, 주목받지 못한 채
　　오래도록 노호한 바람에 귀를 기울인다. (94-97행)

　　Hence, viper thoughts, that coil around my mind,
　　　　Reality's dark dream!
　　I turn from you, and listen to the wind,
　　　　Which long has raved unnoticed. (*CPW* 1: 367)

6연에서 희망을 묘사하는 데 활용되었던 식물적 이미지("감기는 덩굴")는 여기에서 살모사라는 파충류 이미지("내 정신을 휘감은 살모사 같은 생각들")로 대체되는데, 「크리스타벨」이나 「카인의 방랑」("The Wanderings of Cain") 등의 시편들에서처럼 이 이미지는 시인의 정신의 고통스러운 제약을 선명하게 부각시킨다. 악몽처럼 시인의 정신을 괴롭히는 현재의 생각들은 "현실의 악몽"(Reality's dark dream)이라는 역설적 표현 속에 간결하게 요약되어 있다.

시인은 6연의 우울한 내성(內省)이 불러온 절망적인 생각들을 애써 떨쳐버리고, 그의 관심을 오랫동안 노호해 온 바람에게로 향한다. 시인

의 이같은 노력은 이 시에서 처음으로 나타나는 의지적·능동적 행위로서, '대화시'의 기본 구조를 이루는 순환적 패턴의 마지막 단계인 외적 장경으로의 귀환의 움직임에 해당된다. 6연에서 시인의 낙심이 한때는 창조적이었던 그의 상상력의 불모성에 관한 고통스러운 생각들을 불러냈듯이, 노호하는 바람은 풍명금을 고문해서는 단말마의 비명을 비틀어 짜냈었다.

　　　　　　　　　　　　고문으로 늘어진
　고통의 얼마나 지독한 비명 소리를
　저 현금은 내보냈던가! 밖에서 노호하는 너 바람이여,
　　헐벗은 바위, 또는 산정 호수 또는 시든 나무,
　또는 나무꾼이 한번도 오른 적 없는 소나무 숲,
　또는 오랫동안 마녀들의 집으로 여겨진 외딴집이
　　내 생각엔 네게 더 어울리는 악기였으리라.
　미친 현금 탄주자여! 너는 이 소나기의 달에,
　암갈색 정원과 고개를 내미는 꽃들의 달에
　악마들의 축제를 벌이는구나 겨울 노래보다 더 나쁜 노래로
　꽃들, 봉오리들, 벌벌 떠는 잎사귀들 사이에서.
　너 온갖 비극적 소리에 완벽한 배우여!
　너 광기 어릴 정도로 대담한 강력한 시인이여!
　　　무엇을 너는 지금 말하고 있는가?
　　　짓밟힌 사람들의 신음 소리를 내고,
　　쓰라린 상처를 입은 패주하는 무리의 돌진을 얘기하는구나 —
　그들은 고통으로 신음하고, 추위로 벌벌 떠는구나! (97-113행)

　　　　　　　　　　What a scream
　Of agony by torture lengthened out

>   That lute sent forth! Thou Wind, that rav'st without,
>   Bare crag, or mountain-tairn, or blasted tree,
>   Or pine-grove whither woodman never clomb,
>   Or lonely house, long held the witches' home,
>   Methinks were fitter instruments for thee,
>   Mad Lutanist! who in this month of showers,
>   Of dark-brown gardens, and of peeping flowers,
>   Mak'st Devils' yule, with worse than wintry song,
>   The blossoms, buds, and timorous leaves among.
>   Thou Actor, perfect in all tragic sounds!
>   Thou mighty Poet, e'en to frenzy bold!
>   What tell'st thou now about?
>   'Tis of the rushing of an host in rout,
>   With groans of trampled men, with smarting wounds—
>   At once they groan with pain, and shudder with the cold!
>   (CPW 1: 367)

1연에서 예견되었던 폭풍은 이제 실제로 다가와서, 실제의 악기이면서 동시에 시인의 감수성 또는 정신의 표상인 풍명금을 고문하고 있다. 1연에서의 "둔하게 흐느끼는 바람"은 완전한 폭풍으로 강화되어 있다. 이 바람은 7연 전체에 걸쳐 시인의 정신과 그것과의 대면을 가능케 하는 수사적 돈호를 통해 부연되는데, 그 부연의 과정은 마치 이 시가 송가라는 점을 새삼 강조하기라도 하는 양 고양된 어법으로 이루어진다.

맨 처음 단순한 말건넴의 대상으로 나타나는 바람은 이 시의 서두에서처럼 속신(俗信)의 여러 요소들—"시든 나무," "산정 호수," "오랫동안 마녀의 집으로 여겨진 외딴집"—과 결부되어 있다. 그리고 바람이 힘을 얻을수록 시인의 상상은 더욱 강렬해져서, 앞 연들에서의 미세한 객관적 관찰과 지적 분석을 뒷받침했던 억제된 리듬은 정서적 충동에 걸맞는 활달한 리듬과 언어에 자리를 넘겨준다. 바람은 두 번째로 "미친 현금 탄주자"로 불려진다. 만물이 소생하는("고개를 내미는 꽃들") 이 계절에 풍요의 비를 몰고 오면서 부드럽게 불어야 할 바람은 "겨울 노래보다 더 나쁜 노래로" 연약한 꽃들과 봉오리들과 잎들을 벌벌 떨게 만든다. 그것은 만물을 소생시키는 창조적 힘이라기보다는 봄의 초목에게 죽음으로 위협하는 악마적인 파괴력으로 작용하면서, 시인에게 그가 이미 환희의 상실과 그에 따른 상상의 정지를 통해 겪은 "삶 속의 죽음"을 환기시킨다. 그런 후 바람은 고통으로 인한 비극적 소리들을 완벽하게 표현해내는 비극 배우, 그리고 "광기 어릴 정도로 대담한 강력한 시인"으로 불리어진다.

의인화된 바람에 대한 수사적 질문과 답변의 과정은 우리가 흔히 서사시에서 찾아볼 수 있는, 전쟁터에서 고통에 찬 신음을 내지르며 패주하는 무리의 이미지를 제시한다. 우리는 이 연속되는 수사적 부연의 과정에서 시인의 목소리가 점차 두려움에서 벗어나 자신감을 되찾아 가고 있음을 어렴풋이 감지할 수 있다. 이 시의 서두에서의 시인의 둔하고 수동적인 상태는 이제 비록 불완전하긴 하지만 어느 정도 깨어난 느낌과 상상에 의해 대체되고 있다. 6연에서 시인이 그 활동이 정지되었다고 한탄했던 "상상력의 형성력"은 결코 완전히 파괴되지는 않았던 것이다. 깊은 정적이 깃드는 것은 바로 이 전환점에서이다.

> 그러나 쉬잇! 잠시 동안 아주 깊은 정적이 깃드는구나!
> 그래서 신음하고 몸서리치며 전율하는

돌진하는 무리의 소리 같은 저 온갖 소리—모든 게 지나갔다—
그것은 덜 깊고 덜 시끄러운 소리로 다른 이야기를 전하는구나!
덜 겁나고, 기쁨으로
누그러진 이야기,
마치 오트웨이 자신이 감미로운 노래를 지었듯이—
그것은 집에서 멀지 않은
쓸쓸한 황야에서 헤매는 꼬마 아이 이야기.
어떻든 그녀는 길을 잃었다. 그래서 때로 깊은 비탄과 공포에 잠겨
낮게 신음하고, 때로 큰 소리로 비명 지르며,
자기 어머니가 듣기를 바란다. (114-25행)

But hush! there is a pause of deepest silence!
  And all that noise, as of a rushing crowd,
With groans, and tremulous shudderings—all is over—
  It tells another tale, with sounds less deep and loud!
    A tale of less affright,
    And tempered with delight,
As Otway's self had framed the tender lay,—
    'Tis of a little child
    Upon a lonesome wild,
Not far from home, but she hath lost her way:
And now moans low in bitter grief and fear,
And now screams loud, and hopes to make her mother hear.
  (*CPW* 1: 368)

이 시의 서두에서의 죽음 같은 무감동의 고요를 대체하는 깊은 정적은 "악마들의 축제"와 패주하는 무리가 내지르는 것 같은 소음에 종지부를 찍는다. 그런 후 바람은 쓸쓸한 황야에서 길을 잃은 꼬마 아이의

이미지를 제시한다. 꼬마 아이가 슬픔과 두려움 속에서 내는 신음 소리는 1연의 서두에서의 바람의 신음과 흐느낌을 상기시키면서, 고립되고 무력한 존재로서의 시인의 궁지를 표상하고 있다. 그러나 그것은 분명히 1-2연에서 시인이 처해 있던, "둔한 통증"과 "질식과 졸림과 무감동의 비통"의 절망적인 상황으로부터는 한걸음 나아간 것이다.

꼬마 아이의 이미지의 극적 중요성은 여기에서 그치지 않는다. 그녀는 길을 잃었지만, 실제로는 집에서 멀지 않은 곳에 있다. 꼬마 아이의 이미지가 조심스러운 희망의 분위기를 제공하고 있다는 점은 "또다른 이야기"를 부연하는 두 행에서 보다 뚜렷해진다―"덜 겁나고, 기쁨으로/ 누그러진 이야기." 우리는 여기에서 어떻게 길 잃은 아이의 고통에 관한 이야기가 "기쁨으로 누그러진" 것일 수 있는 것일까라는 질문을 던져볼 수 있다. 몇몇 학자들이 지적하듯이, 그 질문에 대한 답변은 심미적 경험의 성격과 관련되어 있다. 이 이야기가 애초의 서한시에서는 토머스 오트웨이(Thomas Otway)의 작품이 아니라 워즈워스의 루시 그레이(Lucy Gray)의 이야기를 지칭했었다는 사실은 그리 중요하지 않다. 다른 시인의 상상의 소산을 통해 길 잃은 꼬마 아이의 비통, 나아가서는 시인 자신의 비통이라는 실제적 경험은 이야기라는 하나의 예술형식으로 변형되고 있다. "만일 바람의 이야기가 꼬마 아이의 비탄을 청자에게 견딜 만하게 만들었다면, 그 자신의 비통에 관한 시인의 이야기(즉 그의 시인 「낙심: 송가」)는 똑같은 기능을 수행할 수 있고, 그가 참을 수 있고 또 삶이 계속될 수 있을 만큼 그의 비통으로부터의 충분한 '거리'를 그에게 준다"(Barth 1985, 187). "기쁨으로 누그러진"(tempered with delight)이라는 어구는 고통스러운 현실을 초월하는 것을 가능케 하는 심미적 거리를 함축하는 것처럼 보인다.

시인이 낙심으로부터 회복되어 가는 과정에서 주된 동인(動因)으로 작용하는 것은 바람이다. 이 시의 서두에서 바람은 속신 및 시인의 자기 투사와 결부되어 있었다. 그러나 이 시가 진행되는 동안 그것은 단순한 풍경의 한 요소가 아니라 시인의 정신의 변화를 담는 매체가 된다. 7연에서 빈번히 나타나는 바람에 대한 의인화는 바람이 외적 현상으로부터 인간적 층위로 내려왔음을 입증하는 좋은 증거이다(Chayes 1964, 71). 에이브럼즈(M. H. Abrams)는 낭만주의 시의 주요 모티프의 하나인 바람의 메타포를 논의하는 자리에서 이 시의 성격을 잘 요약하고 있다―"이 시는 그것이 묘사하는 폭풍이라는 동인에 의해 그 자체의 전제들을 반박하는 것으로 밝혀진다. 시인의 정신은 그가 자신의 내적 죽음을 한탄할 때조차 격렬한 생명으로 일깨워지고, 모든 배출구로부터 단절되어 있음에 대한 절망 속에서 해방을 성취하고, 상상의 쇠퇴를 기념하는 과정에서 상상의 힘을 예증한다"(1975, 39).

그렇다면 이제 시인은 애초에 그가 처해 있던 낙심 상태에서 벗어나 완전하지는 않지만 어느 정도 기쁨과 창조적 상상력을 회복했다고 할 수 있다. 이같은 상태에서 이 시의 결미인 8연(126-39행)에서의 "여인"에 대한 기원이 행해진다.

> 한밤중인데도 별로 자고 싶은 생각이 안드는구나.
> 이런 밤을 내 친구가 꼬박 지새는 일이 거의 없기를!
> 온화한 잠이여, 그녀를 방문하라, 치유의 날개로!
>   그리고 이 폭풍이 단지 산에서 발원한 것이기를,
> 모든 별들이 그녀의 거처 위에서 밝게 빛나기를,
>   마치 잠든 대지를 지켜보듯 말없이!
>   가뿐한 마음, 즐거운 공상,

명랑한 눈으로 그녀가 일어나기를,
  환희가 그녀의 정신을 고양시키고, 환희가 그녀의 목소리를 조율해
주기를.
  극에서 극에 이르기까지 그녀에게 만물이 살아 있기를,
  만물의 생명이 그녀의 살아 있는 영혼의 소용돌이이기를!
  오 하늘로부터 인도된 소박한 정령이여!
  소중한 여인이여! 내가 택한 가장 헌신적인 친구여,
  이렇게 당신은 언제나, 영원히 기뻐하기를. (126-39행)

'Tis midnight, but small thoughts have I of sleep:
Full seldom may my friend such vigils keep!
Visit her, gentle Sleep! with wings of healing,
  And may this storm be but a mountain-birth,
May all the stars hang bright above her dwelling,
  Silent as though they watched the sleeping Earth!
    With light heart may she rise,
    Gay fancy, cheerful eyes,
  Joy lift her spirit, joy attune her voice;
To her may all things live, from pole to pole,
Their life the eddying of her living soul!
    O simple spirit, guided from above,
Dear Lady! friend devoutest of my choice,
Thus mayest thou ever, evermore rejoice. (*CPW* 1: 368)

「한밤의 서리」에서와 마찬가지로, 여기에서도 배경은 하루의 끝과 다음날의 시작 사이의 전이적 시점인 한밤중이다. 시인은 그 자신은 누릴 수 없었던 평화로운 잠과 온전한 기쁨을 그녀를 위해 기원한다. 이

구절에서 여섯 번이나 되풀이되는 "may"라는 단어는 시인의 "여인"에 대한 간절한 기원이 축복에 가까운 것임을 암시하고 있다.

시인은 자신에게는 격렬한 것이었던 폭풍이 혹시 그녀의 정신을 어지럽히지 않았나 염려하면서, 잠이 "치유의 날개"로 그녀를 방문해 주기를 기원한다. 또한 그는 이 폭풍이 산에서 발원된 것이어서 격렬하지만 일과성의 것이기를 바란다. 별들에 대한 시인의 소망을 표현하는 시행들에서 별들은 잠든 대지뿐만 아니라 그녀까지 고요히 후원해 주는 것으로 묘사되고 있다. 더욱이 이 별들은 시인의 그녀에 대한 사랑이 깃든 관심으로 생기를 띠고 있고, 따라서 「내 감옥, 이 보리수 그늘」의 결미에서 시인의 지각 세계와 찰즈의 그것간의 경험의 갭을 메워주던 까마귀와 마찬가지로 이제는 자기 몰입에서 벗어난 시인과 그녀간의 다리가 된다.

자신은 상실한 온전한 기쁨을 사랑하는 여인은 영원히 유지했으면 하는 시인의 소망을 표현하는 구절에 나오는 소용돌이(eddy)의 이미지는 "영혼과 자연간의, 생명의 끊임없는 순환"(Abrams 1953, 68)을 함축하면서 이 시를 아름답게 끝맺고 있다—"극에서 극에 이르기까지 그녀에게 만물이 살아 있기를,/ 만물의 생명이 그녀의 살아 있는 영혼의 소용돌이이기를!" 그녀에게 만물은 살아 있는 것이 되고, 또 만물의 생명은 그녀의 살아 있는 영혼으로부터 소용돌이쳐 나온다. 이 상태에서 영혼과 자연을 구별하는 것은 무의미한 일일 터이다. 환희를 갖고 우주의 "전일한 생명"에 참여하는 존재로 묘사된 그녀는 최종적으로 "하늘로부터 인도된 소박한 정령," "내가 택한 가장 헌신적인 친구"로 불리어지는데, 이처럼 사랑이 깃든 축복의 행위를 통해 시인은 이 시의 앞부분에서의 자기 몰입에서 벗어나 영혼을 자아 밖의 세계로 내보낼 수가 있는 것이다.

　지금까지의 논의에서 드러났듯이, 이 시는 풍경 묘사와 외부 풍경의 어떤 모습에 의해 자극된 열정적 명상으로 이루어진 핀다로스(Pindar) 풍의 전형적인 낭만적 송가이다. 비록 형식상으로는 송가의 형태를 활용하긴 하지만, 그것은 기본적으로 현재의 장경으로부터 출발해서 과거·현재·미래를 수반하는 지속적 명상을 거쳐 다시 현재의 장경으로 되돌아오는 대화적 양식의 명상시의 순환적 패턴을 따르고 있다. 명상적 독백에 입각한 극적 플롯을 통해 낙심이라는 시인의 개인적 위기가 전개되고 또 잠정적으로나마 극복된다는 점에서 이 시는 자기 발견의 드라마 또는 한 예민한 정신의 성장사로 간주될 수 있다. 자신의 상상력의 쇠퇴로 인한 "삶 속의 죽음"을 애도하는 바로 그 행위 속에서 코울리지는 시인으로서의 그의 창조적 활력을 훌륭하게 예증하는 것이다.

두 정신의 교섭: 「윌리엄 워즈워스에게」

「윌리엄 워즈워스에게」("To William Wordsworth," 1806)는 워즈워스가 그의 정신적 성장 과정을 다룬 『서곡』(*The Prelude*)을 쓴 후 그것을 낭송하는 것을 듣고서 코울리지가 쓴 작품이다. 워즈워스는 이 뛰어난 장시를 코울리지에게 헌정했고, 이 작품에 감동되어 코울리지는 그의 친구의 시에 대한 찬가를 쓰게 된 것이었다. 이같은 사실로 인해 많은 독자들은 「윌리엄 워즈워스에게」를 두 시인간의 관계를 증거하는 자전적 문헌으로 종종 읽어 왔다. 그러나 그러한 전기적 고려만으로는 친구의 뛰어난 성취를 요약하며 반응하는 이 시의 성격이 온전히 파악되지 않는다. 따라서 우리는 『서곡』의 낭송에 의해 촉발된 시인 자신의 일시적 낙심과 그 극복의 과정을 보여주는 정신의 드라마로서 이 시를 읽어나감으로써, 『서곡』에 대한 가장 통찰력 있는 비평의 하나이면서 동시에 코울리지 자신의 정신의 간략한 성장사이기도 한 이 시의 성격을 보다 확실하게 조명할 수 있을 것이다.

『서곡』의 전반적 주제와 성격 및 시인 자신의 반응을 간결하게 요약하는 1부(1-11행)은 코울리지의 초기시의 한 특징인 밀튼(Milton)적 어법으로 시작된다.

현명한 이들의 벗! 선한 이들의 교사여!
내 가슴속으로 나는 그 노래를
역사적인 것 이상으로 받아들였소, 그 예언적인 노래를.
이 노래에서 그대는 감히 얘기했소
(그대에 의해 처음으로 올바로 노래불러진 고상한 주제인)
인간의 영(靈)의 토대와 형성 과정에 관해
말해질 수 있는 바를, 분별 있는 정신에게
드러나는 바를, 그리고 정신 안에서
봄에 자라는 영혼처럼 은밀하게 생기를
호흡함으로써 말로 표현하기에는 너무 깊은 생각들을
가슴속에서 자주 자극하는 바를!— (1-11행)

Friend of the wise! and Teacher of the Good!
Into my heart have I received that Lay
More than historic, that prophetic Lay
Wherein (high theme by thee first sung aright)
Of the foundations and the building up
Of a Human Spirit thou hast dared to tell
What may be told, to the understanding mind
Revealable; and what within the mind
By vital breathings secret as the soul
Of vernal growth, oft quickens in the heart
Thoughts all too deep for words!— (*CPW* 1: 403-04)

뛰어난 작품을 씀으로써 "현명한 이들의 벗"이자 "선한 이들의 교사"가 된 친구 시인을 환호로 맞이한 후, 시인은 그것의 전반적 성격을 "예언적인" 것으로 규정한다. 널리 알려져 있듯이, 워즈워스의 『서곡』

은 시인 자신의 정신적 성장 과정을 다루고 있는 영혼의 자서전이다. 그러나 시인은 『서곡』이 워즈워스라는 한 시인의 개인사를 넘어서서 모든 사람들에게 보편적으로 적용되는 모범으로서, 역사적인 것 이상의 것이며 예언적으로 진실된 것이라고 주장한다. 전통적으로 시인은 '제작자'이면서 동시에 인간의 마음을 매혹시키는 지식을 전한다는 점에서 '예언자'로 불려져 왔다. 실제로 워즈워스는 『서곡』에서 신·구약의 예언자들과 흡사한 자세를 취하고 있다.

> 탁 트인 벌판을 향해 나는
> 한 예언을 얘기했다. 시의 가락들이 저절로
> 솟아나와서는, 마치 예배를 위해
> 선발된 듯한 내 영을
> 사제복으로 옷입혔다. (*1805*, 1: 59-63행)

> To the open fields I told
> A prophesy; poetic numbers came
> Spontaneously, and clothed in priestly robe
> My spirit, thus singled out, as it might seem,
> For holy services. (*Prelude* 32)

생기를 주는 미풍에 대한 응답을 보여주는 이 구절에서 시인은 그 자신의 힘을 넘어선 보다 큰 힘에 의한 영감과 계시를 단언하고 있다. 그는 시간에 매인 유한한 존재이지만, 또한 낙심과 절망의 시대에 "인류에게 위안과 기쁨의 소식을 가져다주기 위해 뽑힌 모범적인 시인-예언자"(Abrams 1971, 76)이기도 하다. 사실 영감받은 예언자-사제로서의 시인상은 낭만주의 문학에서 빈번히 나타나는 한 주제로서, 셸리

(Shelley) 같은 시인의 시와 문학론은 그 전형적인 사례라고 할 수 있다.

코울리지가 보기에 『서곡』이라는 이 "예언적인 노래"에서 워즈워스가 말하고 있는 바는 "인간의 영의 토대들과 형성 과정"에 관한 것이다. 또한 시인은 워즈워스가 『서곡』의 1권의 서두에서 생기를 주는 미풍이 그의 정신에 미친 영향을 묘사하고 있는 점에 주목한다 ─"그리고 정신 안에서/ 봄에 자라는 영혼처럼 은밀하게 생기를/ 호흡함으로써 말로 표현하기에는 너무 깊은 생각들을/ 가슴속에서 자주 자극하는 바를!—"(8-11행). 여기에서 활용된 유기적 성장의 메타포는 워즈워스의 시가 보여주는 "통합된 인격의 이상" 또는 "아이덴티티의 지속성"(Magnuson 122)뿐만 아니라 워즈워스가 "자기 자신의 성장에 관해 얘기하면서 그의 사적인 경험들을 신성한 전일성을 암시하는 유기적 질서로 형성시켰다"(Gilpin 18)는 점을 시인이 깨닫고 있음을 시사한다.

그런 후 2부(11-26행)에서 시인은 『서곡』의 주요 주제들과 사건들을 요약한다. 시인에 의하면, 워즈워스가 그의 성장사라고 할 수 있는 이 시에서 다루고 있는 주제는 시 역사상 "처음으로 올바로 노래불러진 고상한 주제"인 만큼 다루기 "어려운 주제"이다.

> 고상한 만큼 어려운 주제!
> (이성의 맏이들이자 쌍둥이들인)
> 자발적인 미소들과 신비한 두려움들에 관한,
> 외적 힘에 복종하는 조석(潮汐)들
> 그리고 스스로 결정된 듯한 또는 어떤 내적 힘에 의한
> 조류(潮流)들에 관한. 또 힘이 그대로부터 흘러나오고
> 또 그대의 영혼이 반사된 빛을 증여된 빛으로서

받아들였을 때, 때로는 그대의 내적 생명 안에
때로는 바깥에 있는 외경(畏敬)의 순간들에 관한—
아름다운 공상들, 그리고 젊음의 보다 온화한 시간들,
모국의 또는 타국의 골짜기나 협곡들,
호수들과 유명한 언덕들에서,
또는 별들이 떠오르고 있었을 때 쓸쓸한
공로(公路)에서, 또는 그대의 행로의 안내자이자
벗들인 은밀한 산의 개울 곁에서, 그 기쁨에 있어서
부지런한 시상(詩想)의 감미로운 중얼거림들에 관한! (11-26행)

      Theme hard as high!
Of smiles spontaneous, and mysterious fears
(The first-born they of Reason and twin-birth)
Of tides obedient to external force,
And currents self-determined, as might seem,
Or by some inner Power; of moments awful,
Now in thy inner life, and now abroad,
When power streamed from thee, and thy soul received
The light reflected, as a light bestowed—
Of fancies fair, and milder hours of youth,
Hyblean murmurs of poetic thought
Industrious in its joy, in vales and glens
Native or outland, lakes and famous hills!
Or on the lonely high-road, when the stars
Were rising; or by secret mountain-streams,
The guides and the companions of thy way! (*CPW* 1: 404-05)

『서곡』에 대한 인유로 밀집된 이 구절에서 첫 번째로 제시되는 것은

"자발적인 미소들과 신비한 두려움들"의 주제이다. 우리가 알고 있다시피,『서곡』에서 워즈워스는 자연이 주는 유익한 즐거움과 대자연 앞에서의 외경의 순간을 빈번히 묘사한다. 시인은 워즈워스의 정신적 성장의 이 두 원천이 단순히 감각적인 차원에 머무르는 것이 아니라 지적인 토대를 갖고 있으며, 각기 동등한 영향력을 갖고 있음을 출산의 비유를 통해 흥미롭게 보여준다―"(이성의 맏이들이자 쌍둥이들)." 더욱이 우리가 "이성(理性)"을 "오성(悟性)"과 대조적인 "영적 인식의 기관"으로 파악하게 되면, "영적 직관의 두 특질"(Prickett 148)로서의 "자발적인 미소와 신비한 두려움"의 의미는 좀더 뚜렷해진다.

해수의 주기적인 수직 운동인 "조석"(tides)과 수평 운동인 "조류"(currents)의 비유는 이 장시에서 제시된 외적·내적 움직임의 성격을 잘 포착하고 있다. 언뜻 바닷물의 중요한 움직임은 외적 영향력에 좌우되는 "조석"의 그것처럼 보인다. 그러나 그와 똑같이, 어쩌면 그보다 더 중요한 움직임은 "스스로 결정된" 또는 "어떤 내적 힘에 의한 ... 조류"의 그것이다. 이 둘은 끊임없이 상호 작용하면서 바닷물의 흐름을 결정하는 것이다.

시인은『서곡』이 "외경의 순간에 의해 명시적으로 통합되는, 이러한 외향적·내향적 움직임의 교호(交互)"(Prickett 149)로 구성되어 있음에 주목한다―"힘이 그대로부터 흘러나오고/ 또 그대의 영혼이 반사된 빛을 증여된 빛으로서/ 받아들였을 때, 때로는 그대의 내적 생명 안에/ 때로는 바깥에 있는 외경의 순간들에 관한―." 사실상 외적인 것과 내적인 것간의 창조적 교섭은『서곡』의 핵심적 주제의 하나일 뿐만 아니라 코울리지의 '대화시'의 철학적 핵심이기도 하다. 그리고 정신과 자연간의 이같은 교섭은 젊음의 쾌활함과 발랄함이 샘솟을 때에야 가능한 일이다. 워즈워스는 자신의 학창 시절을 회고하는, 『서곡』의 2권에서 그러한 생각을 일련의 비유로 표현하고 있다.

> 한 조형적 힘이,
> 형상을 빚는 한 손이 나에게 머물렀다 때로
> 반항적이고 상궤를 벗어난 기분으로 행동하면서
> 일반적 경향과는 상충되는, 하지만 대개는
> 그것이 교제하는 외적 사물들에게
> 엄격하게 복종하는 그 자체의
> 한 고유한 영이. 한 보조적인 빛이
> 내 정신으로부터 나와서는 저무는 해에
> 새로운 광채를 수여했다. 아름답게 지저귀는 새들,
> 온화한 미풍들, 자기들끼리 무척 감미롭게
> 중얼거리며 달려가는 샘물들은
> 비슷한 지배에 복종했고, 한밤의 폭풍은
> 내 눈앞에서 한층 더 어두워졌다.
> 그리하여 나의 존경, 뒤이어 헌신,
> 그리고는 황홀경이 뒤따랐다. (*1805*, 2: 381-95행)

> A plastic power
> Abode with me, a forming hand, at times
> Rebellious, acting in a devious mood,
> A local spirit of its own, at war
> With general tendency, but for the most
> Subservient strictly to the external things
> With which it communed. An auxiliar light
> Came from my mind, which on the setting sun
> Bestowed new splendor; the melodious birds,

> The gentle breezes, fountains that ran on
> Murmuring so sweetly in themselves, obeyed
> A like dominion, and the midnight storm
> Grew darker in the presence of my eye.
> Hence my obeisance, my devotion hence,
> And hence my transport. (*Prelude* 84-85)

여기에서 워즈워스는 먼저 그의 창조력이 때로 변덕스럽게 제 길을 벗어나긴 하지만, 대개의 경우 외적 자연에 복종함으로써 안정을 찾게 된다고 말하고 있다. 그러나 사실 그가 자연에서 얻는 기쁨은 역설적이게도 그의 정신의 창조력에 바탕을 둔 것이다. 자연 그 자체만으로는 충분치 않은 것이어서 외적 대상에 새로운 광채를 부여하는 정신으로부터의 "보조적인 빛"을 필요로 하기 때문이다. 물론 워즈워스의 이러한 생각은 "보조적인"이라는 단어가 시사하듯이, 코울리지의 그것과는 달리 인간의 정신보다는 자연에 우선권을 부여하는 것임은 분명하다.

『서곡』의 한 핵심적 주제를 명시한 후에, 코울리지는 20-26행에 걸쳐 『서곡』에 나타난 자연 친화의 순간들을 몇 가지로 요약해서 열거한다. 뒷날 매쓔 아놀드(Matthew Arnold)가 워즈워스의 사망을 애도한 「추모시」("Memorial Verses")에서 노래했듯이, 워즈워스는 "의심과 분쟁과 혼란과 두려움으로 가득찬 철(鐵)의 시대"에 인간을 "서늘하고 꽃 난만한 대지의 무릎 위에 눕혔고," 또 인간으로 하여금 언덕과 미풍과 들판과 비와 바람의 아름다움을 느끼게 만들어 준 시인이다. "과학적 자연관이 중립적인 것으로 본 자연은 워즈워스의 감성을 통해 유기적인 전체로 파악되었고, 이러한 자연관은 과학적 결정론과 종교적 회의에 시달리던 정신에 치유력을 발휘"(이영걸 64)할 수 있었던 것이다.

『서곡』의 주제는 이것에만 국한되지 않는다. 3부(27-47행)에서 코울리지는 『서곡』이 또한 "사회적 감각"이라는 공적인 주제를 다루고 있음을 밝히고 있다.

>   공상 이상의 것에 관한, 널리 퍼지는
>   사회적 감각, 그리고 인간으로서 사랑받는 인간에 관한—
>   이때 프랑스는 자기의 모든 마을들에서 가슴 두근거리며 누워 있었다
>   구름 한 점 또 바다 위에 그림자 하나 눈에 띄지 않을 때
>   하늘의 즉석의 천둥소리 밑에서
>   고요해진 어느 범선처럼.
>   왜냐하면 그대가 이마에 화환을 두른 채
>   벌겋게 달아오른 한 영역의 떨림 한가운데에
>   환희에 찬 한 강력한 국가 한가운데에 있었기에.
>   인류의 보편적 가슴으로부터
>   기한이 차 태어난 어느 신(神)마냥 희망이 솟아올랐을 때!
>   ——시달리고 때려눕혀진
>   그래서 집 쪽으로 소환되고, 그 후 평온하고 자신감에 찬
>   인간의 절대적 자아의 그 두려운 망루로부터
>   눈에서 빛이 시들지 않은 채 멀리 바라보는
>   그 소중한 희망에 관한—스스로도 볼 만한 영광인,
>   환시(幻視)의 천사! 그런 후 의무,
>   즉 선택과 행동과 기쁨을 통솔하는 선택된 법칙들에 관한
>   (마지막 노래)!—정말로 신비한 찬가,
>   스스로의 음악에게 노래된,
>   고결하고 열정적인 생각들로 이루어진 신성한 노래! (27-47행)
>
>   Of more than Fancy, of the Social Sense
>   Distending wide, and man beloved as man,

>   Where France in all her towns lay vibrating
>   Like some becalmed bark beneath the burst
>   Of Heaven's immediate thunder, when no cloud
>   Is visible, or shadow on the main.
>   For thou wert there, thine own brows garlanded,
>   Amid the tremor of a realm aglow,
>   Amid a mighty nation jubilant,
>   When from the general heart of human kind
>   Hope sprang forth like a full-born Deity!
>   ——Of that dear Hope afflicted and struck down,
>   So summoned homeward, thenceforth calm and sure
>   From the dread watch-tower of man's absolute self,
>   With light unwaning on her eyes, to look
>   Far on—herself a glory to behold,
>   The Angel of the vision! Then (last strain)
>   Of Duty, chosen Laws controlling choice,
>   Action and joy!—An Orphic song indeed,
>   A song divine of high and passionate thoughts
>   To their own music chaunted! (*CPW* 1: 405-06)

이 구절은 프랑스 혁명이 고취시킨 희망과 뒤이은 환멸의 과정을 흥미롭게 묘사한다. 인간의 자유와 평등의 이념에 바탕을 둔 프랑스 혁명은 워즈워스와 코울리지를 비롯한 당대의 사람들에게 인간적·사회적 가능성에 대한 새로운 희망을 불어넣어 주었지만, 그와 동시에 쓸쓸한 환멸도 안겨준 역사적 사건이다.

혁명의 와중에서의 프랑스의 상태를 천둥소리를 듣고 바다에서 고요해져 떨고 있는 범선에 비유한 후, 시인은 혁명적 열정에 사로잡혀 있던 프랑스를 "벌겋게 달아오른 한 영역," "환희에 찬 한 강력한 국가"라는 시각적 비유로 힘차게 묘사한다. 여기에서의 바다 이미지와 꽃 이미지—"그대가 이마에 화환을 두른 채"—는 앞으로 이 시 전체에 확산되어 변주되게 된다. 1부의 13행에서의 출산의 비유를 연장시키고 있는 36-37행에서 프랑스 혁명으로부터 비롯된 희망은 갑작스럽긴 하지만 완전하게 솟아나온 인류의 보편적 희망으로 그려지고 있다—"인류의 보편적 가슴으로부터/ 기한이 차 태어난 어느 신(神)마냥 희망이 솟아올랐을 때!" 여기에서 "신"(Deity)이라는 단어는 이 희망의 거룩하고 절대적인 성격을 강조하고 있는 것처럼 보인다. 에이브럼즈(M. H. Abrams)의 말을 빌자면, "18세기 말의 유럽에 프랑스 혁명은, 아우구스티누스 성인이 말했듯이, 그리스도교가 고대 세계에 가져온 바, 즉 희망을 가져다주었다"(1963, 54). 프랑스를 거쳐 알프스 산정으로 가는 과정에 겪은 경험을 다루고 있는 『서곡』의 6권에서 워즈워스는 프랑스의 환희와 희망에 찬 분위기에 주목한 바 있다.

> 하지만 그 시절 유럽은 환희에 차 있었고,
> 프랑스는 황금 시대의 절정에 서 있었으며,
> 인간성은 새로 태어난 것처럼 보였다.
> . . . .
> 벽촌들을 우리는 걸어 지나갔는데,
> 어느 구석진 곳 하나 빠뜨리는 법 없는
> 봄마냥, 향기마냥 사방에
> 선의와 행복의 분위기가 퍼져 있음을 목격했다.
>   (*1805*, 6: 352-54, 367-70행)
>
> But 'twas a time when Europe was rejoiced,

> France standing on the top of golden hours,
> And human nature seeming born again.
> . . . .
> Among sequestered villages we walked
> And found benevolence and blessedness
> Spread like a fragrance everywhere, like spring
> That leaves no corner of the land untouched. (*Prelude* 204)

새롭게 만들어진 이 세계에서 인간 역시 새롭게 태어난다는 이러한 생각은 비단 워즈워스만의 것은 아니다. 당대의 많은 시인들과 저술가들의 글은 인간과 사회의 갱생 가능성에 대한 이같은 묵시론적 기대와 상상으로 가득차 있다.

그러나 혁명의 초기에 구가되던 자유와 평등의 이념은 곧 박해와 폭력으로 변질되어 버린다. 앞에 인용된 「윌리엄 워즈워스에게」의 3부의 후반부는 이러한 과정에 대한 워즈워스의 환멸과 낙심이 자아로의 후퇴를 강요했음을 의인화된 "희망"에 대한 묘사를 통해 인상적으로 표현하고 있다 — "—시달리고 때려눕혀진/ 그래서 집 쪽으로 소환되고, 그 후 평온하고 자신감에 차/ 인간의 절대적 자아의 그 두려운 망루로부터/ 눈에서 빛이 시들지 않은 채 멀리 바라보는/ 그 소중한 희망에 관한." 이 "절대적 자아"로 인해 워즈워스는 희망의 좌절에도 불구하고 "자아의 망루"에서 "환시의 천사"를 바라볼 수 있는 것이다. "스스로도 볼만한 영광"인 희망이 여전히 변함 없는 눈빛으로 "환시의 천사"를 멀리 바라본다는 진술은 희망의 재생 또는 회복을 열망하는 워즈워스의 꿋꿋한 기상을 시사한다.

『서곡』에서의 의무의 법칙과 통제의 주제에 관한 시인의 언급은 프랑스 혁명의 실패를 자유와 통제간의 불균형 또는 과도한 인간적 욕망에 기인한 것으로 간주하는 워즈워스의 생각의 핵심을 잘 지적하고 있다. 『서곡』의 10권은 워즈워스의 이같은 생각을 확인시켜 준다. 그렇다면 『서곡』은 "선택과 행동과 기쁨을 통제하는 선택된 법칙들," 즉 "의무"를 찬미하는 "신비한 찬가"(An Orphic song)인 셈이다. 그와 함께 시인은 전설적인 오르페우스(Orpheus)의 스토리를 넌지시 인유함으로써 『서곡』이 매혹적인 시임을 강조할 뿐만 아니라, 죽음으로부터 재생을 가져오는 오르페우스적 시인의 역할을 간접적으로 암시한다. 이 죽음과 재생의 모티프는 이 시의 후반부에서 코울리지가 겪는 영적 죽음과 재생의 과정에 관한 묘사에서 확대·심화된다고 할 수 있다. 또한 시인은 워즈워스의 시를 "스스로의 음악에게 노래된,/ 고결하고 열정적인 생각들로 이루어진 신성한 노래!"라고 부연함으로써 그것이 자아인식을 통해 궁극적으로 신성한 존재와의 합일을 추구하는 거룩한 시인 동시에 "자기 충족적인 조화"(Parker 231)를 보여주고 있음을 시사한다.

1-3부가 『서곡』의 주요 주제들을 간결하게 요약하고 있는 데 비해, 4-8부는 낭송된 이 시에 대한 코울리지 자신의 반응을 상세하게 묘사하고 있다. 4부(47-75행)의 전반부는 『서곡』의 위대성을 다시 한 번 개괄적으로 정의한다.

오 위대한 음유 시인이여!
아직 잦아들어 가는 그 마지막 노래가 대기를 위압하기 전에,
부동의 눈으로 나는 영원히 견디는 인간들의 합창단 속의
그대를 바라보았소. 진실로 위대한 이들은
모두 한 시대를 갖고, 눈에 보이는 한 공간으로부터

영향력을 행사하오! 그들은 힘과 행위에 있어서
영속적이고, 시간을 타지 않소
그들이 시간 속에 있으면서 시간이 그들을 위해 작용하게 할 때를 제외하고는.
옛날의 그것들보다 못하지 않고
또 점점 명성을 얻어가면서 인류의 공문서 사이에 끼게 될,
성스러운 두루마리인 그대의 작품은
진리의 연결된 노래, 심오한 진리의
감미롭고 지속적인 노래를 들을 수 있게 만드오
배운 것이 아니라 타고난 그 자체의 자연스런 가락들을! (47-60행)

                    O great Bard!
Ere yet that last strain dying awed the air,
With stedfast eye I viewed thee in the choir
Of ever-enduring men. The truly great
Have all one age, and from one visible space
Shed influence! They, both in power and act,
Are permanent, and Time is not with them,
Save as it worketh them, they in it.
Nor less a sacred Roll, than those of old,
And to be placed, as they, with gradual fame
Among the archives of mankind, thy work
Makes audible a linked lay of Truth,
Of Truth profound a sweet continuous lay,
Not learnt, but native, her own natural notes! (*CPW* 1: 406)

    여기에서 시인은 일관된 음악적 비유를 통해 "위대한 음유 시인"으로서의 워즈워스가 시간의 제약을 넘어선 존재임을 찬미한다. "영원히 견디는"(ever-enduring)이라는 단어는 무엇보다도 워즈워스의 시의 진

리와 호소력이 지닌 영속성을 강조하고 있다. "진실로 위대한 이들"은 이처럼 시간을 타지 않고 시간과 협동하여 영속성을 성취함으로써 모든 시대의 사람들에게 영향력을 행사한다. 위의 구절에서 두드러지게 나타나는 시간에 대한 언급은 영속성에 대한 코울리지의 집요한 관심을 입증한다. 『서곡』은 시인이 열망해마지 않는 영속성을 성취한 보기 드문 사례이다. 그는 이 작품이 옛날의 "성스러운 두루마리"에 못지 않고, 또 "점점 명성을 얻어가면서 인류의 공문서 사이에 끼게 될" 것임을 예견한다. 또한 그는 1부에 이어 진리를 노래하는 워즈워스의 장시가 보여주는 지속성에 주목한다 —". . . 그대의 작품은/ 진리의 **연결된** 노래, 심오한 진리의/ 감미롭고 **지속적인** 노래를 들을 수 있게 만드오"(고딕체는 필자의 것). "배운 것이 아니라 타고난 그 자체의 자연스런 가락들을!"이라는 시행은 "진리"의 의인화("her")를 통해 워즈워스의 시가 진리에 밀착된 자연스러운 시임을 강조한다.

  이 뛰어난 장시가 낭송되는 것을 들었을 때의 코울리지의 반응은 복합적이다. 워즈워스의 시는 그에게 생명의 환희를 가져다주지만, 동시에 그 자신이 현재 처한 "삶 속의 죽음"을 일깨우기 때문에 고통의 원천이기도 한 것이다.

> 아! 내가 쓸쓸한 가슴으로 들었을 때
> 내 존재의 맥박은 새롭게 고동쳤소.
> 그리고 꼭 물에 빠진 이에게 생명이 돌아올 때처럼
> 생명의 환희는 재점화되면서 수많은 고통들을 일깨웠소—
> 가슴속에서 소리지르며, 소란스러운 아기처럼
> 깨어나는 사랑의 예리한 격통들,
> 희망의 눈을 꺼렸던 옹고집의 두려움들,

스스로를 두려움과 구별하지 않으려는 희망,
지나간 젊음, 그리고 헛되이 다가온 성년,
주어진 천재성, 그리고 헛되이 얻어진 지식,
야생의 숲길에서 내가 땄던 모든 것들,
그리고 인내하는 노고가 길러냈던 모든 것들, 그리고
그대와의 교제가 열어주었던 모든 것들에 대한 의식—그렇지만
똑같은 무덤을 위해 내 시체 위에 뿌려지고,
또 같은 관 속의 관대(棺臺) 위에 놓여진 꽃들! (61-75행)

Ah! as I listened with a heart forlorn,
The pulses of my being beat anew:
And even as Life returns upon the drowned,
Life's joy rekindling roused a throng of pains—
Keen pangs of Love, awakening as a babe
Turbulent, with an outcry in the heart;
And fears self-willed, that shunned the eye of Hope;
And Hope that scarce would know itself from Fear;
Sense of past Youth, and Manhood come in vain,
And Genius given, and Knowledge won in vain;
And all which I had culled in wood-walks wild,
And all which patient toil had reared, and all,
Commune with thee had opened out—but flowers
Strewed on my corse, and borne upon my bier
In the same coffin, for the self-same grave! (*CPW* 1: 406-07)

『서곡』이 낭송되는 것을 들었을 때, 맨 처음 시인의 존재의 고동은 새롭게 뛰기 시작한다. 마치 물에 빠진 이에게 생명이 돌아오는 것처럼, 생명의 환희는 그 안에서 재점화된다. 그러나 재점화된 생명의 환

희는 곧바로 시인에게서 워즈워스의 성취와 대조된 자신의 실패와 허비된 재능에 관한 생각을 촉발시키고, 그것은 냉정한 자기 질책으로 이어진다. 반복되는 어구와 병행적 구문들을 통해 침울하게 열거된 자기 질책의 세목들은 시인이 느끼는 좌절감과 패배감을 구문적으로 잘 반영하고 있다.

이 통렬한 자기 질책은 상징적인 죽음의 의식(儀式)으로 발전된다. 마치 그 자신의 장례 행렬에 참례하고 또 매장을 목격하고 있거나 한 양, 시인은 그 자신의 죽음의 의식을 시각적으로 묘사하고 있다. 한 뛰어난 친구 시인의 성취에 대한 찬가로 시작된 이 시는 이 지점에 이르면 시인 자신의 죽음을 애도하는 만가(輓歌)로 변한다. 블룸(Harold Bloom)이 적절하게 지적하듯이, 여기에서 코울리지의 시행들이 함축하는 바는 이렇다—"내 정신의 성장에 관한 나의 시는 어디 있는가?"(1971, 244)

5부(76-82행)는 이러한 회고적 한탄에 깃들어 있는 자기 연민의 음조를 떨쳐버리려는 시인의 결의를 극적으로 보여준다.

> 더 이상 그런 식은 아니리! 그리고
> 영광과 미래에 관해 노래하면서
> 전령의 모습으로 환영자로 온 나에겐
> 자해(自害)의 독초를 따며, 그처럼 해로운 길 위에서
> 다시 헤매고 다니는 건 어울리지 않으리!
> 그리고 그런 비비꼬임은 그대의 진보 앞에 흩뿌려진
> 승리의 화관에는 어울리지 않으리! (76-82행)

> That way no more! and ill beseems it me,
> Who came a welcomer in herald's guise,
> Singing of Glory, and Futurity,

> To wander back on such unhealthful road,
> Plucking the poisons of self-harm! And ill
> Such intertwine beseems triumphal wreaths
> Strew'd before thy advancing! (*CPW* 1: 407)

"물러가거라, 내 마음을 휘감은 살모사 같은 생각들이여"로 시작되는 「낙심: 송가」의 7연을 연상시키는 이 구절에서 시인은 워즈워스의 예언적인 시의 영광과 영속성을 널리 선포하는 전령의 역할을 떠맡는다. 그러기에 그 자신의 성취되지 못한 과거의 가능성을 한탄하는 것은 격에 맞지 않을 뿐만 아니라, "해로운" 일로서 "자해의 독초를 따"는 일이 될 것이다. 여기에서 과거에 사로잡혀 있던 코울리지와는 달리 시인으로서 진보해 가는 워즈워스 앞에 뿌려진 "승리의 화관"은 4부의 끝부분에서의 시인의 시체 위에 뿌려진 꽃들을 반향하면서 또 그것들과 선명하게 대조되고 있다. 이제 서서히 시인은 재생을 준비하는 것처럼 보인다.

다시금 워즈워스에의 말건넴으로 시작되는 6부(82-91행)에서 시인은 보다 침착하고 자신 있는 어조로 청자인 워즈워스가 연민이나 비탄의 감정으로 두 사람이 창조적 공생 관계를 유지했던 시절에 대한 기억을 손상시키지 말 것을 요청한다.

> 또한 현명한 음유 시인이여!
> 그대는 이미 너무 길게 느껴진 연민이나 비탄에 의해
> 나의 보다 고귀했던 정신과 그대가 영교했던
> 그 시간의 기억을 손상시키지는 마오!
> 또한 내 말들이 필요 이상으로 비난을 함축하지 않게 해주오.
> 소란함이 일어났다가는 그쳤소. 왜냐하면 지혜의 목소리가

듣는 가슴을 발견한 곳에서는 평온함이 가까이 있는 법이기에.
겨울 폭풍보다 더 심한 고함 한가운데에서
물총새는 이미 날면서 봄철의 목소리를
듣는다오. (82-91행)

                      Nor do thou,
Sage Bard! impair the memory of that hour
Of thy communion with my nobler mind
By pity or grief, already felt too long!
Nor let my words import more blame than needs.
The tumult rose and ceased: for Peace is nigh
Where Wisdom's voice has found a listening heart.
Amid the howl of more than wintry storms,
The Halcyon hears the voice of vernal hours
Already on the wing. (*CPW* 1: 407-08)

  시인의 심적인 동요는 이제 가라앉은 상태이다. "지혜의 목소리"를 애써 "듣는 가슴"은 곧 평온을 찾을 수 있기 때문이다. 시인이 평온을 되찾아 가는 과정은 여기에서 바다를 평온하게 만드는 신비한 힘을 갖고 있다고 여겨져 온 "물총새"가 "겨울 폭풍보다 더 심한 고함 한가운데에서/ . . . 봄철의 목소리를/ 듣는" 과정에 비유되고 있는데, 이것은 곧 시인이 자신의 능력을 이 전설적인 새의 그것과 동일시하고 있음을 나타낸다. 현재의 절망적인 상황에서도 미래의 가능성 또는 우주의 신성한 질서를 읽어내는 이러한 예언적 능력을 시인은 워즈워스에게서 발견했고, 그것은 이제 그 자신 안에서 어느 정도 회복된 상태이다.
  7부(91-101행)는 여기에서 한걸음 더 나아간 시인의 상태를 자연 이미지를 활용하여 인상적으로 묘사한다.

> 매일 매일의 저녁,
> 가정의 감미로운 느낌이 가장 감미로운
> 소중하고 평온한 시간! 스스로를 위해 환호로 맞아진
> 그리고 그대의 노래로 인해 더 갈망되고 더 소중한 순간들,
> 침묵 속에서 들으면서, 경건한 어린이처럼,
> 내 영혼은 수동적으로 누워 있었소, 그대의 다양한 가락에 의해
> 파도 속에서처럼 때로는 별들 아래로 휘몰려가면서,
> 나 자신이 탄생시킨 순간적인 별들
> 별 총총한 아름다운 거품이 여전히 어둠 속으로
> 그 빛을 쏘고 있을 때, 때로는 길게 펼쳐져 빛나지만
> 달을 향해 부풀어오르는 평온한 바다가 되어. (91-101행)

> Eve following eve,
> Dear tranquil time, when the sweet sense of Home
> Is sweetest! moments for their own sake hailed
> And more desired, more precious, for thy song,
> In silence listening, like a devout child,
> My soul lay passive, by thy various strain
> Driven as in surges now beneath the stars,
> With momentary stars of my own birth,
> Fair constellated foam, still darting off
> Into the darkness; now a tranquil sea,
> Outspread and bright, yet swelling to the moon. (*CPW* 1: 408)

워즈워스와 함께 보낸 시절에 공유한 기쁨을 새롭게 느낄 수 있는 이 "소중하고 평온한 시간"에 시인의 영혼은 워즈워스의 "다양한 가

락"에 의해 소생된다. 5부에서도 이미 그의 생명의 기쁨이 재점화되긴 했지만, 워즈워스의 성취에 대조된 그 자신의 실패에 대한 좌절감과 패배감은 곧 그 기쁨을 압도해 버렸었다. 그러나 이 지점에 이르면, 시인은 자신의 영적인 죽음으로부터 거의 완전히 소생한 것처럼 보인다.

위의 구절에서 시인의 영혼은 "경건한 어린이"(a devout child)처럼 수동적으로 누워 있는 것으로 그려지고 있다. 이 이미지는 4부에서의 "소란스러운 아기"(a baby turbulent)의 이미지를 대체하면서, 워즈워스의 시의 압도적인 영향력을 시사한다. 그와 함께 시인과 워즈워스의 관계는 바다와 바람의 그것에 비유되고 있다. 바람이 바다를 파도치게 하듯이, 시인의 영혼은 때로 워즈워스의 "다양한 가락"에 의해 별들 아래로 휩쓸려간다. 동시에 시인은 순간적으로 그 스스로 "어둠 속으로/ 그 빛을 쏘"는 별들, 즉 "별 총총한 아름다운 거품"을 탄생시킨다. 이 명암의 모티프는 시인의 영적인 죽음과 재생, 곧 창조력의 쇠퇴와 부흥을 선명하게 부각시키는 효과적인 장치로 활용되고 있다. 또한 시인은 "때로는 길게 펼쳐져 빛나지만/ 달을 향해 부풀어오르는 평온한 바다"가 되기도 한다. 「한밤의 서리」의 결미에서처럼, 여기에서도 달은 창조적 쇄신의 가능성을 표상하는 이미지로서 시인이 도달한 정서적 상태를 가늠케 하는 객관적 상관물이다.

이 시를 마무리짓는 8부(102-12행)에서 시인은 애초의 공식적 계기로 되돌아온다. 여기에서 그는 『서곡』의 낭송이 끝났을 때의 워즈워스의 압도적인 영향력과 그 자신의 반응을 거듭 강조하고 있다.

    그리고 오 친구여! 스스로 강하면서
    힘을 줄 만큼 힘센 내 위안자이자 안내자여!─

그대의 길게 지속된 노래가 마침내 끝나서
그대의 그윽한 목소리가 멈췄을 때—그렇지만 그대 자신은
내 눈앞에 여전히 있었고, 우리 두 사람 주위에는
사랑스런 얼굴들의 그 행복한 모습이 있었소—
거의 의식하지 못하면서, 그렇지만 그 종지(終止)는 의식하면서
나는 앉아 있었소 내 존재는 몰입된 채 한 생각 속에 섞여진 채
(그게 생각이었을까? 아니면 열망이었을까? 아니면 결의였을까?)
그러면서도 여전히 그 목소리에 매달리면서—
그리고 자리에서 일어섰을 때, 난 스스로가 기도하고 있음을 알았소.
　(102-12행)

And when—O Friend! my comforter and guide!
Strong in thyself, and powerful to give strength!—
Thy long sustained Song finally closed,
And thy deep voice had ceased—yet thou thyself
Wert still before my eyes, and round us both
That happy vision of beloved faces—
Scarce conscious, and yet conscious of its close
I sate, my being blended in one thought
(Thought was it? or aspiration? or resolve?)
Absorbed, yet hanging still upon the sound—
And when I rose, I found myself in prayer. (*CPW* 1: 408)

　시인은 친구에게 "스스로 강하면서/ 힘을 줄 만큼 힘센, 내 위안자이자 안내자여!"라는 최고의 찬사를 보낸다. 연도(連禱, litany)의 언어를 상기시키는 이 어구는 마지막 시행에서의 기도의 종지(終止)와 더불어, 낙심과 그 회복의 과정에 관한 대화적 양식의 이 명상시가 종교적 명상

시 또는 기도시의 세속적 형태임을 보여주는 한 중요한 단서이다(Abrams 1975, 49; Gravil 136). 또한 시인은 워즈워스의 시가 보여주는 최면적 효과를 강조함으로써 3부에서 단언된 "신비한 찬가," "고결하고 열정적인 생각들로 이루어진 신성한 노래"의 신비한 힘을 입증하고 있다.

『서곡』의 신비한 힘은 "하나의 생각"을 부연하는 시행에서 보다 분명하게 드러난다 —"(그게 생각이었을까? 아니면 열망이었을까? 아니면 결의였을까?)" 이 연속되는 수사적 질문에서 시인은 워즈워스의 시에 대한 자신의 반응이 단순한 "생각"이기보다는 "열망"이거나 "결의"임을 강조한다. 이 시 전체에 걸쳐 나타난 희망의 모티프, 특히 3부의 의인화된 "희망"에 관한 인상적인 묘사에서 시사되었듯이, 워즈워스의 모범은 코울리지에게 쇄신된 삶을 영위하려는 각오와 희망을 안겨준 것이다.

지금까지의 논의에서 드러났듯이, 이 시는 크게 두 부분으로 나뉘어진다. 전반부가 "한 개별 인격의 성장"에 관한 시인의 평가라면, 후반부는 그 평가의 과정에서 촉발된 시인 자신의 삶에 대한 검토라고 할 수 있다. 『서곡』의 주제와 성격을 간결하게 요약하는 전반부는 이 시에 대한 최초의 비평이면서 동시에 가장 통찰력 있는 비평의 하나이다. 코울리지 자신의 삶에 초점이 맞춰진 후반부가 「낙심: 송가」처럼 그의 시인으로서의 창조력이 가장 고통스럽게 정지되어 있던 시절의 낙심의 분위기를 부분적으로 담고 있는 것은 사실이다. 그러나 이 시는 시인 자신의 일시적 낙심과 그 궁극적 극복의 과정을 선명하게 보여주는 가운데 후기의 대화적 양식의 명상시로서의 한 괄목할 성취를 이룩하고 있다.

COLERIDGE

제4부 시론

• 코울리지의 시론:『문학적 전기』를 중심으로

코울리지의 시론:『문학적 전기』를 중심으로

1

영국 낭만주의 문인들 중에서 코울리지는 누구보다도 상상력으로 대표되는 인간 정신이 우주에 생명을 불어넣을 수 있으리라는 믿음을 굳게 지니고 있었던 시인·비평가라고 할 수 있다. 그는 자신의 이같은 믿음을 여러 편의 뛰어난 시에서 표현했을 뿐만 아니라, 하틀리(David Hartley)·칸트(Kant)·셸링(Schelling) 등의 심리학적·철학적 저작에 힘입어 이를 철학적으로 규명하려고 노력했던 비평가였다. 비록 그가 전문적인 철학자는 아니었지만 인간 정신의 힘을 체계적으로 또 깊이 있게 파악하려 했다는 점에서 우리는 그를 철학적 비평가로 부를 수 있다.

그러나 코울리지의 비평가로서의 중요성은 단순히 그가 철학적 비평 방식을 영국 비평에 도입했다는 데에 있지 않다. 그가 다양한 관심을 단일한 형이상학적·미학적 토대 위에 종합해서 확실한 비평적 원칙을 세우려고 했던 것은 사실이지만, 이같은 그의 노력은 어디까지나 자신의 시작 경험과 셰익스피어·밀튼·워즈워스 같은 위대한 문인들의 작품에 대한 오랜 명상에 입각한 것이었다. 다시 말해서, 코울리지의 시론은 "시작 경험에 적절한 이론적 구조물"(Appleyard 1972, 124)인 셈이었다. 코울리지의 비평가로서의 강점은 이처럼 그가 이론적 성찰과 구체적 문학 작품에 대한 면밀한 관찰을 유기적으로 결합시켰다는 점에서 찾아질 수 있다.

1817년 7월에 두 권으로 출간된 『문학적 전기』(*Biographia Literaria*)는 코울리지 자신의 지적 발전 과정을 추적하고 있는 자서전적인 기록인 동시에, 영국 낭만주의 시관을 체계화시킨 것으로 평가되는 기념비적인 저작이다. 이 저작에서 다루어지고 있는 문제는 철학·심리학·문학 등 무척 광범한 분야의 것일 뿐만 아니라 언뜻 일관성이 없게 보일 정도로 삽화나 탈선적인 부분이 많다. 그러나 우리가 이 책을 주의 깊게 읽어보면, 이 책이 결코 일관성이 없거나 단편적인 것이 아님을 알아차리게 된다. 이 책의 1권(1-13장)은 한때 그가 신봉했던 신조들과 그것들에서 벗어나게 되는 철학적 발전 과정을 기록하고 있으며, 상상력 개념에 관한 짤막한 설명으로 끝나고 있다. 그리고 2권(14-22장)은 워즈워스의 시론과 시에 대한 상세한 비평적 분석으로 이루어져 있다. 표면적으로 전혀 관련이 없는 것처럼 보이는 이 두 권을 통합시키고 있는 주제는, 여러 비평가들이 지적하고 있듯이(Whalley 1972, 34; Brett 1969, 51), 코울리지가 당대의 가장 이상적인 철학적 시인으로 생각했던 워즈워스의 시에 대한 명확한 비평적 정의에 이르려는 그의 욕구이다. 워즈워스의 시를 효과적으로 해명하기 위해서는 단순한 연상의 능력인 공상력(fancy)과 상상력(imagination)이 전혀 별개의 것임을 입증해야 했고,『문학적 전기』의 1권은 그가 하틀리의 연상주의에서 벗어나는 과정의 기록인 것이다.

따라서 이 글은 이같은 점을 고려하면서『문학적 전기』에 개진된 코울리지의 시론을 일관된 맥락에서 조명하고자 한다. 이를 위해 우리는 먼저 코울리지의 상상력 개념을 그의 철학적 발전 과정과 결부시켜 살펴본 후, 워즈워스의 시론과 시에 대한 코울리지의 비평을 차례로 검토하려고 한다. 그럼으로써 우리는 낭만주의 시관을 본격적으로 체계화시켰다고 할 수 있는 코울리지의 시론의 유기적 성격과 아울러 워즈워스의 시의 특성과 의의를 보다 선명하게 확인할 수 있을 것이다.

2

상상력 개념만큼 코울리지의 시론 중에서 널리 거론되고 있는 것은 없으며, 또 이 개념만큼 현대의 독자를 당혹시키는 것도 찾아보기 힘들 것이다. 흔히 "코울리지의 전 비평 체계의 소우주"(Fogle 1962, 8)로 간주되는 상상력 이론이 개진되어 있는 『문학적 전기』의 13장에는 '상상력 또는 형성력에 관하여'(On the imagination, or esemplastic power)(*BL* 1: 295)라는 제목이 붙어 있지만, 실제로 상상력에 관한 논의는 1페이지 정도에 불과하다. 그나마 이러한 논의는 논리적이고 명확한 논지의 전개를 보여주지 않는 것처럼 보인다. 이같은 점을 들어 몇몇 학자들은 공상력과 상상력을 구분해서 설명하는 코울리지의 상상력 개념이 미학 이론으로서는 그다지 적절한 것이 못되며, 따라서 별 쓸모가 없다고까지 주장하고 있다(Lucas 180; Fruman 189).

그러나 코울리지의 상상력 개념은 이 개념으로 인해 제기될 수 있는 여러 가지 문제들에 대한 명확한 최종적 답변을 제공해 주기 때문이 아니라, 이러한 문제들에 대한 우리의 이해를 심화·확장시켜 준다는 점에서 유용한 것일 수 있다(Willey 13). 더욱이 코울리지의 상상력 개념은 정신을 수동적인 것으로 보던 18세기의 기계론적 사고 풍토에 의해 위협받던 인간 경험의 가치를 긍정하려는 특정한 요구에 대한 하나의 반응이기도 했다. 18세기 시인들에게 있어서 공상력과 상상력은 둘 다 기억의 한 양식에 불과했으며, 상상력은 감각에는 존재하지 않는 또는 멀리 떨어진 사물들의 심상을 시각화하거나 기껏해야 연상 법칙에 따라 감각에 의해 제공된 초보적인 관념의 더미들을 특이하고 환상적으로 결합시키는 능력을 의미했다. 코울리지가 공상력과 상상력을 구분한 것은 상상력을 감각 인상에서 파생된 심상들을 재생하고 결합시키는 단순한 능력에서 벗어나게 함으로써, 상상력의 독특한 창조적·능동적·통합적 기능을 강조하기 위한 것이었다. 다시 말해서, 코울리지의 상상력 이론은 "시인의 창조력의 통합적·직관적 측면을 설명할 수 있는 능력을 밝히기 위한 것"(Appleyard 1972, 137)이었다고 할 수 있다.

코울리지는 『문학적 전기』의 4장에서 그 자신이 워즈워스의 자작시 낭송을 듣는 가운데 처음으로 상상력에 관해 사색하게 되었으며, 이는 바로 그가 24세 되던 해인 1795-96년경임을 고백하고 있다. 워즈워스의 시가 코울리지의 감정과 그 후의 판단에 그처럼 비상한 영향을 미친 것은 "깊이 있는 감정과 심오한 사고의 합일, 관찰의 진실성과 그 관찰 대상을 변형시키는 상상력이라는 능력간의 멋진 균형, 그리고 무엇보다도 보통 사람의 눈에는 관습이 그 광채를 흐릿하게 만들고 그 섬광과 이슬 방울들을 완전히 말려버렸던 형상들과 사건들과 상황들의 주위에 이상적 세계의 색조와 **분위기**를, 또한 그 세계의 깊이와 높이를 펼쳐내는 독창적 재능"(*BL* 1: 80)이었다. 워즈워스의 시와 정신의 성격에서 드러난 이같은 탁월성에 접한 후 그는 곧바로 이를 이해하려고 했으며,

이어서 이 문제에 대한 끊임없는 사색 끝에 공상력과 상상력이 동일한 능력의 낮은 단계와 높은 단계를 가리키는 말이 아니라 완전히 다른 별개의 능력임을 알게 되었다고 밝히고 있다. 그렇지만 코울리지의 상상력에 관한 생각은 외견상 일관성 있는 전개를 보여주지 않는다. 단지 밀튼이 고도로 상상적인 정신을 지닌 시인인 반면에, 에이브러햄 카울리(Abraham Cowley)는 공상적인 정신을 지닌 시인이라는 발언과, 코울리지 자신이 공상력과 상상력을 구분한 최초의 영국인이라는 주장만을 찾아볼 수 있을 뿐이다. 그러나, 앞으로 드러나겠지만, 코울리지는 『문학적 전기』의 5장부터 9장까지 데이비드 하틀리의 기계론적 연상론과 칸트·셸링 등의 독일 관념 철학자들의 이론을 검토함으로써 13장에서 그가 정의하게 될 공상력과 상상력의 구분을 위한 철학적 기반을 마련하고 있다.

  코울리지가 한때 받아들였으며 그 후 벗어나려고 끊임없이 노력했던 것은 인식의 본질과 한계를 정신의 요소와 과정의 분석에 의해 설명하려는 영국 경험론의 주요 경향이었다. 홉즈(Thomas Hobbes)·로크(John Locke)·흄(David Hume) 등은 물질 과학의 설명적 도식을 인간의 심리 영역에까지 끌어들이려 했으며, 이들이 인간의 정신 속에는 다소 복잡한 관계로 배열된 외부의 감각적 인상으로부터의 자료 외에는 없다는 전제를 받아들였을 때, 관념 연상(association of ideas)은 하나의 법칙으로 공식화되게 되었다. 즉 관념은 의식 속에서 다른 또하나의 관념을 상기시키며, 인접한 사물에 대한 이러한 연상은 곧 이전에 관계가 있었던 또다른 심상을 환기시키는 능력을 가리킨다는 것이다. 『문학적 전기』의 5장은 이처럼 정신의 복잡한 과정과 내용을 단순한 감각적 요소로 환원시키려는 기계론적·유물론적 연상론의 역사를 요약하고 있는데,

코울리지는 연상론의 근원을 아리스토텔레스(Aristotle)의 저술, 특히 『영혼론』(*De Anima*)과 『기억론』(*De Memoria*)에서 찾고 있다.

아리스토텔레스에 의하면, 연상의 일반적 법칙은 "인접해 있는 관념들이 서로를 상기시키는 힘을 지니고 있거나, 어떤 부분의 재현이 그 전체의 총체적 재현을 일깨운다"(*BL* I: 102-03)는 것이다. 그런데 이러한 연상을 실제로 불러일으키는 작인은 다섯 가지로 나뉘어진다. 즉, ① 동시적이건 시기상으로 앞선 것이건, 아니면 연속적인 것이건 간에, 시간상의 연결, ② 공간상의 인접성 또는 연결, ③ 원인과 결과의 상호 의존 또는 필연적 연결, ④ 유사성, ⑤ 대조이다(*BL* 1: 103). 그러나 어떤 경우이건 간에 아리스토텔레스의 심리학에 있어서 토대가 되는 것은 "수동적 공상력과 **기계적 기억**"(*BL* 1: 104)의 보편적 법칙이다.

이같은 근본 원칙을 설명한 후, 코울리지는 6-7장에서 첫아들의 이름을 '하틀리'라고 지을 정도로 그가 한동안 매료되었던 데이빗 하틀리의 연상론의 핵심을 설명하고 이를 비판하는 작업을 시작한다. 로크의 제자로서 지식의 원천으로서의 감각의 중요성을 강조한 하틀리의 이론에 따르면, 인간의 의식의 재료가 되는 것은 감각과, 감각 또는 그 감각을 유발시킨 대상이 제거된 후에도 여전히 남아 있는 감각의 복제물인 단순 관념이나 심상, 그리고 단순 관념들이 서로 결합됨으로써 생성되는 복합 관념이다(Brett 1969, 17-18). 이같은 정신 이론에서 볼 때, 인간 정신의 행위는 선택적 관심이나 상상적 구성이 배제된 기계적 연상의 무의식적 행위에 불과하며, 의식 역시 물질적 운동의 표면 작용에 지나지 않는다 (Muirhead 41). 하틀리의 이같은 이론은 인간을 하나의 대상으로 취급한 모든 폐쇄된 체계의 대표적 유형에 다름아니며, 이 이론에 의하면 경험은 물질 세계에 의해 부과된 수동적 정신의 결과인 셈이다.

이에 대해 코울리지는 이같은 이론이 인간의 정신적 활동을 외부적인 두 가지 여건, 즉 시간과 공간의 유일한 법칙에 제한받고 있는 것으로 기술함으로써 물질의 본질을 정신에까지 부과했다는 점을 들어 하틀리를 비판하고 있다. 기계론적 토대 위에 세워진 하틀리의 체계 내에서 정신의 행위는 그 대상과 결과의 관점에서만 파악되고 있다는 것이다. 7장에서도 우리는 코울리지가 정신의 "맹목적 메커니즘"이라고 간주했던 하틀리의 철학 체계에 대한 그의 비판을 보게 된다. "의지를 비롯한 사고와 관심의 모든 행위가 연상의 환상적 혼돈을 통제·결정·변경시키는 기능을 가진 독특한 능력이 아닌, 이 맹목적 메커니즘의 부분이며 산물"(*BL* 1: 116)이라는 하틀리 체계의 기본적 가정은 코울리지가 『문학적 전기』의 5-7장에서 끊임없이 비판하고 있는 중심 테마이다.

8장에서 코울리지가 데카르트(René Descartes)가 도입한 이원론을 비판하고 있는 점 역시 그의 하틀리 비판의 연장선상에 놓인다고 할 수 있다. 코울리지는 데카르트가 "지성으로서의 영혼과 물질로서의 육체의 절대적이고 본질적인 이질성을 도입한 최초의 철학자"(*BL* 1: 129)였다고 말한 후, 데카르트가 생명력 있는 정신과 생명이 없는 물질의 상호 작용을 설명하기 위해 물질적 관념들을 끌어들였음을 비판한다. 코울리지는 지각이나 연상의 이원론 체계가 하틀리류의 기계론적 체계보다 진보된 것이 아님을 깨닫고, "사고하는 실체"로서의 영혼과 "공간을 점유하는 실체"(*BL* 1: 130)로서의 육체를 구분하는 이원론자의 주장을 반박한다.

육체와 정신을 확연히 구분하여 모든 실재가 정신적 실체이거나 물질적 실체라고 주장한 이원론자들과는 달리, 코울리지는 존재와 인식의 관계라는 측면에서 사물간의 공통적 속성을 설명하고 있다. 코울리지에게 있어서 존재와 인식은 결코 별개의 것이 아니며, "진리는 존재의 상관물"(*BL* 1: 142)일 뿐만 아니라 근본적으로 동일하며 상호 내재적인 것이다.

칸트와 셸링 같은 독일 관념 철학자들은 하틀리의 기계론적 연상론이나 데카르트류의 이원론으로는 결코 인간 정신의 특성을 설명할 수 없다는 코울리지의 믿음에 일관성을 부여해 주었다고 할 수 있다. 물론 그들 이전에 캠브리지 플라톤주의자들의 글을 읽음으로써 코울리지가 연상론이 상상력과 정신의 인식을 포함한 모든 지적 과정을 해명하기에는 너무나 안이한 방편이며, 자연이 단순히 운동 중인 물질이 아니라는 확신을 갖게 되었다는 사실이 여러 학자들에 의해 지적되고 있긴 하지만(Brett 1969, 38-39; Baker 74-76; Emmet 200), 코울리지가 연상론으로 대표되는 정신의 수동적 입장에서 벗어나 보다 창조적이고 관념적인 입장에 서게 된 것은 독일 관념 철학자들을 통해서였다.

코울리지가 "거인의 손처럼 나를 사로잡았다"(*BL* 1: 153)라고 표현하고 있는 칸트는 철학사적으로 볼 때 인식이 대상에 순응한다는 당시까지의 철학적 가정을 대상이 인식에 순응한다는 가정으로 변화시킨 철학자였으며, 그런 점에서 그의 철학은 홉즈나 로크의 경험론 철학이나 하틀리류의 연상론과는 정면으로 대립되는 것이었다. 칸트에 의하면, 우리는 대상 그 자체에 대해서는 아무것도 알지 못하며, 대상 그 자체가 설령 존재한다 하더라도 그것은 우리에게서 항상 숨겨져 있다는 것이다. 결국 우리가 감각 경험을 통해 알 수 있는 모든 것은 "외관"(appearance)이며, 상상력이 하는 일은 그러한 외관으로부터 우리가 살고 있는 외부 세계를 구성하는 일이다. 코울리지는 칸트의 인식론 또는 상상력 개념이 자신의 그것과 다름에도 불구하고 칸트의 상상력 개념을 통해 인식이 정신의 창조적 행위—외관에서 이미 자신의 마음속에 형성되어 있는 패턴에 응답하는 공명을 발견한다는 점에서—이며, 상상력이 모든 경험의 구성에 불가결한 종합적 능력임을 배우게 된 것이다(Prickett 27).

셸링의 철학은 이에서 한걸음 더 나아가 자연 세계와 인간간의 창조적 연계를 지지해 줄 개념적 구조를 코울리지에게 제공한 셈이었다. 코울리지의 말을 빌자면, "위대한 독창적 천재일 뿐만 아니라 **자연 철학**의 **창시자**이며 역동적 체계의 가장 성공적인 개선자"(*BL* 1: 162-63)인 셸링은 자연이 그 총체적인 면에 있어서 의식을 지향한다고 주장했으며, 인식 주체인 자아와 대상(객체)인 자연의 창조적 연계 또는 종합은 '자연 정신'(Naturgeist)에 의해서 가능하다고 믿었다. 셸링에 의하면, 예술가에게 있어서 이 '자연 정신'에 상응하는 것은 상상력으로서 그 속에서 주체와 대상의 통일이 이루어지며, 주체와 대상의 본질이 근본적으로 동일하기 때문에 상상력은 실재의 세계에 이를 수 있다는 것이다. 예술의 기능과 상상력에 관한 셸링과 코울리지의 견해는 거의 동일한 것이고 또 코울리지가 셸링의 어떤 구절을 그대로 번역해서 빌어쓰고 있는 경우도 있지만, 코울리지 자신이나 여러 비평가들이 지적하듯이(*BL* 1: 163-64; Baker 84; Emmet 204), 셸링의 철학은 코울리지의 상상력 이론과 유기적 형식론에 이미 내재해 있는 물활론적·역동적 경향을 지지·확증하고 있다고 보아야 할 것이다.

지금까지의 개략적인 논의에서 알 수 있듯이, 『문학적 전기』의 5장부터 9장에 이르는 부분은 상상력의 본질과 기원을 설명하려는 원대한 목표의 준비 과정인 셈이며(Wimsatt and Brooks 389), 우리는 이러한 준비의 결과를 13장에서 발견하게 된다. 코울리지에 의하면, 진정한 의미에서의 상상력이란 일차적 상상력과 이차적 상상력으로 나누어 고찰될 수 있다.

그렇다면, **상상력**에는 일차적인 것과 이차적인 것이 있다고 나는 생각한다. 일차적 **상상력**은 모든 인간 인식의 살아 있는 힘이며 으뜸가는 동인(動因)이자, 무한한 **절대 자아**의 영원한 창조 행위가 유한한 정신 속에서 되풀이되는 것이라고 나는 믿는다. 이차적 상상력은 전자[일차적 상상력]의 반향으로서, 자각적인 의지와 공존한다고 나는 생각한다. 이차적 상상력은 그 동인의 종류에 있어서 일차적 상상력과 동일하지만, 그것의 작용의 **정도**와 양식에 있어서는 다르다. 그것은 재창조하기 위해 용해시키고 확산시키고 흩뜨린다. 또는 이 과정이 불가능한 경우에는, 그러나 어떻게든, 그것은 이상화하고 통합시키고자 애쓴다. (대상들로서의) 모든 대상들이 본질적으로 고정되고 죽어 있는 것일 때조차, 그것은 본질적으로 **생명력** 있는 것이다. (*BL* 1: 304)

일차적 상상력은 감각과 인식을 중개하는 것으로서 "모든 인간 인식의 살아 있는 힘이며 으뜸가는 동인"이다. 또한 그것은 대상을 주관에 맞게 조직화함으로써 현상 세계에 대한 인식을 가능케 하는 보편적 능력이며, "무한한 **절대 자아**의 영원한 창조 행위가 유한한 정신 속에서 되풀이되는 것"이기도 하다. 우리가 인식한다는 것은 곧 주어진 자극에 대해 우리가 반응을 보인다는 것을 의미하며, 그런 점에서 인식은 인상들을 단순히 기계적으로 기록하는 것이 아니라 본질적으로 창조적인 정신의 활동이다. 그리고 이같은 활동은 인식적인 존재로서의 우리 누구나가 보여주는 것이다.

이차적 상상력은 일차적 상상력의 반향으로서 기능 면에서는 일차적 상상력과 같은 종류의 것이며, 단지 작용하는 정도와 양식에 있어서 다를 뿐이다. 그러나 이차적 상상력이 일차적 상상력과 근본적으로 다른 점은 그것이 "자각적인 의지"와 관계된다는 점이다. 일차적 상상력의 활동이 잠재 의식적인 것인 반면에, 이차적 상상력의 경우에는 의지가 그 활동을 결정짓지는 않더라도 그것을 인도한다는 것이다.

시의 창작 과정에 관여하는 것은 바로 이 이차적 상상력이며, 그런 점에서 그것은 시적 상상력이라고 할 수 있다. 시적 상상력은 "일차적 상상력에 의해 결과된 주체와 대상의 애초의 결합, 즉 우리 대부분이 당연한 것으로 간주하는 결합"(Hill 233)을 용해하고 확산시키고 흩뜨리지만 그것은 재창조를 위해서이며, 이러한 활동 속에서 시적 상상력은 하나의 창조적 원리로서 새롭고도 살아 있는 세계를 창조할 수 있는 것이다. 그런 점에서 상상력은 시를 창조하면서 우주의 기저를 이루는 창조 원리를 새롭게 반향한다고 할 수 있다. 따라서 본질적으로 고정되고 죽어 있는 대상들과는 달리, 시적 상상력 즉 이차적 상상력은 본질적으로 "생명력 있는" 것일 수밖에 없다.

이같은 관점에서 볼 때, 공상력은 상상력과는 전혀 별개의 것이다.

반면에, **공상력**이란 고정된 것과 한정된 것들 이외의 그 어떤 대응물들을 갖고 있지 못하다. 사실 공상력은 시간과 공간의 질서에서 해방된 기억의 한 양식에 다름아니고, 우리가 **선택**이라는 단어로 표현하는, 의지의 그 경험적 현상과 뒤섞이고 또 변형된다. 그러나 일상적 기억의 경우와 마찬가지로, 공상력은 연상의 법칙에 의해 이미 만들어진 모든 자료들을 받아들이지 않을 수 없다. (*BL* 1: 305)

공상력은 유기적 결합력을 갖고 있지 못하기 때문에 "고정된 것과 한

정된 것들" 이외에는 그 어떤 대응물들도 갖고 있지 못하며, "시간과 공간의 질서에서 해방된 기억의 한 양식"에 불과하다. 공상력을 지배하는 법칙 역시 정신에서 나온 것이기는 하지만, 대상들간의 연계는 그것들의 개별적 속성에 의해 제공된 것이다. 물론 선택이나 배열의 행위와 다소 관련된다는 점에서 공상력은 단순한 기억보다는 높은 차원에 존재한다. 또한 그 나름의 영역에서 공상력은 가치 있는 것이고, 그것이 없음으로 해서 상상력은 손상을 입을 경우도 있을 것이다. 그러나 모든 사물을 새롭게 하는 대신에 연상의 법칙에 의해 이미 만들어진 자료들을 받아들이기 때문에, 공상력은 상상력보다는 하위의 능력일 수밖에 없다. 공상력은 여러 가지 심상들을 늘어놓을 수는 있지만, 그것들을 하나의 전체 속에 융합시키지 못한다는 점에서 상상력과는 확연히 구별되는 것이다. 요컨대 그것은 집적적이고 연상적인 힘에 불과한 것이다.

앞에서 언급한 것처럼, 코울리지의 상상력 이론이 충분한 추론 과정에 입각한 것이 아니며 또 만족스러운 설명을 해주지 못하고 있음은 사실이다. 하나의 예로서, 공상력이 성공적일 경우와 상상력이 제기능을 발휘하지 못하는 경우가 명확하게 구분되어 있지 않으며, 공상력이 "속죄양"으로 사용되고 있는 듯한 인상을 주기도 한다(Hardy 136-44). 그러나 우리가 코울리지의 상상력 이론에서 어떤 만족스러운 설명을 찾아내지 못한다 하더라도, 우리는 여기에서 자신을 깊게 사로잡은 문제와 씨름하고 있는 코울리지의 사색적・탐구적 정신을 발견하게 된다. 윌리(Basil Willey)의 말처럼(27), 정신의 창조적 능력을 긍정하려 했던 코울리지의 상상력 이론은 단순히 그 자신의 문학적 감수성의 소산이었을 뿐만 아니라, 18세기의 기계론적 유물론에 대한 지칠 줄 모르는 투쟁의 산물이기도 했던 것이다.

3

『문학적 전기』의 14장은 『서정시집』(Lyrical Ballads)의 동기와 본래의 목적, 그리고 2판의 서문이 발표된 뒤에 발생한 논쟁의 원인을 다루고 있으며, 그런 점에서 워즈워스의 시론에 대한 17-18장에서의 상세한 비판의 예비 단계라고 할 수 있다. 코울리지는 첫머리에서 워즈워스가 『서정시집』에서 자신의 작품을 하나의 실험으로 제시하면서도 이에 어울리지 않는 지나치게 포괄적인 이론을 전개하고 있다고 말한다. 이같은 관점을 뒷받침하기 위해 코울리지는 자신과 워즈워스의 각기 다른 접근법과 역할을 분명하게 구분하고 있다. 워즈워스가 제재를 평범한 생활에서 찾고, 인물과 사건 역시 사색적이고 감수성이 예민한 사람이면 누구나 모든 마을과 그 주변에서 발견할 수 있는 것을 택한 반면에, 코울리지 자신은 부분적으로나마 초자연적인 사건과 인물을 사실이라고 가정할 때 자연히 수반되는 정서의 극적 진실성으로써 흥미를 끄는 것을 목표로 삼았다는 것이다.

그러나 이런 형태로 출간된 『서정시집』에 워즈워스가 붙인 서문은 이후 끈질기게 논란의 대상이 되어 왔다고 코울리지는 주장한다. 코울리지는 비록 이 서문이 두 사람간의 대화에서 자라났고 또 자신의 생각과 같은 부분이 있긴 하지만 시에 관한 이론적 견해에 있어서는 근본적인 차이를 드러내고 있으며, 워즈워스의 시론이 원칙에 있어서 그릇된 것일 뿐만 아니라 그 자신의 시의 실제와도 모순되고 있다는 점에 주목한다. 이처럼 워즈워스의 견해에 대해 명확한 반대 입장을 밝히고 있는 코울리지는 어떤 점에서 자신이 워즈워스의 견해와 일치하고 어떤 점에서 전적으로 다른지를 알기 쉽게 하기 위해 형태를 갖춘 구체적인 시작품(a poem)과 본질적인 시, 즉 정신 과정으로서의 시(poetry)의 차이점과 본질에 관한 설명을 시작한다.

코울리지에 따르면, 절대적이고 증명될 수 있는 진리를 전달하는 과학적 저술이나 경험되었거나 기록된 사실을 제시하는 역사의 경우에는 직접적인 목적이 진리의 전달에 있는 데 비해, 구체적인 시작품은 즐거움의 전달을 직접적인 목적으로 삼는 글에 속한다. 그렇다면 마찬가지로 즐거움의 전달을 직접적 목적으로 삼고 있는 소설이나 로만스와 시작품은 어떻게 구별되는가, 즉 운율을 첨가하기만 하면 소설이나 로만스가 시라는 명칭을 부여받을 수 있는가라는 문제가 제기될 수 있다. 이에 대한 코울리지의 답변은 유기적 통일성 또는 유기적 형식의 관점에서 행해진다. 다시 말해서, 어떤 사물도 그 자체 속에 그것이 왜 다름 아닌 바로 그런 것인가에 대한 이유를 내포하지 않을 경우 영속적인 즐거움을 줄 수 없으며, 어떤 글에 운율을 첨가할 경우 그 밖의 다른 모든 부분들도 그것과 화합되도록 꾸며져야 한다는 것이다. 그렇기 때문에 시작품은 그 부분들이 서로 받들어주고 서로 서로를 설명하며, 부분들 모두가 균형을 이루어 운율적 배열의 목적 및 일반적인 영향력과 조화를 이루는 것이어야 한다.

> 구체적인 시작품은 진리가 아니라 즐거움을 그 **직접적인 목적으로 내세운**다는 점에서 과학의 저술과 반대되며, (이같은 목적을 함께 갖고 있는) 다른 종류의 글들과는 각각의 구성 부분이 주는 독특한 만족감과 양립할 수 있는 기쁨을 그 전체가 준다는 점에서 구별되는 그런 종류의 글이다. (*BL* 2: 13)

이와 같이 "여행 그 자체의 흥미가 유발시키는 정신의 활동에 의해"

읽혀져야 하는 한 편의 구체적인 시작품을 정의하고, 뱀의 동작과 소리의 길을 이러한 작품에 대한 독서의 상징으로 제시한 후에, 코울리지는 본질적인 시에 관한 논의를 시작한다. 코울리지에 의하면, 플라톤과 테일러 (Taylor) 주교의 저술 그리고 버넷(Burnet)의 『지구에 관한 신성한 이론』 (*Telluris Theoria Sacra*) 등은 최고의 시가 운율이나 구체적인 시작품 특유의 요소가 없이도 존재할 수 있다는 부인 못할 증거가 되며, 또 길이가 얼마가 되더라도 구체적인 시작품이 모두 다 본질적인 시가 될 수도 없고 또 되어서도 안된다. 본질적인 시는 구체적인 시작품보다 넓은 범주로서, 운율적 언어를 사용하는 사람들에게만 국한되지 않는 일종의 활동 또는 정신 과정이다. 이같은 관점에서 볼 때, 시인은 인간의 전 영혼을 활동시키며, 이것은 앞에서 논의한 이차적 상상력이 작용할 때 가능하게 된다. 그렇다면 시는 상상력이 기능하는 방식의 측면에서 설명되어져야 하며, '시란 무엇인가'라는 질문은 '시인이란 무엇인가'라는 질문과 거의 동일한 것이다. 생산물로서의 시로부터 생산 주체로서의 시인에게로 관심의 초점을 이동시키고 있는 코울리지는 이상적 완전 상태의 시인의 모습을 다음과 같이 기술하고 있다.

> 이상적 완전 상태에서 묘사된 시인은 인간의 전 영혼을 활동시킨다. . . . 그는 우리가 상상력이라는 이름을 유일하게 할당한 그 종합적이고 마법적인 힘에 의해 각각을 서로 속에 뒤섞고 (말하자면) 융합시키는 통일성의 색조와 기풍을 확산시킨다. 이 힘은 . . . 같은 것과 다른 것, 일반적인 것과 구체적인 것, 관념과 심상, 개별적인 것과 대표적인 것, 새롭고 신선한 감각과 오래되고 낯익은 사물들, 비상한 정서 상태와 비상한 질서, 늘 깨어 있는 판단 및 침착한 냉정함과 심오하거나 격렬한 열정과 느낌 등과 같은 상반되거나 부조화스러운 특질들의 균형 또는 화해로 제모습을 드러낸다. (*BL* 2: 15-17)

상반되는 것의 조화 또는 통일이라는 상상력의 특징을 시적 탁월성의 판단 기준으로 보고 있는 코울리지의 이같은 설명은 상상력이 능동적 힘과 수동적 힘의 매개·화해 능력이라는 생각에 기초를 두고 있다. 리처즈(I. A. Richards)는 상반되는 것의 균형 또는 통일이라는 개념을 공식화시킨 점이야말로 비평에 있어서의 코울리지의 최대의 공헌이라고까지 높게 평가하고 있다(1962, 242).

이처럼 자신의 기본 입장을 설명한 후에 코울리지는 17장에서 시의 언어를 자연스러운 감정의 영향 아래에 있는 시골 사람들의 생활과 언어에서 찾아야 한다는 워즈워스의 주장에 대한 반대 입장을 밝힌다. 코울리지에 의하면, 워즈워스의 주장은 특정한 부류의 시에서는 정당화될 수 있지만 하나의 보편적인 규칙으로서는 너무 절대적이어서 쓸모가 없으며, 사실상 워즈워스 자신도 항상 이 규칙을 따르지는 않고 있다는 것이다. 그 예로서 코울리지는 워즈워스의 「형제」("The Brothers"), 「마이클」("Michael"), 「루스」("Ruth"), 「실성한 어머니」("The Mad Mother") 등을 들고 있다. 이 시편들에 나오는 인물들은 널리 받아들여지는 의미에서의 지체가 낮은 시골 사람들의 생활에서 취해진 것이 아니라 워즈워스가 뛰어난 인물들을 시골 사람들로 가장한 것이며, 컴벌런드와 웨스트멀런드의 양치는 사람이나 농부의 순수하고 열정적인 언어·사고·감정·태도 역시 자연과의 단순한 교감보다는 그들의 독립심과 확고한 종교적 교육, 즉 성서나 찬송가와의 친숙에서 비롯되었다는 것이다.

이어서 코울리지는 시골 사람들의 언어가 최선의 언어로서 자연의 항구적이고 아름다운 형상들과 보다 긴밀하게 접촉하고 있다는 가정을 부인한다. 오히려 시골 사람들의 언어는 출생과 교육에 너무 많은 영향을 받으며, 자신들의 구어체 속에서 조야함과 편협함을 드러내기 쉽다는 것이다. 이같은 자신의 주장을 입증하기 위해 그는 아리스토텔레스의 고전적 주장을 끌어들인다. 아리스토텔레스에 따르면, "시로서의 시는 본질적으로 이상적이고, 모든 우연을 회피·배제해야 하며, 지위·성격·직업 등의 외관상의 개별성은 한 계층을 대표해야"(*BL* 2: 45-46) 하기 때문이다. 따라서 보다 넓은 맥락에서 볼 때, 인간의 언어의 최선의 부분은 시골 사람들의 생활과 언어에서 나오는 것이 아니라 정신 자체의 행위들에 대한 반성에서 비롯될 수밖에 없다.

> 적절한 의미에서의 인간 언어의 최선의 부분은 정신 자체의 행위들에 대한 반성에서 비롯된다. 그것은 고정된 상징들을 내적 행위들에, 상상의 과정들과 결과들에 자발적으로 순응시킴으로써 형성되는데, 그것들[내적 행위들, 상상의 과정들과 결과들]의 보다 큰 부분은 교육받지 못한 사람의 의식 속에는 존재하지 않는다. 물론 문명 사회에서는 종교적인 교사들이나 다른 우월한 이들로부터 들은 것을 모방하거나 단순히 기억함에 의해 가장 교육받지 못한 사람들도 그들이 씨를 뿌리거나 거둬들이지 않은 수확을 공유하기도 하지만 말이다. (*BL* 2: 54)

코울리지가 시골 사람들의 생활에서 시의 진정한 언어를 찾아야 한다는 워즈워스의 주장을 반박하게 된 것은 코울리지의 문학관의 자연스러운 결과라고 할 수 있다. 시골 사람들의 생활은 상상력의 역할에 관한 코울리지의 생각을 만족시키기에는 너무 우연적인 원천으로서, 그에게 있어서 창조와 유기적 통일성을 그 특징으로 갖는 상상력은 인간 정신과 자연을 연관시키고 지각과 감정을 생생한 인식 속으로 통합시키는 워즈워스의 상상력 이상의 것이기 때문이다(Appleyard 1972, 139-40).

이와 같이 "인간성의 보편적인 요소에 기반을 둔 상상력의 힘"과 명상을 강조함으로써 워즈워스의 주장을 반박한 후, 코울리지는 18장에서 운문의 언어와 산문의 언어간에 본질적인 차이가 없다는 워즈워스의 또 다른 주장을 문제삼는다. 만일 워즈워스의 이같은 주장이 시와 산문이 동일한 어휘를 사용하고 있다는 것을 뜻한다면 그것은 누구나 말할 수 있는 진부한 문구일 것이며, 워즈워스가 단어들을 결합시키는 시적 방식이 산문의 그것과 다르지 않음을 실제로 의미했다고 코울리지는 결론짓는다. 그런 후 그는 워즈워스의 그같은 주장이 잘못된 것임을 입증한다. 산문에는 적절하고 자연스럽지만 운율을 활용하는 시에 있어서는 적절치 못하고 이질적인 표현 양식이 있으며, 반면에 올바른 산문에서는 부적절하고 어울리지 않는 비유적 표현들이 진지한 시에서 적절한 것일 수 있다는 것이다.

코울리지의 이러한 입장은 시 창작 과정에는 특별한 정신 상태가 따르기 마련이며, 이 상태는 정상적인 정신 상태와는 다르기 때문에 그에 적절한 언어 역시 다르지 않을 수 없다는 생각에서 비롯되었다고 할 수 있다. 그는 운율의 심리적 기원을 추적함으로써 시와 산문의 차이에 대한 자신의 분석을 보완하고 있다.

> 나는 열정의 작용들을 억제하고자 애쓰는 그 자연발생적인 노력에 의해 생기는 정신에서 이것[운율의 기원]을 찾고 싶다. 마찬가지로 어떤 방식으로 이 유익한 대립 관계가 그것이 맞서는 바로 그 상태에 의해 도움을 받고 있는지, 또 어떻게 대립적인 두 힘들의 이 균형이 의지와 판단력의 연이은 작용에 의해, 의식적으로 또 즐거움이라는 예견된 목적을 위해, (통상적으로 받아들여지는 의미에서의) 운율로 조직화되는지도 쉽게 설명될 수 있을 것이다. (*BL* 2: 64)

이 구절에서 알 수 있듯이, 코울리지에게 있어서 운율은 앞서 언급한 바 있는 상반되는 것들의 갈등의 산물이다. 운율이 시에 있어서 자연스러운 것인 이유는 그것이 발언의 고양된 양식인 열정과 열정의 작용을 지배·억제하는 의지, 그리고 자연발생적 충동과 의식적 목적을 화해·균형시키려는 시도에서 비롯된 것이기 때문이다. 그런 점에서 운율은 워즈워스가 주장하듯이 단순히 덧붙여진 것으로서 장식에 불과한 것이 아니라 유기적인 것이어야 하고, 진정한 시에서는 모든 부분이 그와 어울려져야 한다. 바꿔 말하면, 운율이나 각운은 기억을 돕고 어느 정도의 즐거움을 줄 수 있어야 할 뿐만 아니라 그 자체의 이유를 갖고 있어야 하며, 따라서 시는 외부적 법칙보다는 상상 과정의 내재적 법칙에 지배되어야 하는 것이다.

> 만일 어떤 법칙이 외부로부터 주어진다면, 시는 시이기를 그치고 기계적인 기예로 전락할 것이다. 그럴 경우 시는 '창조'가 아니라 '맞춤'이 될 것이다. **상상력**의 법칙들은 그 자체가 바로 성장과 생산의 힘들이다. 그것들이 환원되어 나타나는 단어들은 열매의 윤곽들과 외관만을 제시할 뿐이다. (*BL* 2: 83-84)

좋은 시는 성장해 가는 나무와 같으며 상상력에 의해 고유한 형식을 갖게 된다는 코울리지의 이같은 생각은 유기적 성장의 개념적 모델이라고 할 수 있다. 운율에 대한 워즈워스의 생각은 코울리지에게 워즈워스가 지나치게 산문주의적 입장에 서 있으면서 명상보다는 관찰에 과도한 주의를 기울인 게 아닌가 하는 두려움을 불러일으켰을 뿐만 아니라, 코울리지에게 또 다시 내부로부터의 유기적 성장의 활력과 대조되는 기계적 형식의 생명력 없는 외면성을 상기시킨 셈이었다(Appleyard 1972, 140).

지금까지의 논의에서 드러났듯이, 코울리지는 『문학적 전기』에서 자신의 문학관에 입각하여 『서정시집』의 서문에서 개진된 워즈워스의 견해를 검토함으로써 워즈워스의 논지를 수정하고 있다. 그리고 그것은 워즈워스의 그것보다 한층 더 정교한 추론 과정과 분석을 통해 이루어지고 있는 것처럼 보인다. 더욱이 "영어에서의 시어법에 대한 최초의 낭만적 반항이자 두 가지 질문—어떤 부류의 사람들 가운데에서 시의 언어를 찾을 수 있을 것인가라는 발생론적 질문과, 바람직하지 못한 인공적인 것이라는 의미에서의 시어법은 시의 정당한 언어와 어떻게 구별되는가라는 비평적 질문—에 대한 적절한 기념비"(Wimsatt and Brooks 350)라고 어느 비평가가 지적하고 있는 워즈워스와 코울리지 간의 의견의 차이는 단순한 이론의 평면에서 그치는 것이 아니라 『문학적 전기』의 22장에서 워즈워스의 시에 대한 코울리지의 비평에 의해 다시 한번 경험적으로 확인되게 된다.

4

일찍이 코울리지는 자신의 비망록과 서한의 여러 곳에서 "최초의 가장 위대한 철학적 시인"인 워즈워스의 독창적 재능에 관해 언급했었지만, 워즈워스의 시에 대한 그의 본격적이고 상세한 분석은 『문학적 전기』의 22장에서 행해진다. 여기에서 코울리지는 어떤 시구가 "수사적 구조물"일 뿐만 아니라 "인간 영혼의 산물"(Abrams 1967, 134)이라는 이중의 비평적 비전을 갖고서 워즈워스의 시의 특징적 결함과 우수성을 구체적으로 분석한다. 그러한 분석은, 코울리지의 말을 빌자면, 흔히 생각되어 오던 워즈워스의 특징이 실제적 특징이 아님을 증명하기 위한 것으로서 워즈워스의 시에 대한 15년간의 친숙과 면밀한 관찰과 명상의 결과라고 할 수 있다.

코울리지는 20여 페이지에 걸쳐 워즈워스의 시의 다섯 가지 결함을 열거하며, 여섯 가지 우수성에 대한 논의 또한 비슷한 분량으로 전개된다. 코울리지가 워즈워스의 두 가지 측면, 즉 공상적인 면과 상상적인 면이 언제나 기이하게 그리고 친밀하게 공존하고 있음을 예증하는 것은 사실이지만, 그는 늘 워즈워스의 우수성이 결함을 능가하고 있음에 주목한다. 실제로 그의 시의 결함들은 그의 긍정적인 특질들의 결함들로서 "부적절하게 통제되고 실현된 미덕들"(Fogle 1962, 79)인 것이다.

코울리지가 첫 번째로 지적하는 워즈워스의 시의 특징적 결함은 일관성 없는 문체이다. "일관성 없는 문체"라는 말로 그가 뜻하는 바는, 특히 적절하게 표현된 시행들이나 문장으로부터 열정이 들어 있지 않은 평범한 시행들이나 문장으로 예기치 않게 넘어가는 것이다. 코울리지에 의하면, 문체는 세 가지, 즉 시에 특유한 문체와 산문에만 적절한 문체, 그리고 시와 산문에 공통된 중립적 문체가 있을 수 있다. 그런데 산문의 문체와 운문의 문체를 혼합할 경우, 교양 있는 사람의 취향을 만족시키지 못할 뿐만 아니라 불쾌한 감정을 불러일으키기까지 한다.

코울리지에 의하면, 일상 생활에서조차 시장에서 사용하는 단어들과 빌어왔거나 말하는 사람의 심리 상태를 구현하기 위해 사용된 단어들 간에는 커다란 차이가 있으며, 문학 작품의 경우 작가의 임무는 낮은 중립적 색조를 끌어올려 "전체"의 효과를 주어야 한다는 것이다. 시에서 이같은 효과를 주지 못할 때 독자는 실망하게 되고, 그의 감정은 앤

티-클라이맥스(anti-climax, 점강법)와 과도한 클라이맥스에 의해 교란된다고 코울리지는 주장한다. 문체상의 불일관성을 보여주는 한 예로서 코울리지는 워즈워스의 「종달새에게」("To a Skylark")에 나오는 다음 시행들을 들고 있다.

그대에게는 사랑과 휴식을 위한 둥지가 있구나.
비록 게으름으로 고생하는 일은 거의 없겠지만
술 취한 종달새여! 그대는 싫어하리라
나 같은 여행자가 되는 것은.
     행복하고 행복한 이여!
모든 걸 주시는 전능한 분께 찬사를 쏟아내는
산 속의 강처럼 힘찬 영혼을 가진 이여!
우리 둘 다에게 환희와 즐거움이 있기를!
그대나 다른 누군가의 노래를 들으며,
     명랑한 형제마냥
나는 이 땅을 터벅터벅 걸어가리
혼자서 쾌활하게 날이 저물 때까지.

Thou hast a nest, for thy love and thy rest,
And though little troubled with sloth
Drunken lark! thou would'st be loth
To be such a traveller as I.
     Happy, happy liver
With a soul as strong as a mountain river
Pouring out praise to th' Almighty giver!
Joy and jollity be with us both!
Hearing thee or else some other,

> As merry a brother
> I on the earth will go plodding on
> By myself cheerfully till the day is done. (*BL* 2: 124)

　코울리지는 이탤릭체로 된 시행들이 앞뒤의 시행들과는 달리 고상한 문체를 사용함으로써 문체의 불일관성을 초래하고 있음을 지적하고 있다. 이 밖에도 그는 「고지(高地)의 맹인 소년」("Blind Highland Boy")과 『소요(逍遙)』(*Excursion*) 등을 예로 들어 워즈워스의 문체상의 부조화를 예증하고 있다.

　코울리지가 여러 페이지에 걸쳐 지적하는 두 번째 결함은 지나친 사실성(matter-of-factness)이다. 이것은 두 가지로 나눌 수 있는데, 하나는 대상과 그 위치의 재현에 있어서의 지나친 세밀함과 충실성이고, 다른 하나는 시에 나오는 인물들의 기질과 행동을 충분히 설명하기 위하여 우연적인 상황을 삽입하는 것이다. 이는 명상과 상상적 창조보다는 현상에 대한 단순한 관찰과 재생에 지나치게 의존한 데에서 비롯된 것이라고 할 수 있다. 코울리지는 이같은 의존이 실제 생활에서는 필요할지 모르지만 시에서는 불필요한 것이라고 말한다. 그는 자신의 주장을 뒷받침하기 위해 시가 인간의 예술품 중에서 가장 강렬하고 중요한 철학적 산물이라는 아리스토텔레스의 말과, 설화적인 과거의 진리를 얘기하는 역사가와는 달리 시인은 기능적이고 살아 있는 진리를 얘기한다는 대버넌트(Davenant)의 편지의 한 구절을 인용하기까지 한다.

　자연 묘사에 있어서의 워즈워스의 지나친 꼼꼼함은 코울리지에 의해 부분들의 기계적 배열을 가능케 하는 공상력의 소산으로 간주되고 있다. 코울리지에 의하면, 워즈워스의 『소요』의 3권에 나오는 시행들은 "국지적 심상들의 채색" 속에 나타난 "미세한 정확성"의 예로서, 그같은 정확성은 우리에게 하나의 전체로서가 아니라 부분으로 된 사물을 가져다준다는 것이다. 코울리지는 밀튼의 『잃어버린 낙원』(*Paradise Lost*)의 한 구절을 그와는 대조적인 상상력에 의해 그려진 전형적인 예로 제시하면서, 이 구절이 "그림"(painting)이라기보다는 "창조물"(creation)임을 지적한다. 상상력은 "개별성 속의 전체성," 즉 보편적이고 이상적인 것의 의미를 입증하는 것으로서, 본질에 대한 인식 또는 지성의 내부로부터의 통합적 관념은 어떤 특정한 외면적 풍경보다 더 중요한 것이다 (Jackson 145).

코울리지가 워즈워스의 지나친 사실성이 상상력에 의한 환영(幻影)을 불가능하게 하기 때문에 독자의 "불신의 자발적인 정지"를 교란시킨다고 보는 것은 바로 이같은 관점에서이다. 『소요』를 비롯한 워즈워스의 여러 편의 시에서 드러나는 지나친 사실성은 문체상의 불일관성과 함께 코울리지가 지적하는 워즈워스의 가장 특징적인 결함을 이룬다.

코울리지는 특정한 시편들에서의 극적 형식에 대한 워즈워스의 지나친 편애를 세 번째 결함으로 지적한다. 패리쉬(Stephen M. Parrish)는 시인의 종합적 상상력의 작용에 의해 자연과 예술의 화해를 추구하면서 시적 적합성을 강조하는 코울리지와는 달리 워즈워스가 시에 나오는 인물들의 열정을 극적으로 모방함으로써 자연을 모방한다고 주장하는 가운데 극적 적합성을 강조했으며, 두 사람간의 논쟁의 근원은 바로 이 극적 형식에 대한 견해의 차이에서 찾아야 한다고 말하고 있다(367-74). 세 번째 결함과 더불어 코울리지가 간략하게 언급하는 네 번째 결함은 묘사된 대상에 대한 인식과 그 가치에 어울리지 않는 감정의 강렬성으로서, 이것은 우발적인 장황함과 반복, 그리고 사고의 진척이 아닌 사고의 소용돌이를 낳는다. 코울리지는 『소요』의 4권의 첫 8행을 그 예로 들고 있다.

　마지막으로 코울리지는 워즈워스의 사고와 심상이 제재에 비해 너무 크다는 점을 지적한다. 이것은 언어적 허장성세와 구별되는 일종의 정신적 허장성세로서, 전자가 사고와 표현간의 불균형을 나타낸다면 후자는 어떤 상황이나 경우와 사고간의 불균형을 드러내는 셈이다. 코울리지는 이같은 정신적 허장성세는 천재만이 저지를 수 있는 잘못이라고 말하면서 「수선화」("Daffodils")와 「송가: 불멸성의 암시」("Ode: Intimations of Immortality")의 8연에 나오는 한 구절을 그 예로 제시한다.

> 여전히 네 유산을 간직하고 있는
> 최고의 철학자여! 영원한 정신이 언제나 방문하는
> 그 영원한 심연을 귀먹은 채 침묵으로 읽어내는
> 장님들 중의 너 눈이여—
> 강력한 예언자여! 축복받은 견자여! . . .

> Thou best philosopher who yet dost keep
> Thy heritage! Thou eye among the blind,
> That, deaf and silent, read'st the eternal deep,
> Haunted for ever by the Eternal Mind—
> Mighty Prophet! Seer blest! . . . (*BL* 2: 138)

　코울리지는 어린이가 어떤 의미에서 이같은 명칭과 자격을 부여받을 수 있는지 물으면서, 이 나이의 어린이들은 그들 자신에 관한 정보를 주지 못할 뿐만 아니라 만물에 편재하는 영을 의식하지 못한다고 주장한다. 「송가」의 전체적인 맥락에 비추어 볼 때 코울리지의 이러한 주장에 약간 무리가 있는 것은 사실이지만, 어떻든 그것은 "논리와 판별력 같은 의식적인 미덕들에 대한 끈질긴 갈망의 탁월한 사례"(Fogle 1962, 88)이다.

이상과 같이 워즈워스의 시의 결함들을 다섯 가지로 나누어 설명한 후, 코울리지는 이어서 우수성을 여섯 가지로 구분한다. 사실상 워즈워스의 시의 우수성에 관한 논의는 결함에 관한 논의보다 한층 더 중요한 의미를 띠고 있다. 워즈워스의 시의 우수성을 논의하는 가운데 코울리지는 워즈워스의 시와 같은 새로운 시의 새롭고 사람의 주의를 끄는 점을 밝혀내고 있는 것이다(Barth 1962, 46).

코울리지가 무엇보다도 먼저 지적하는 우수성은 "문법적인 또는 논리적인 면에 있어서의 언어의 꾸밈없는 순수성," 다시 말해서 "의미에 대한 언어의 완전한 적합성"이다. 코울리지에 의하면, 시의 모든 시행이나 구절은 충분한 숙고와 사려 깊은 선택의 관문을 통과해야 하며, 그런 점에서 시는 그 의미를 변질시키지 않고는 다른 말로 대체할 수 없는 것이어야 한다. 물론 산문의 경우에는 사정이 다르다. 설교에서부터 산문에 이르기까지 산문에서는 우리의 문체를 "사악한 어법"으로부터 보존하는 것이 불가능하고, 그 글을 쓴 사람이 살고 있는 시대를 드러내지 않을 수 없는 것이다.

여기에서 코울리지는 단순히 순수한 어법만을 강조하고 있지는 않다. "언어는 대상만을 전달하기 위한 것이 아니라, 그와 함께 그 대상을 재현하는 인물의 성격과 분위기와 의도를 전달하기 위한 것"이라는 구절에서 알 수 있듯이, 코울리지는 워즈워스가 자신과 이 세계를 함께 표현하는 능력을 갖고 있음을 지적하고 있는 것처럼 보인다. 무어(Moore)나 바이런(Byron) 그리고 보울즈(Bowles)의 몇몇 시편들에서도 이 점을 찾아볼 수 있지만, 워즈워스의 경우에는 거의 모든 시편들에 드러나 있기 때문에 그 예를 구체적으로 제시할 필요가 없을 정도라고 코울리지는 주장한다.

워즈워스의 시의 두 번째 우수성은 "책에서가 아니라 시인 자신의 명상적 관찰로부터 얻어진 사색들과 정감들의 적절한 무게와 건전함"이다. 워즈워스의 짧은 시편들에서도 드러나는 이같은 "공정한 그리고 독창적인 반성"을 코울리지는 엘리자베스 시대의 문인인 새뮤얼 대니얼(Samuel Daniel)에게서도 발견해내고 있으며, 이들의 공통점을 아무도 내려가보려 하지 않았던 깊은 심연으로부터 정감들을 끌어왔다는 데에서 찾고 있다. 코울리지가 볼 때 이 점을 가장 잘 보여주는 시는 「송가」이다.

> 그러나 그 「송가」는 자신들의 가장 내밀한 본성의 밀물과 썰물을 주시하는 데 익숙했었던, 때로 의식의 어슴푸레한 영역들 속으로 감히 들어가는 데 익숙했었던, 그리고 그들의 생각에 시간과 공간의 속성들이 적용될 수 없고 낯선 것이지만 시간과 공간의 상징들에 의하지 않고는 전달될 수 없는 가장 내밀한 존재의 양식들에 깊은 흥미를 느끼는 데 익숙했었던 독자들을 위해 의도된 것이다. (*BL* 2: 147)

이 인용문은 워즈워스에 의해 대표되는 새로운 시의 특징을 잘 설명하고 있다. 일찍이 워즈워스는 『서정시집』의 서문의 후반부에서 우리의 심리적 구조가 전 우주의 활동과 유사성을 갖고 있음으로 해서 시인이 개인적이거나 국지적이 아닌 보편적인 진리를 드러낼 수 있다고 말한 바 있다(*WPW* 2: 393). 그렇기 때문에 시의 신비는 이제 더 이상 산이나 바다 심지어는 신(God)의 외부적 신비가 아니라 자아의 내적 신비이며(Barth 1977, 47), 시는 심리적 진리를 표현함으로써 보편적인 진리를 드러낼 수 있는 것이다.

"개별 시행과 구절의 강건함과 독창성"을 세 번째 우수성으로 간략하게 언급한 후 코울리지가 제시하는 네 번째 것은 워즈워스의 시의 또 다른 특징을 보여준다. 이것은 "자연으로부터 직접 취해진 심상들과 묘사들에 있어서의 자연의 완전한 진실성"으로서, 이러한 심상은 훨씬 더 온화하고 더 많은 광채를 띠고 있다는 점에서 현실 속의 대상과 구별된다. 코울리지는 천재는 결코 대상을 왜곡하거나 그릇되게 채색하지 않고 오히려 보통 사람의 눈에는 드러나지 않는 여러 색조를 표현할 수 있다고 주장하면서, 『서곡』(The Prelude)을 그 대표적인 사례로 들고 있다. 이처럼 자연을 완벽하게 재현할 수 있는 것은 "모든 자연물을 인상학적(人相學的)으로 표현하는 정신 자체와의 오랫동안의 유쾌한 접촉"을 지속해 왔기 때문이다. 이런 점에서 워즈워스의 시는 신고전주의 시의 자연에 대한 지적 모방과는 달리 "감각적 제시의 직접성"(Wimsatt 35)에 이르려는 낭만주의 시의 한 전형이다.

워즈워스의 다섯 번째 우수성은 위의 우수성들을 포함함과 동시에 새로운 면을 드러내는데, "명상적 페이소스, 심오하고 미묘한 사색과 감수성의 결합, 인간으로서의 인간과의 공감"이 그것이다. 코울리지에 의하면, 워즈워스의 시에서 인간과 시인은 구분이 없어져서 서로에게서 자신을 발견하며, 이처럼 온화한 철학적 페이소스에 있어서는 워즈워스에 필적할 시인이 없다는 것이다. 코울리지는 워즈워스가 「마거릿의 고통」("Affliction of Margaret")과 「실성한 어머니」 같은 시에서 낯선 대상들을 친숙한 동숙자로 만드는 상상력과 열정의 융화력을 잘 보여줌으로써 사람들에게 공감을 일으키고 있음을 지적한다.

코울리지가 마지막으로 지적하고 있으며 또 가장 중요한 워즈워스의 우수성으로 여기는 것은 다름아닌 상상력의 재능이다. 그리고 이것은 최고의 또 가장 엄격한 의미에서 그러하다. 물론 코울리지는 워즈워스가 공상력의 장난으로 인해 항상 우미하지는 못하다는 점을 인정한다. 공상력에 의해 제공된 유사성은 자연발생적인 표출이라기보다는 결론을 이미 전제하고 시작한 연구의 산물이라는 것이다. 그러나 워즈워스가 상상력에 있어서 어느 누구보다도 독창적인 시인이며, 독자는 그의 시 어디에서건 상상력의 힘을 깨닫지 않을 수 없으리라는 것을 코울리지는 강조하고 있다. 코울리지에 의하면, 워즈워스는 그 어느 시인보다도 셰익스피어나 밀튼에 가장 가까이 놓일 수 있는, 그러면서도 여전히 완벽하게 독창적인 시적 천재였다. 코울리지는 워즈워스의 언어만이 그 자신에 대한 한 살아 있는 예인 동시에 눈에 보이는 예라고 단언하면서, 모든 사색과 사물에 "섬광을,/ 바다나 육지에 결코 있었던 적이 없었던 빛을,/ 정화와 시인의 꿈을"("Elegiac Stanzas," 14-16행)(*WPW* 4: 259) 더하는 워즈워스의 시의 특성에 찬사를 보내고 있다. 특히 「결의와 독립심」("Resolution and Independence")에서 거머리잡이 노인은 단순히 기억 속의 노인으로 제시되는 것이 아니라, 에이브럼즈(M. H. Abrams)가 지적하듯이 인간의 상상력을 자주 사로잡는 한 원형적 인물로 변형되어 나타난다(1967, 135). 워즈워스의 시의 이러한 신기성은 바로 일상적이고 친숙한 사람이나 사물에서 보편적 특성을 파악할 수 있는 동시에 이를 전달할 수 있는 그의 신선한 시적 비전에서 비롯되었다고 할 수 있다. 다시 말해서, 워즈워스의 재능은 결국 "보통 사람의 눈에는 관습이 그 광채를 흐릿하게 만들고 그 섬광과 이슬 방울들을 완전히 말려 버렸던 형상들과 사건들과 상황들의 주위에 이상적 세계의 색조와 분위기를, 또한 그 세계의 깊이와 높이를 펼쳐내는 독창적 재능"(*BL* 1: 80)인 것이다. 워즈워스의 시에서 두드러진 인간 정신의 중심적·통합적 능력으로서의 상상력의 활동에 대한 코울리지의 이같은 설명은 앞에서 언급된 바 있는 이상적 완전 상태의 시인, 즉 "같은 것과 다른 것, 일반적인 것과 구체적인 것, 관념과 심상, 개별적인 것과 대표적인 것, 새롭고 신선한 감각과 오래되고 낯익은 사물들, 비상한 정서 상태와 비상한 질서, 늘 깨어 있는 판단 및 침착한 냉정함과 심오하거나 격렬한 열정과 느낌"(*BL* 2: 16-17)을 화해시키거나 균형을 이루게 하는, 시적 통일성의 초점으로서의 시인의 모습을 우리에게 상기시킨다.

워즈워스의 시에 대한 코울리지의 비평은, 왓슨(George Watson)이 지적하듯이, 어떤 면에서는 우발적이고 산발적인 것이다(1973, 119). 더욱이 워즈워스가 지적하는 우수성의 상당 부분은 결함을 함께 제시함으로 인해 언뜻 모순되는 것처럼 보이기도 한다. 그러나 코울리지는 워즈워스의 시를 구체적으로 예시함으로써 자신의 논지를 입증하고, 필요한 경우에는 "어떤 시에서는"이라는 단서를 덧붙임으로써 이를 정당화하고 있다.

코울리지의 예리한 관찰은 워즈워스의 특징적 결함을 지적하는 데에서 발견되는데, 이 결함들은 무엇보다도 문체의 불일관성과 지나친 사실성이다. 또한 우수성 중에서 가장 으뜸가는 것은 워즈워스를 영국 시인들 중에서 최고의 자리에 서 있게 해주는 상상력의 재능이다. 코울리지는 이처럼 자신의 문학관에 입각하여 "최초의 진정한 철학적 시인"인 워즈워스의 우수성과 결함들을 구체적으로 지적함으로써, 자신의 시론을 효과적으로 예증할 뿐만 아니라 오늘날 우리가 당연한 것으로 받아들이게 된 워즈워스의 시의 특성을 최초로 우리에게 해명해 주고 있는 것이다.

5

코울리지에게 있어서 워즈워스는 진정한 철학적 시를 썼을 뿐만 아니라 코울리지의 시론의 초석을 형성해 주었다는 점에서 다른 어떤 시인보다도 더 중요한 의미를 지니고 있다. 물론 "만사에 능통한"(BL 2: 19) 시적 천재인 셰익스피어와, 코울리지가 영국 역사상 좋아하는 시기의 정신을 대표하는 밀튼이 워즈워스와 함께 코울리지가 생각하는 위대한 3대 시인군을 이루고 있는 것은 사실이다. 그러나 코울리지가 보기에 워즈워스는 위대한 근대 시인으로서 또 시적 상상력의 모범으로서 진정한 의미에서의 철학적 시인이었다. 코울리지는 워즈워스에게서 상상력의 이상적 활동을 발견했으며, 그의 『문학적 전기』는 워즈워스의 시에 대한 결정적 비평을 행한 저작인 동시에 워즈워스의 시를 참조하는 가운데 자신의 시론을 정교화한 저작인 셈이다.

앞에서 살펴보았듯이, 코울리지의 시론은 광범한 철학 연구의 기반 위에서 성립될 수 있었으며, 훗날 그가 여러 시인과 극작가들의 실제 작품을 평가하는 구체적 기준이 되고 있다. 기억의 한 양식에 불과한 공상력과 본질적으로 생명력 있는 상상력을 구분해서 설명하고 있는 그의 상상력 이론이 충분한 추론 과정을 거치지 않은 것은 사실이지만, 그는 상상력을 창조력과 결부시킴으로써 시적 상상력의 지위를 한층 높은 곳으로 끌어올리고 있다. 이런 점에서 그의 상상력 이론은 낭만주의 시의 이념적 토대일 뿐만 아니라, 낭만주의 운동의 지적 중심을 이루고 있다(Hough 83-84).

  코울리지의 시론은 그 자신의 직접적인 문학적 체험에서 비롯되었을 뿐만 아니라 다른 한편으로 시를 포함한 문학에 관한 우리의 사유를 조직화하고 있다는 점에서 각별한 의의를 갖는다. 그의 비평 저작의 단편적이고 모호한 성격에도 불구하고, 코울리지는 여러 철학자들의 사상에 힘입어 확고한 비평 기준을 확립했을 뿐만 아니라, 이 기준에 입각하여 워즈워스의 시와 시론을 면밀하게 검토함으로써 워즈워스 시의 새로운 면, 나아가서는 낭만주의 시의 특징적인 면들을 효과적으로 해명하고 있는 것이다.

참고 문헌

김병옥. 「시인으로서의 Coleridge」. 『인하대학교 인문과학연구소 논문집』 9 (1983년 9월): 91-112.

김정근. 『콜리지의 문학과 사상』. 서울: 한신문화사, 1996.

송재삼. 『Coleridge 시에서의 존재의 의미』. 서울: 한신문화사, 1988.

여홍상. 『콜리지: 문학과 사상』. 서울: 건국대학교 출판부, 1996.

윤 준. 「Coleridge의 '대화시' 연구」. 한국외국어대학교 대학원 박사학위 논문, 1990.

이상섭. 「Schelling과 Coleridge의 유기적 형식론」. 『이호근・조용만 양교수 화갑 기념 논문집』. 서울: 고려대학교 영문학회, 1969. 225-30.

이성원. 「코울리지의 상상력 이론과 무의식 사이의 괴리」(서평). 『현대 비평과 이론』 6.2 [통권 12호] (1996 가을・겨울): 249-54.

이영걸. 『영미시 개관』. 서울: 탐구당, 1984.

이정호. 『영국 낭만기 문학 새로 읽기 1』. 서울: 서울대학교 출판부, 2000.

장경렬. 「상상력과 언어—코울리지의 경우」. 『현대 비평과 이론』 2 (1991 가을): 97-134.

최익환. 「코울릿지 문학관의 철학적 배경」. 『영미비평연구』. 한국영어영문학회 편. 서울: 민음사, 1979. 91-121.

코울리지, 사뮤엘 테일러. 『문학전기』. 김정근 역. 서울: 한신문화사, 1995.

Abrams, M. H. "Coleridge's 'A Light in Sound': Science, Metascience, and Poetic Imagination." *Proceedings of the American Philosophical*

Society 116.6 (December 1972): 458-76.

_____. "The Correspondent Breeze: A Romantic Metaphor." *English Romantic Poets: Modern Essays in Criticism*. 2nd edition. Ed. M. H. Abrams. Oxford: Oxford UP, 1975. 37-54.

_____, ed. *English Romantic Poets: Modern Essays in Criticism*. 2nd edition. Oxford: Oxford UP, 1975.

_____. "English Romanticism: The Spirit of the Age." *Romanticism Reconsidered*. Ed. Northrop Frye. New York: Columbia UP, 1963. 26-72.

_____. *The Mirror and the Lamp: Romantic Theory and the Critical Tradition*. Oxford: Oxford UP, 1953.

_____. *Natural Supernaturalism: Tradition and Revolution in Romantic Literature*. New York: Norton, 1971.

_____. "Structure and Style in the Greater Romantic Lyric." *Romanticism and Consciousness: Essays in Criticism*. Ed. Harold Bloom. New York: Norton, 1970. 201-29.

_____. "Wordsworth and Coleridge on Diction and Figure." *Coleridge: A Collection of Critical Essays*. Ed. Kathleen Coburn. Englewood Cliffs: Prentice-Hall, 1967. 125-36.

Appleyard, J. A. "Coleridge and Criticism: I. Critical Theory." *S. T. Coleridge*. Ed. R. L. Brett. Athens: Ohio UP, 1972. 123-46.

_____. *Coleridge's Philosophy of Literature: The Development of a Concept of Poetry 1791-1819*. Cambridge, Mass.: Harvard UP, 1965.

Babbit, Irving. "The Problem of the Imagination: Coleridge." *On Being Creative, and Other Essays*. Boston: Houghton Mifflin, 1932.

97-133.

Baker, James V. *The Sacred River: Coleridge's Theory of Imagination*. Baton Rouge: Louisiana State UP, 1957.

Barth, J. Robert, S.J. *Coleridge and the Power of Love*. Columbia: U of Missouri P, 1988.

_____. "Coleridge's *Dejection*: Imagination, Joy and the Power of Love." *Coleridge's Imagination: Essays in Memory of Pete Laver*. Eds. Richard Gravil, Lucy Newlyn, and Nicholas Roe. Cambridge: Cambridge UP, 1985. 179-92.

_____. *The Symbolic Imagination: Coleridge and the Romantic Tradition*. Princeton: Princeton UP, 1977.

Bate, Walter Jackson. *Coleridge*. New York: Macmillan, 1968.

_____, ed. *Criticism: The Major Texts*. Enlarged edition. New York: Harcourt Brace Jovanovich, 1970.

Beer, John. "Coleridge and Poetry: I. Poems of the Supernatural." *S. T. Coleridge*. Ed. R. L. Brett. Athens: Ohio UP, 1972. 45-90.

_____. *Coleridge the Visionary*. New York: Collier Books, 1962.

_____. *Coleridge's Poetic Intelligence*. London: Macmillan, 1977.

Berkoben, L. D. *Coleridge's Decline as a Poet*. The Hague: Mouton, 1975.

Bernstein, Gene M. "The Recreating Secondary Imagination in Coleridge's 'The Nightingale'." *English Literary History* 48.2 (Summer 1981): 339-50.

Bloom, Harold, ed. *Romanticism and Consciousness: Essays in Criticism*. New York: Norton, 1970.

_____. *The Visionary Company: A Reading of English Romantic Poetry*. Revised and enlarged edition. Ithaca: Cornell UP, 1971.

Bodkin, Maud. *Archetypal Patterns in Poetry: Psychological Studies of Imagination.* London: Oxford UP, 1934.

Bostetter, Edward E. "*Christabel*: The Vision of Fear." *Philological Quarterly* 36.2 (April 1957): 183-94.

_____. "The Nightmare World of 'The Ancient Mariner.'" *Coleridge: "The Ancient Mariner" and Other Poems.* A Casebook. Eds. Alun R. Jones and William Tydeman. London: Macmillan, 1973.

_____. *The Romantic Ventriloquists: Wordsworth, Coleridge, Keats, Shelley, Byron.* Revised edition. Seattle: U of Washington P, 1975.

Boulger, James D. "Imagination and Speculation in Coleridge's Conversation Poems." *Journal of English and Germanic Philology* 64.4 (October 1965): 691-711.

Bowra, C. M. *The Romantic Imagination.* 1950. Oxford: Oxford UP, 1961.

Brett, R. L. *Fancy and Imagination.* London: Methuen, 1969.

_____, ed. *S. T. Coleridge.* Athens: Ohio UP, 1972.

Bygrave, Stephen. *Coleridge and the Self: Romantic Egotism.* London: Macmillan, 1986.

Chayes, Irene H. "'Kubla Khan' and the Creative Process." *Studies in Romanticism* 6.1 (Autumn 1966): 1-21.

_____. "Rhetoric as Drama: An Approach to the Romantic Ode." *PMLA* 79.1 (March 1964): 67-79.

Coburn, Kathleen, ed. *Coleridge: A Collection of Critical Essays.* Englewood Cliffs: Prentice-Hall, 1967.

Coleridge, S. T. *Biographia Literaria.* 2 vols. Eds. James Engell and W. Jackson Bate. Princeton: Princeton UP, 1983.

_____. *Collected Letters of Samuel Taylor Coleridge.* 6 vols. Ed. Earl

Leslie Griggs. Oxford: Oxford UP, 1956-71.

_____. *The Complete Poetical Works of Samuel Taylor Coleridge*. 2 vols. Ed. Ernest Hartley Coleridge. Oxford: Oxford UP, 1912.

_____. *Lay Sermons*. Ed. R. J. White. Princeton: Princeton UP, 1972.

_____. *The Notebooks of Samuel Taylor Coleridge*. 6 vols. Ed. Kathleen Coburn. London: Routledge & Kegan Paul, 1957-73.

_____. "On Poesy or Art." *Biographia Literaria*. 2 vols. Ed. J. Shawcross. Oxford: Oxford UP, 1907. 2: 253-63.

_____. *Shakespearean Criticism*. 2 vols. Ed. Thomas Middleton Raysor. London: J. M. Dent & Sons, 1960.

Cooper, Lane. "The Power of the Eye in Coleridge." *Late Harvest*. Ithaca: Cornell UP, 1952. 65-95.

Culler, Jonathan. "Apostrophe." *The Pursuit of Signs: Semiotics, Literature, Deconstruction*. London: Routledge & Kegan Paul, 1981. 135-54.

_____. *Structuralist Poetics: Structuralism, Linguistics, and the Study of Literature*. Ithaca: Cornell UP, 1975.

Curran, Stuart. *Poetic Form and British Romanticism*. Oxford: Oxford UP, 1986.

Curtius, Ernst Robert. *European Literature and the Latin Middle Ages*. Tr. Willard R. Trask. 1953. Princeton: Princeton UP, 1973.

Davie, Donald. *Articulate Energy: An Inquiry into the Syntax of English Poetry*. Reprinted with a postscript. London: Routledge & Kegan Paul, 1976.

Dekker, George. *Coleridge and the Literature of Sensibility*. New York: Barnes & Noble, 1978.

Durr, R. A. "'This Lime-Tree Bower My Prison' and a Recurrent Action in

Coleridge." *English Literary History* 26.4 (December 1959): 514-30.

Emmet, Dorothy. "Coleridge and Philosophy." *S. T. Coleridge.* Ed. R. L. Brett. Athens: Ohio UP, 1972. 195-220.

Enscoe, Gerald. *Eros and the Romantics: Sexual Love as a Theme in Coleridge, Shelley and Keats.* The Hague: Mouton, 1967.

Evans, B. Ifor. "Coleridge's Copy of 'Fears in Solitude'." *The Times Literary Supplement*, April 18, 1935, 255.

Everest, Kelvin. *Coleridge's Secret Ministry: The Context of the Conversation Poems 1795-1798.* Sussex: The Harvester P, 1979.

Foakes, R. A. *The Romantic Assertion: A Study in the Language of Nineteenth Century Poetry.* New Haven: Yale UP, 1958.

Fogle, Richard Harter. *The Idea of Coleridge's Criticism.* Berkeley: U of California P, 1962.

_____. *The Permanent Pleasure: Essays on Classics of Romanticism.* Athens: U of Georgia P, 1974.

Fruman, Norman. *Coleridge: The Damaged Archangel.* New York: George Brazillier, 1971.

Frye, Northrop, ed. *Romanticism Reconsidered.* New York: Columbia UP, 1963.

Galperin, William H. "'Desynonymizing' the Self in Wordsworth and Coleridge." *Studies in Romanticism* 26.4 (Winter 1987): 513-26.

Garber, Frederick. "The Hedging Consciousness in Coleridge's Conversation Poems." *The Wordsworth Circle* 4 (1973): 124-38.

Gérard, Albert S. "Counterfeiting Infinity: 'The Eolian Harp' and the Growth of Coleridge's Mind." *Journal of English and Germanic*

Philology 60.3 (July 1961): 411-22.

_____. *English Romantic Poetry: Ethos, Structure, and Symbol in Coleridge, Wordsworth, Shelley, and Keats.* Berkeley: U of California P, 1968.

_____. "The Systolic Rhythm: The Structure of Coleridge's Conversation Poems." *Coleridge: A Collection of Critical Essays.* Ed. Kathleen Coburn. Englewood Cliffs: Prentice-Hall, 1967. 78-87.

Gibbons, Edward Earl. *The Conversation Poems of Samuel Taylor Coleridge: Coleridgean Art and Coleridgean Theory.* Unpublished Ph.D. dissertation. U of Pennsylvania, 1969.

Gilpin, George H. *The Strategy of Joy: An Essay on the Poetry of S. T. Coleridge.* Salzburg: Institut für Englische Sprache und Literatur, Universität Salzburg, 1972.

Gleckner, Robert F. and Gerald E. Enscoe, eds. *Romanticism: Points of View.* 2nd edition. Detroit: Wayne State UP, 1975.

Gravil, Richard. "Imagining Wordsworth: 1797-1807-1817." *Coleridge's Imagination: Essays in Memory of Pete Laver.* Eds. Richard Gravil, Lucy Newlyn, and Nicholas Roe. Cambridge: Cambridge UP, 1985. 129-42.

Richard Gravil, Lucy Newlyn, and Nicholas Roe, eds. *Coleridge's Imagination: Essays in Memory of Pete Laver.* Cambridge: Cambridge UP, 1985.

Harding, Anthony John. *Coleridge and the Idea of Love: Aspects of Relationship in Coleridge's Thought and Writing.* Cambridge: Cambridge UP, 1974.

Harding, D. W. "The Theme of 'The Ancient Mariner'." *Coleridge: A*

Collection of Critical Essays. Ed. Kathleen Coburn. Englewood Cliffs: Prentice-Hall, 1967. 51-64.

Hardy, Barbara. "Distinction without Difference: Coleridge's Fancy and Imagination." *The Romantic Imagination.* A Casebook. Ed. John Spencer Hill. London: Macmillan, 1977. 136-44.

Harper, G. M. "Coleridge's Conversation Poems." *English Romantic Poets: Modern Essays in Criticism.* 2nd edition. Ed. M. H. Abrams. Oxford: Oxford UP, 1975. 188-201.

Haven, Richard. *Patterns of Consciousness: An Essay on Coleridge.* Amherst: The U of Massachusetts P, 1969.

Hawthorne, Nathaniel. *The Scarlet Letter.* 2nd edition. Eds. Sculley Bradley, Richmond Croom Beatty, E. Hudson Long, and Seymour Gross. New York: Norton, 1978.

Hill, John Spencer. *A Coleridge Companion.* London: Macmillian, 1983.

Hopkins, R. H. "Coleridge's Parody of Melancholy Poetry in 'The Nightingale: A Conversation Poem, April 1798'." *English Studies* 49.5 (October 1968): 436-41.

Hough, Graham. *The Romantic Poets.* New York: Norton, 1964.

House, Humphry. *Coleridge: The Clark Lectures 1951-52.* London: Rupert Hart-Davis, 1953.

Jackson, J. R. de J. *Method and Imagination in Coleridge's Criticism.* Cambridge, Mass.: Harvard UP, 1964.

James, D. G. *The Romantic Comedy.* London: Oxford UP, 1948.

Johnson, Samuel. *Lives of the English Poets.* 3 vols. Ed. George Birbeck Hill. Oxford: Clarendon-Oxford UP, 1905.

Jones, A. R. "Coleridge and Poetry: II. The Conversational and Other

Poems." *S. T. Coleridge.* Ed. R. L. Brett. Athens: Ohio UP, 1972. 91-122.

Jones, Alun R. and William Tydeman, eds. *Coleridge: "The Ancient Mariner" and Other Poems.* A Casebook. London: Macmillan, 1973.

Kirkham, Michael. "Metaphor and the Unitary World: Coleridge and Henry Vaughan." *Essays in Criticism* 37.2 (April 1987): 121-34.

Knight, G. Wilson. "Coleridge's Divine Comedy." *The Starlit Dome: Studies in the Poetry of Vision.* London: Oxford, 1941. 83-178.

Langbaum, Robert. *The Poetry of Experience: The Dramatic Monologue in Modern Literary Tradition.* New York: Norton, 1957.

Lowes, John Livingston. *The Road to Xanadu: A Study in the Ways of the Imagination.* 1927. New York: Vintage Books, 1959.

Lucas, F. L. *The Decline and Fall of the Romantic Ideal.* New York: Macmillan, 1937.

Magnuson, Paul. *Coleridge's Nightmare Poetry.* Charlottesville: UP of Virginia, 1974.

Martz, Louis L. The *Poetry of Meditation: A Study in English Religious Literature of the Seventeenth Century.* Revised edition. New Haven: Yale UP, 1962.

Mason, Michael, ed. *Lyrical Ballads.* London: Longman, 1992.

Matlak, Richard E., ed. *Approaches to Teaching Coleridge's Poetry and Prose.* New York: MLA, 1991.

Mayo, Robert. "The Contemporaneity of the *Lyrical Ballads.*" *PMLA* 69.3 (June 1954): 486-522.

Mellor, Anne K. "Coleridge's 'This Lime-Tree Bower My Prison' and the

Categories of English Landscape." *Studies in Romanticism* 18.2 (Summer 1979): 253-70.

⎯⎯⎯. *English Romantic Irony*. Cambridge, Mass.: Harvard UP, 1980.

Mileur, Jean-Pierre. *Vision and Revision: Coleridge's Art of Immanence*. Berkeley: U of California P, 1982.

Mill, John Stuart. *On Bentham and Coleridge*. Ed. F. R. Leavis. London: Chatto & Windus, 1950.

Milton, John. *Paradise Lost*. Ed. Scott Elledge. New York: Norton, 1975.

Modiano, Raimonda. *Coleridge and the Concept of Nature*. London: Macmillian, 1985.

Muirhead, John H. *Coleridge as Philosopher*. London: George Allen & Unwin, 1930.

Nethercot, Arthur H. *The Road to Tryermaine: A Study of the History, Background, and Purposes of Coleridge's "Christabel"*. Chicago: The U of Chicago P, 1939.

Newlyn, Lucy. *Coleridge, Wordsworth, and the Language of Allusion*. Oxford: Clarendon-Oxford UP, 1986.

Parker, Reeve. *Coleridge's Meditative Art*. Ithaca: Cornell UP, 1975.

Parrish, Stephen M. "The Wordsworth-Coleridge Controversy." *PMLA* 73.4 (September 1958): 367-74.

Pope, Alexander. *Poetical Works*. Ed. Herbert Davis. Oxford: Oxford UP, 1966.

Pratt, Mary Louise. *Toward a Speech Act Theory of Literary Discourse*. Bloomington: Indiana UP, 1977.

Prickett, Stephen. *Coleridge and Wordsworth: The Poetry of Growth*. Cambridge: Cambridge UP, 1970.

Purves, Alan C. "Formal Structures in 'Kubla Khan'." *Studies in Romanticism* 1.3 (Spring 1962): 187-91.

Radley, Virginia L. *Samuel Taylor Coleridge*. Boston: Twayne Publishers, 1966.

Randel, Fred V. "Coleridge and the Contentiousness of Romantic Nightingales." *Studies in Romanticism* 21.1 (Spring 1982): 33-55.

Richards, I. A. *Coleridge on Imagination*. 3rd edition. London: Routledge & Kegan Paul, 1962.

_____, ed. *The Portable Coleridge*. New York: The Viking P, 1950.

Rubenstein, Jill. "Sound and Silence in Coleridge's Conversation Poems." *English* 21 (Summer 1972): 54-60.

Rzepka, Charles J. *The Self as Mind: Vision and Identity in Wordsworth, Coleridge, and Keats*. Cambridge, Mass.: Harvard UP, 1986.

San Juan, E., Jr. *Poetics: The Imitation of Action*. Cranbuty: Associated UP, 1979.

Schapiro, Barbara A. *The Romantic Mother: Narcissistic Patterns in Romantic Poetry*. Baltimore: The Johns Hopkins UP, 1983.

Schneider, Elisabeth. *Coleridge, Opium, and "Kubla Khan"*. Chicago: U of Chicago P, 1953.

Schulz, Max F. *The Poetic Voices of Coleridge: A Study of His Desire for Spontaneity and Passion for Order*. Revised edition. Detroit: Wayne State UP, 1964.

Selincourt, Ernest de. "Coleridge's *Dejection: An Ode*." *Essays and Studies* 22 (1937): 7-25.

Swann, Karen. "'Christabel': The Wandering Mother and the Enigma of Form." *Studies in Romanticism* 23.4 (Winter 1984): 533-53.

Tomlinson, Charles. *"Christabel." Interpretations: Essays on Twelve English Poems.* 2nd edition. Ed. John Wain. London: Routledge & Kegan Paul, 1972. 103-12.

Twitchell, James. "Coleridge's *Christabel.*" *The Explicator* 35.2 (Winter 1976): 28-29.

Walsh, William. *Coleridge: The Work and the Relevance.* London: Chatto & Windus, 1967.

Warren, Robert Penn. "A Poem of Pure Imagination: An Experiment in Reading." *New and Selected Essays.* New York: Random House, 1989. 335-423.

Wasserman, Earl R. "The English Romantics: The Grounds of Knowledge." *Romanticism: Points of View.* 2nd edition. Eds. Robert F. Gleckner and Gerald E. Enscoe. Detroit: Wayne State UP, 1975. 331-46.

Watson, George. *Coleridge the Poet.* London: Routledge & Kegan Paul, 1966.

_____. *The Literary Critics: A Study of English Descriptive Criticism.* 2nd edition. London: Woburn, 1973.

Wendling, Ronald C. "Coleridge and the Consistency of 'The Eolian Harp'." *Studies in Romanticism* 8 (Autumn 1968): 26-42.

Whalley, George. "The Mariner and the Albatross." *Coleridge: "The Ancient Mariner" and Other Poems.* A Casebook. Eds. Alun R. Jones and William Tydeman. London: Macmillan, 1973. 160-83.

_____. "On Reading Coleridge." *S. T. Coleridge.* Ed. R. L. Brett. Athens: Ohio UP, 1972. 1-44.

Wheeler, Kathleen M. *The Creative Mind in Coleridge's Poetry.* Cambridge,

Mass.: Harvard UP, 1981.

_____. *Sources, Processes and Methods in Coleridge's "Biographia Literaria"*. Cambridge: Cambridge UP, 1980.

Willey, Basil. "Samuel Taylor Coleridge." *Nineteenth-Century Studies*. London: Chatto & Windus, 1949. 1-50.

Wimsatt, William K., Jr. "The Structure of Romantic Nature Imagery." *English Romantic Poets: Modern Essays in Criticism*. 2nd edition. Ed. M. H. Abrams. Oxford: Oxford UP, 1975. 25-36.

Wimsatt, William K., Jr. and Cleanth Brooks. *Literary Criticism: A Short History*. New York: Vintage Books, 1957.

Wimsatt, William K., Jr. and Monroe C. Beardsley. "Intentional Fallacy." *20th Century Literary Criticism: A Reader*. Ed. David Lodge. London: Longman, 1972. 334-45.

Witherspoon, Alexander M. and Frank J. Warnke, eds. *Seventeenth-Century Prose and Poetry*. 2nd edition. New York: Harcourt, Brace & World, 1957.

Wordsworth, William. *The Poetical Works of William Wordsworth*. 5 vols. Ed. Ernest de Selincourt. Oxford: Clarendon-Oxford UP, 1940.

_____. *The Prelude: 1799, 1805, 1850*. Eds. Jonathan Wordsworth, M. H. Abrams, and Stephen Gill. New York: Norton, 1979.

Yarlott, Geoffrey. *Coleridge and the Abyssinian Maid*. London: Methuen, 1967.

찾아보기

1. 코울리지의 저작

(1) 시

「고독 속의 근심」 19
「그림, 또는 연인의 결의」 192
「나이팅게일」 20, 85-107, 164
「나이팅게일에게」 85, 88-89, 93-94
「낙심: 송가」 20, 56-57, 137, 205-06, 208, 215-41, 259, 264
「내 감옥, 이 보리수 그늘」 19, 46-68, 69, 73, 82, 84, 87, 100-01, 106, 221, 228, 240
「노수부의 노래」 19, 33, 43, 66-68, 111-58, 159, 166, 191, 209
'대화시' 19-45, 46, 68, 69, 83, 84, 85, 88, 223, 233, 247, 263, 264
『무녀의 엽편들』 157
「사랑」 100
'서한시' 215
「엘빙에로데의 하츠 숲에서 앨범에 씌어진 시」 224-25
「윌리엄 워즈워스에게」 20, 215, 242-64
「은거지를 떠난 데 대한 명상」 19, 68
「잠의 고통」 157, 192
「종교적 묵상」 121-22, 139

「카인의 방랑」 232
「쿠블라 칸」 19, 112, 137, 159, 191-211
「크리스타벨」 19, 112, 159-90, 191, 192, 232
「풍명금」 19, 20, 27-45, 66, 68, 69, 79, 102, 143, 218, 228
「한밤의 서리」 19, 47, 55, 69-84, 239, 262

(2) 산문

『문학적 전기』 25, 57, 91, 105-06, 107, 158, 190, 194, 210, 267-98
『비망록』 58, 80, 121, 286
『서한집』 25, 26, 57, 187, 223, 286
『셰익스피어 비평』 123
「시 또는 예술에 관하여」 27
『정치가의 편람』 121
『평신도의 설교』 121

2. 기타 인명 및 사항

강복 79
경험론 271, 274

고딕 로만스 160, 188, 189
고딕 밸러드 157
고딕 소설 96
공상력 26, 44, 91, 268, 269, 270, 271, 272, 277-78, 289, 295, 297
관념론/관념 철학 271, 274-75
길먼, 제임즈 188
'꿈에 본 환상' 195

뉴튼, 아이작 36, 40

단테 203
대니얼, 새뮤얼 293
대론시 98
대버넌트, 윌리엄 289
데넘, 존 22
  「쿠퍼 언덕」 22-24
데카르트, 르네 273
돈호/돈호법 56, 57-58, 234
디오니소스 103, 209, 210

라이프니츠, G. W. 48
램, 찰즈 54-66
러스킨, 존 90
  '감상적 오류' 90
로크, 존 271, 272, 274

멜빌, 허먼 185
무어, 토머스 292
묵시론 253
밀튼, 존 88, 92, 98, 205, 242, 267,

271, 290, 295, 297
「리시더스」 92
「명랑한 사람」 102
「우울한 사람」 88, 107
『잃어버린 낙원』 29, 184, 205, 290
『코머스』 102

바이런, 조지 고든 292
바트램, 윌리엄 200
'발푸르기스의 밤' 163
발화행위 79
발화수반행위 79
'방랑하는 유태인' 151-52
밸러드 113, 126, 216
버넷, 토머스 281
  『지구에 관한 신성한 이론』 281
버클리, 조지 26, 80
범신론 42, 60
벤덤, 제러미 19
보울즈, W. L. 25, 292
뵈메, 야콥 26
브루스, 제임즈 200

사우디, 로벗 178, 186
상상력 26, 27, 42, 43, 64, 69, 91, 107, 112, 120, 121, 126, 137, 139, 140, 158, 191-211, 226, 228, 229, 231, 233, 235, 238, 267-98
상징/상징적 지각/상징적 비전 26, 58, 59, 60, 80, 85-107
『서정시집』 85, 112, 116, 121, 157,

194, 279, 286, 293
'성 조지의 이브' 163
성사/성사적 비전 37, 81, 101, 137
셰익스피어, 윌리엄 267, 295, 297
셸리, 퍼시 비쉬 171, 245-46
셸링, F. W. J. 267, 274, 275
　'자연 정신' 275
'시간의 반점들' 48
신플라톤주의 39, 40

아놀드, 매슈 249
　「추모시」 249
아리스토텔레스 272, 283, 289
　『기억론』 272
　『영혼론』 272
아우구스티누스 252
악 121, 126, 157, 159-90
암피온 206
「에제키엘서」 126
엘리엇, T. S. 126
　『황무지』 126
연상/연상론/연상주의 38, 39, 42, 73, 74, 80, 82, 87, 91, 268, 271-73, 274, 277, 278
오르페우스 209, 254
오트웨이, 토머스 236, 237
「요한의 묵시록」 229
워즈워스, 윌리엄 48, 58, 80, 112, 121, 137, 156, 157, 201, 242-64, 267-98
　「결의와 독립심」 295

「고지의 맹인 소년」 289
「루스」 282
「마거릿의 고통」 294
「마이클」 282
『서곡』 137, 242-64, 294
「『서정시집』 서문」 279-86, 293-94
『소요』 289, 290
「송가: 불멸성의 암시」 291-92, 293
「수선화」 291
「실성한 어머니」 282, 294
「애가」 295
「종달새에게」 288-89
「주목 자리에 남겨진 시」 90-91
「틴턴 수도원」 58, 59, 201
「형제」 282
유기적 형식/통일성 68, 210, 275, 280, 283, 285-86
'유원(遊園)' 197-98
이영걸 223, 249

'저주받은 시인' 151
'전일한 생명'/생명의 전일성 25, 26, 27, 34-37, 39, 44, 66, 69, 79, 120, 122-23, 132, 135, 143, 154, 155, 205, 228, 240, 241
존슨, 새뮤얼 24
종교적 명상시 20-22, 263-64

카울리, 에이브러햄 271
카인 158
칸트, 임마누엘 267, 274-75

캠브리지 플라톤주의자 39-40, 274
커드워스, 랠프 39
크래쇼, 리처드 189
'크루 필사본' 205
키츠, 존 98

테레사, 성녀 189
테오크리토스 192
테일러, 토머스 149, 281

「패트릭 스펜스 경」 216, 218-19
『퍼카스의 순례기』 192, 195, 206
포프, 앨릭잰더 22
　「윈저 숲」 22-25
풍경시 20, 22-26, 35, 45, 51
프랑스 혁명 251-54
프릭커, 새러 27, 28, 31, 33, 34, 36, 37, 40-43, 68, 85
플라톤 209, 281
　『이온』 209-10
　『파이드로스』 209
플로티노스 39, 43
플리니우스 98
핀다로스풍 송가 20, 241

하틀리, 데이빗 80, 267, 268, 271, 272-73, 274
허친슨, 새러 215
헤겔, G. W. F. 36
형이상학파 시 20
호쏜, 너쌔니얼 185, 194

「세관」 195
『주홍글자』 194
홉즈, 토머스 271, 274
흄, 데이빗 271

3. 본문에 인용된 학자들

Abrams, M. H. 36, 44, 218, 238, 240, 244, 252, 264, 286, 295
Appleyard, J. A. 26, 80, 268, 270, 283, 286
Babbit, Irving 155
Baker, James V. 274, 275
Barth, J. Robert, S.J. 27, 91, 127-28, 143, 206, 237, 292, 294
Bate, Walter Jackson 120, 123, 188, 202, 210
Beer, John 126, 135, 143, 149, 155, 163
Berkoben, L. D. 130
Bernstein, Gene M. 96, 98
Bloom, Harold 137, 173, 258
Bodkin, Maud 203
Bostetter, Edward E. 130, 138, 181, 188, 193, 207
Boulger, James D. 55, 80
Bowra, C. M. 210
Brett, R. L. 80, 268, 272, 274
Bygrave, Stephen 71

Chayes, Irene H. 203, 208, 238
Cooper, Lane 113
Culler, Jonathan 29, 58
Curran, Stuart 106-07
Curtius, Ernst Robert 197, 209

Davie, Donald 51-52
Dekker, George 218
Durr, R. A. 56, 60, 67

Emmet, Dorothy 274, 275
Enscoe, Gerald 171, 172, 179, 181
Evans, B. Ifor 44
Everest, Kelvin 51, 88, 102

Foakes, R. A. 138
Fogle, Richard Harter 116, 120, 171, 183, 200, 205, 269, 287, 292
Fruman, Norman 269

Garber, Frederick 31, 44
Gérard, Albert S. 40, 84
Gilpin, George H. 245
Gravil, Richard 264

Harding, Anthony John 138, 155
Harding, D. W. 121
Hardy, Barbara 278
Harper, G. M. 20, 46
Haven, Richard 34, 58, 133, 154, 156
Hill, John Spencer 51, 66, 68, 73, 81, 200, 221, 277
Hopkins, R. H. 86
Hough, Graham 298
House, Humphry 141, 159, 162, 188, 189, 196, 200, 203, 207, 208

Jackson, J. R. de J. 290
James, D. G. 116
Jones, A. R. 81, 220
Jones, Alun R. and William Tydeman 189

Kirkham, Michael 54

Langbaum, Robert 24, 83
Lowes, John Livingston 116-17, 121, 200
Lucas, F. L. 269

Magnuson, Paul 71, 117, 189, 193, 198, 203, 207, 231, 245
Martz, Louis L. 21
Mason, Michael 121
Mayo, Robert 86
Mellor, Anne K. 49, 51, 62, 114
Mileur, Jean-Pierre 105
Modiano, Raimonda 229
Muirhead, John H. 272

Nethercot, Arthur H. 160, 189

Parker, Reeve 75, 81, 254
Parrish, Stephen M. 290
Pratt, Mary Louise 79
Prickett, Stephen 247, 275
Purves, Alan C. 210

Radley, Virginia L. 151, 171, 178, 181, 184
Randel, Fred V. 98
Richards, I. A. 282
Rubenstein, Jill 101, 106
Rzepka, Charles J. 48, 51, 54, 79, 171, 188

San Juan, E., Jr. 36
Schapiro, Barbara A. 171, 174, 177, 187
Schneider, Elisabeth 209
Schulz, Max F. 79, 116, 134
Selincourt, Ernest de 215
Swann, Karen 166, 175

Tomlinson, Charles 165, 174, 186
Twitchell, James 163

Walsh, William 47, 72, 112
Warren, Robert Penn 119, 122, 135, 140, 154
Watson, George 209, 296
Wendling, Ronald C. 35, 43
Whalley, George 132, 148, 268

Wheeler, Kathleen M. 30, 60
Willey, Basil 269, 278
Wimsatt, William K., Jr. 294
Wimsatt, William K., Jr. and Cleanth Brooks 275, 286
Wimsatt, William K., Jr. and Monroe C. Beardsley 216

Yarlott, Geoffrey 33, 43, 126, 140, 143, 188

■ 윤 준

1958년 전남 순천 출생
한국외국어대학교 영어과 및 동 대학원 졸업(문학박사, 1990)
미국 노스캐롤라이나대 영문과에서 연구(풀브라이트 학자, 1992-93)
한국현대영어영문학회 제1회 우수논문상 수상(2005)
1985년~현재, 배재대학교 영어영문학부 교수

논문
「코울리지의 '대화시' 연구」 외 다수

역서
리오 로웬달, 『문학과 인간의 이미지』(종로서적, 1983)
실비아 플라스, 『거상―실비아 플라스 시선』(공역, 청하, 1986)
I. 에번즈, 『영문학사』(공역, 탐구당, 1992)
Who's Who in Korean Literature
　　(공동 영역, The Korean Culture & Arts Foundation, 1996)
스벤 헤딘, 『티베트 원정기』(공역, 학고재, 2006)

코울리지의 시 연구

●ㅣ●ㅣ●ㅣ●ㅣ●ㅣ●

초판 1쇄 발행일 • 2001년 11월 7일
초판 3쇄 발행일 • 2006년 9월 7일

지은이 • 윤 준
펴낸이 • 이성모
펴낸곳 • 동 인

서울시 종로구 명륜동 2가 237번지 아남주상복합빌딩 104호
전화 765-7145, 7155 / 팩스 765-7165

정가 12,000원
ISBN 89-5506-140-4 93840